LAURA STAHLMANN

DIE KUNST DER **AQUARELL MALEREI**

Tiere

ALLE **WATERCOLOR-GRUNDLAGEN**, **TECHNIKEN** UND **MOTIVE** STEP BY STEP

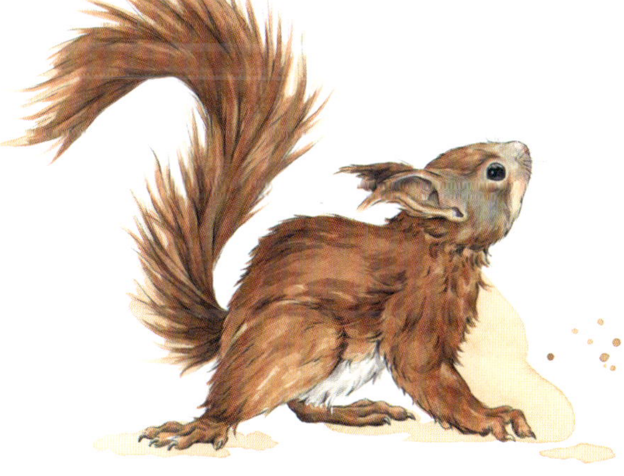

EMF

EIN BUCH DER
EDITION MICHAEL FISCHER

Inhalt

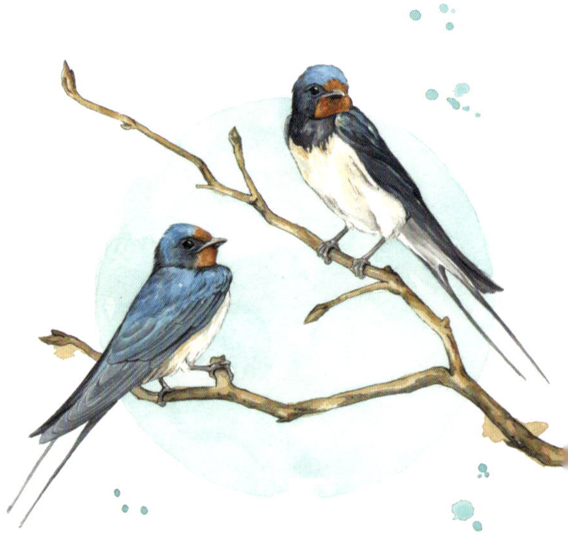

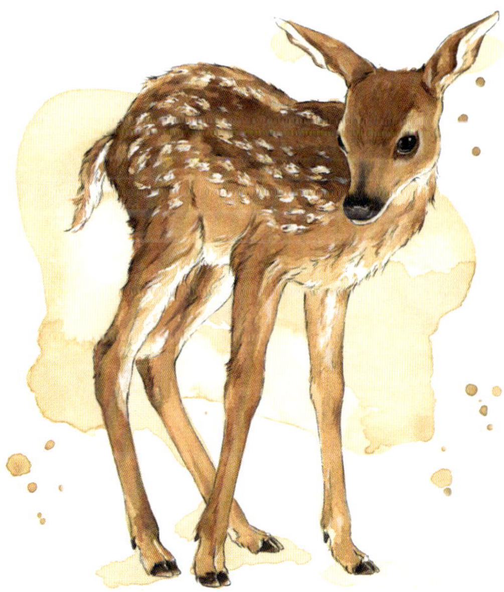

Vorwort

Zu Beginn eines neuen Jahres fängt sicher jeder mehr oder weniger an zu reflektieren: Was hat das alte Jahr mit sich gebracht, und was hält das neue für uns bereit? Hätte mir jemand zu Beginn des letzten Jahres gesagt, dass auf meiner To-Do-Liste heute, ein Jahr später, obenan stehen würde „Vorwort für Buch schreiben", – ich wäre doch mehr als erstaunt gewesen.

Umso mehr freue ich mich, dass ich dieser Aufgabe jetzt nachgehen darf, und mir gleichzeitig einen lang gehegten Traum damit erfülle – mein allererstes Buch! Bucketlist-Punkt: abgehakt.

Wie erstaunt ich über die Nachricht vom EMF-Verlag war und wie groß der Zufall, werde ich so schnell sicher nicht vergessen. Keine drei Tage vorher hatte ich mich noch mit großen Augen durch die lange Liste an Kunstbüchern geklickt und hätte nicht damit gerechnet, einmal selbst Teil dieser Liste zu sein. Manche Träume gehen wirklich schneller in Erfüllung, als man denkt.

ICH BIN WEDER STUDIERTE KÜNSTLERIN, NOCH ILLUSTRATORIN, SONDERN – ARCHITEKTIN.

Wie das zusammenpasst, fragst du dich? Ich mich ehrlich gesagt auch manchmal. Doch vielleicht ist es gerade dieser Kontrast, das gegensätzliche Zusammenspiel meiner Berufe. Denn was gibt es besseres nach einem Tag vor dem Rechner oder auf der dreckigen Baustelle, als abends zur Entspannung ein kleines flauschiges Küken zu malen?

Wo meine Liebe für die Kunst angefangen hat, kann ich nicht sagen, denn ich male und zeichne, seit ich einen Stift halten kann. Sicherlich gab es in meinem Leben mehr oder weniger intensive Phasen; doch vom Grundsatz her war die Kunst immer meine liebste Freizeitbeschäftigung.

Dabei hatte ich jedoch auch das Glück, früh an die Thematik herangeführt zu werden: Die verschiedenen Malutensilien meiner Mama durfte ich schon als ganz kleines Mädchen benutzen. Das war mit Sicherheit prägend und hat mir einen spielerischen Zugang zu allen möglichen Medien geschaffen. Und im Laufe der Jahre habe ich mich so auch durch alle möglichen Bereiche und Motive probiert: Akt- und Porträtzeichnungen in Bleistift und Kohle, große Leinwände in Acryl, ein paar zaghafte Versuche in Pastell ... – und Aquarell natürlich, immer wieder Aquarell.

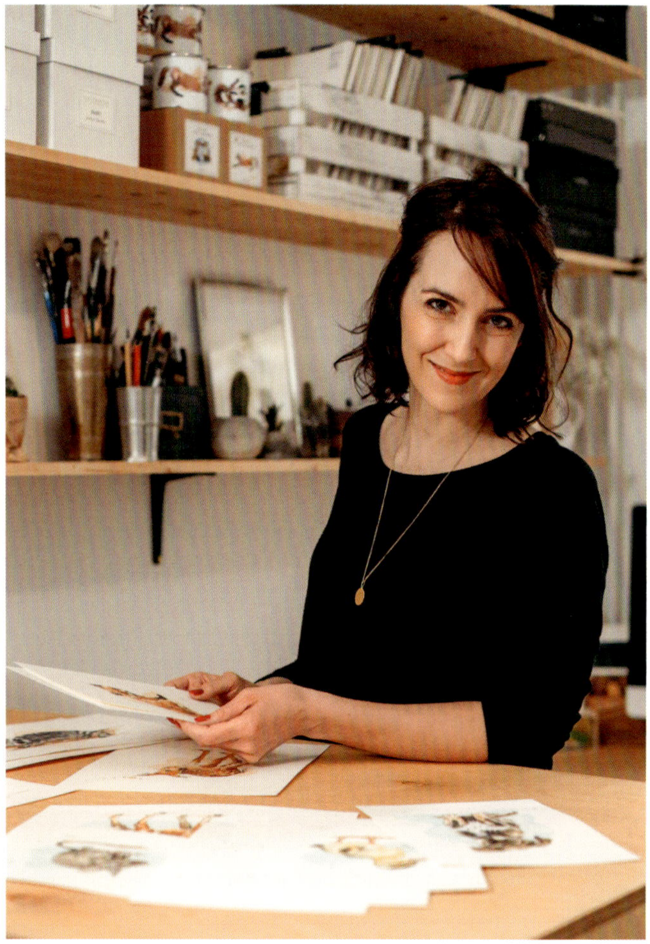

KLASSISCHES AQUARELL IST MEIN STIL WOHL NICHT. NENNEN WIR ES LIEBER: AQUARELL-ILLUSTRATION.

Dieses Buch zielt nicht darauf ab, euch in die klassische Aquarellmalerei einzuführen, denn hierzu gibt es viel bessere Werke und Künstler. Viel lieber möchte ich euch meine Herangehensweise zur Erstellung kleiner liebevoller Tierillustrationen zeigen. Zwar bediene ich mich dabei auch vieler Regeln der klassischen Aquarellmalerei (immer von hell nach dunkel, weiße Stellen frei lassen ...), doch ich finde, die Vorzeichnung mit wasserfester Tinte und die freistehenden Tiere, ohne Hintergründe oder Umgebung, qualifizieren meine Bilder eher als Illustrationen.

„DEINE TIERE HABEN EINE RICHTIGE SEELE"

Dieses Kompliment habe ich schon so oft – und von den verschiedensten Menschen – bekommen, und doch bin ich jedes Mal wieder berührt und sprachlos. Wie genau ich meinen Tieren eine „Seele einhauche", kann ich euch selbst nicht erklären. Was ich aber machen kann, ist euch Schritt für Schritt durch meinen Malprozess zu führen und, so gut es geht, erklären, wie ich meine Bilder aufbaue. Die Augen male ich übrigens immer zuletzt, und wenn das Bild dann damit fertig ist und mich anschaut, sage ich laut „Hallo, kleiner Fuchs!" und begrüße es. – Klingt merkwürdig, ist aber wahr. Und wer weiß, vielleicht ist dies ja genau die Zauberprise, die es zum Leben erweckt ...

Versuche, meine Anleitungen als Hilfestellung zu verstehen, und nicht als absolute Vorgabe, an die du dich akribisch halten musst. Die verschiedenen Steps in den Übungen sind nicht in Stein gemeißelt! Auch ich halte mich nicht immer genau an diese Struktur, habe jedoch versucht, für euch die verschiedenen Schritte meines Mal-Flows so verständlich wie möglich festzuhalten. Interessant dabei sind sicher vor allem die Kernelemente – der Bildaufbau und die Komposition an sich, die verschiedenen Layer der Farbe, die Mischverhältnisse der Töne. Ob du dein Bild jedoch lieber mehr oder weniger detaillierst, vielleicht nur einen Ausschnitt des Tieres malen möchtest, vielleicht einen anderen Zeichenstil präferierst oder eine andere Hintergrundfarbe ... – all das bleibt völlig dir selbst überlassen und macht aus deinem Bild **dein** Bild. Mal doch, was du willst! Hauptsache, du malst.

Ich freue mich so, dass du mein Buch in den Händen hältst, und hoffe, du kannst auf den nächsten Seiten in genau die zauberhafte Welt eintauchen, in der ich mich so gerne verliere: flauschige, gefederte und fellige kleine Freunde in Aquarell zum Leben zu erwecken! Los geht's!

Ich würde mich riesig freuen, deine Ergebnisse auf Instagram zu sehen! Benutz einfach den Hashtag #paintwithlaurasita, um deine Tiere zu markieren.

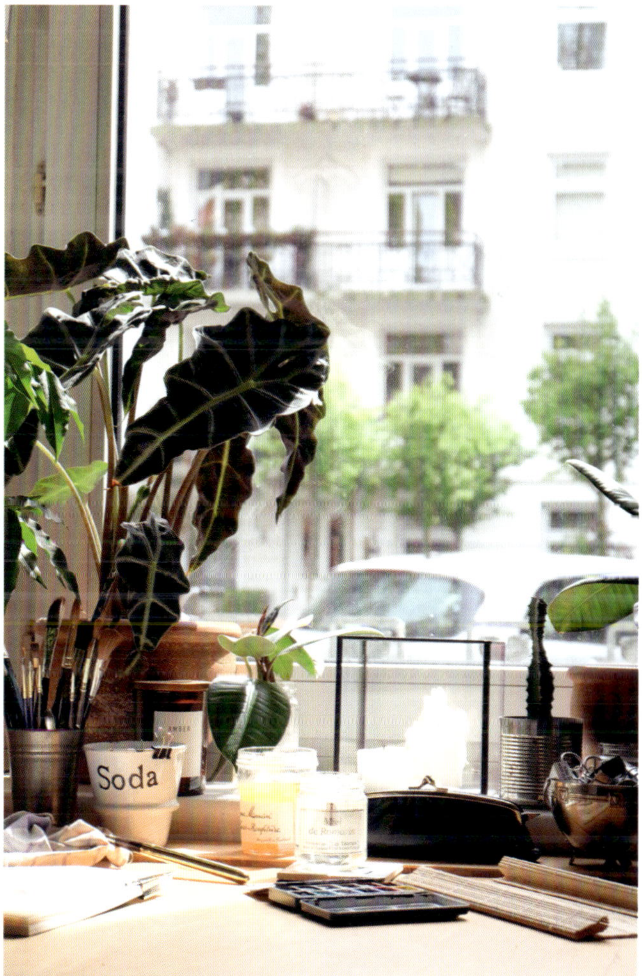

Grundlagen

Tauchen wir ein in die schier unendliche Welt der Kunstmaterialien … Ein Fluch und Segen zugleich.

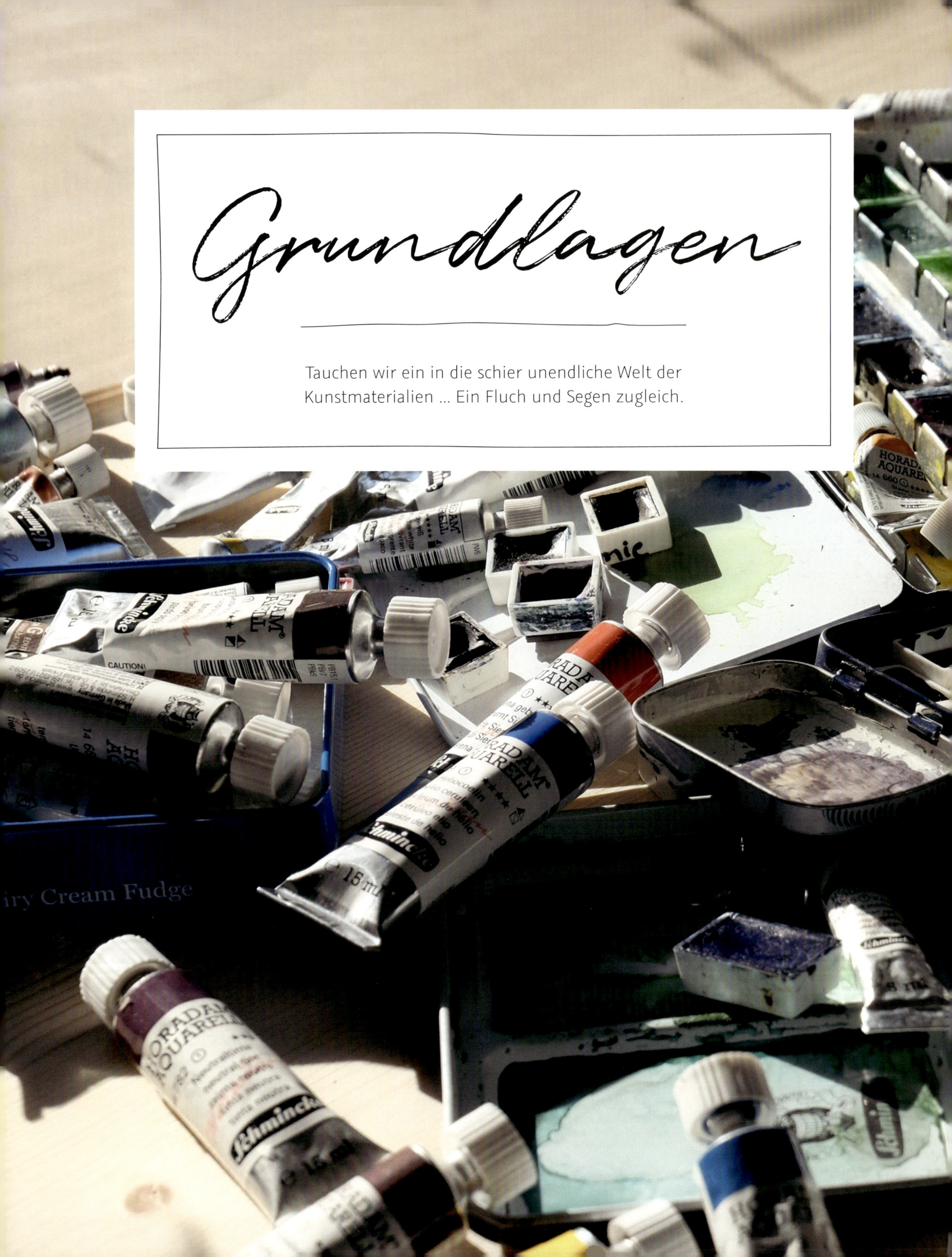

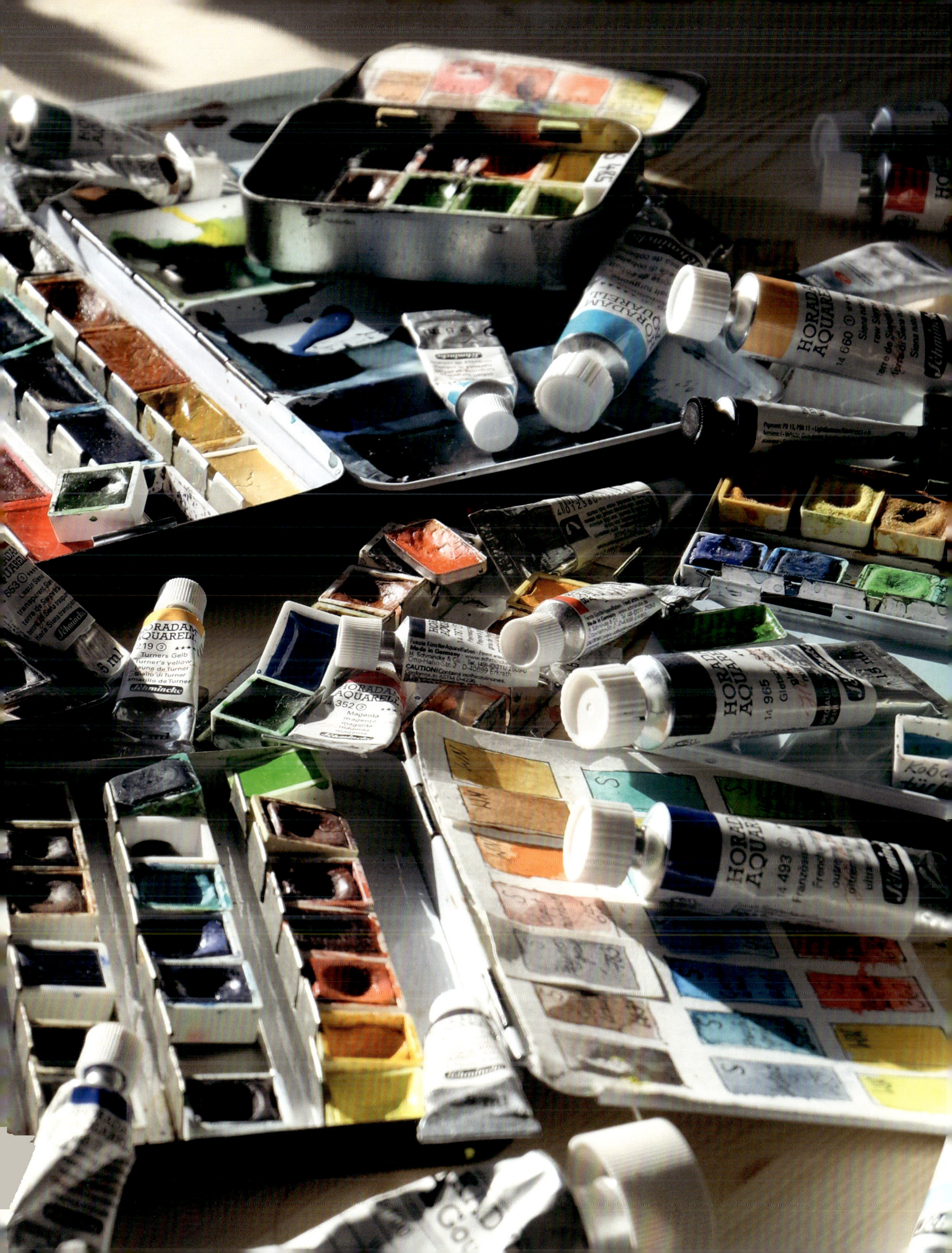
HORADAM AQUARELL
14 660
HORADAM AQUARELL
219
Turners Gelb
Turner's yellow
jaune de Turner
giallo di Turner
amarillo de Turner
Schmincke
AQUARELL
352
Magenta
14 965
14 493

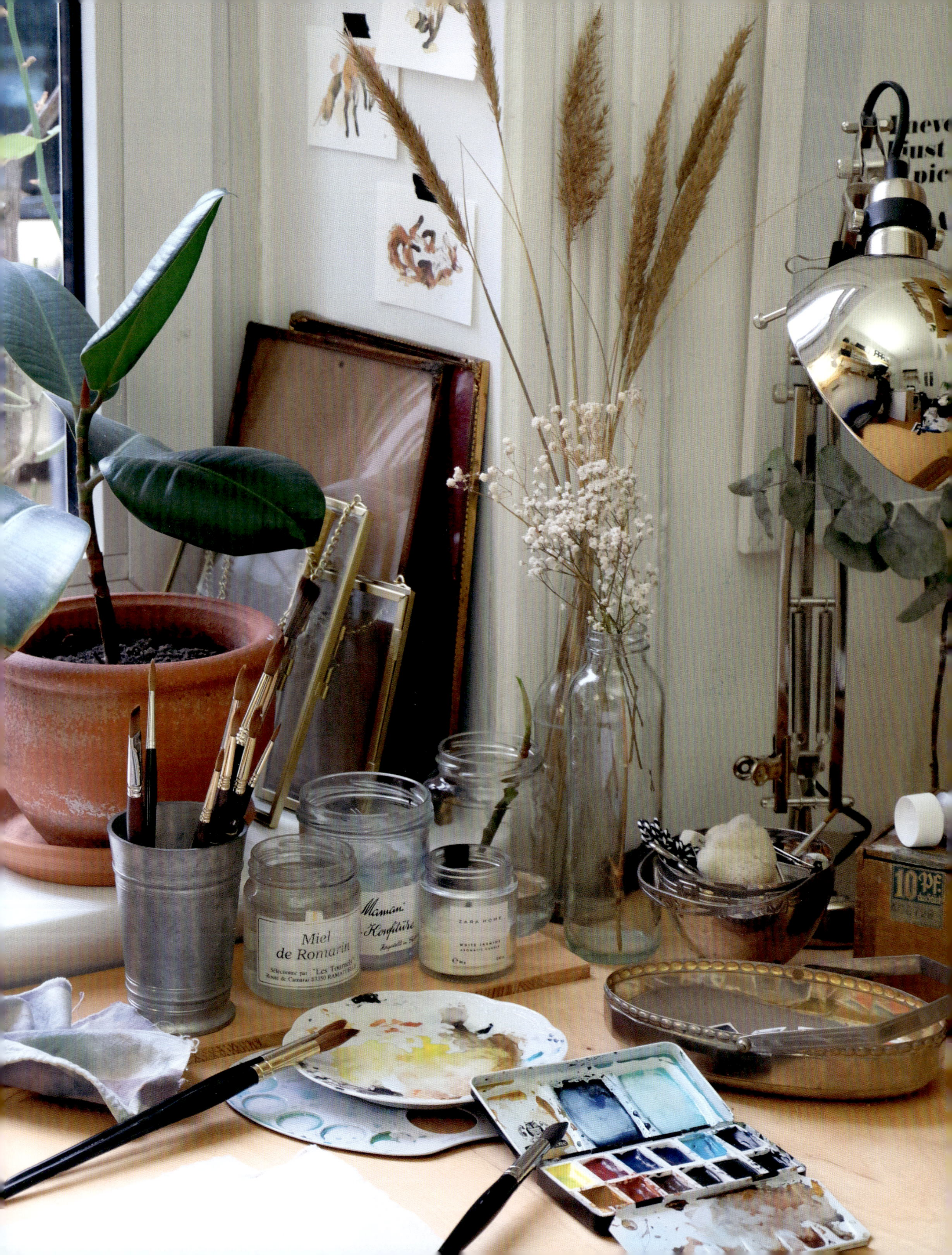
Miel
de Romarin
Maman
ZARA HOME

Ausstattung UND Material

Die Sortimente der Hersteller von Kunstmaterialien erweitern sich ständig und fortlaufend. Material wird einem über Instagram, Facebook oder in der Zeichengruppe empfohlen. Und das Künstlerherz möchte vor allem eines: ausprobieren! Kaum etwas empfinde ich als so motivierend und inspirierend, wie neues Kunstmaterial zu testen, – zum Ärgernis meines Geldbeutels. In diesem Punkt können mich viele von euch sicher verstehen.

Aber auch das Material, welches ich schon viele Jahre besitze, übt immer noch einen Reiz auf mich aus. „Ich gehe mal ein wenig mit meinen Näpfchen spielen" – Papier und Farben sortieren, ausprobieren, neu arrangieren, – all das gehört für mich zum kreativen Prozess dazu und hat eine fast meditative Wirkung.

Im folgenden Kapitel möchte ich euch einen ersten Überblick über die Materialien der Aquarellmalerei verschaffen, und einen Einblick in meine liebsten Produkte und Hilfsmittel teilen.

Arbeitsplatz

Arbeitsplatz? Das hört sich so negativ behaftet an, nach „müssen", nach langen Stunden und nach müden Augen. Nein, mein Schreibtisch ist definitiv kein Arbeitsplatz, sondern ein Happy Place.

Damit dieser Platz jedoch zum Malen gleichermaßen einlädt, wie er auch geeignet sein muss, müssen wir ihn uns auch dementsprechend gestalten.

- Achte auf natürliches Tageslicht, soweit es dir möglich ist. Mein Tisch steht vor dem Fenster; so habe ich nicht nur den größtmöglichen Lichteinfall, sondern kann auch einfach aus dem Fenster schauen und träumen, herrlich.
- Dunkle Jahreszeiten und lange Malabende erfordern natürlich ein künstliches Licht. Dafür empfiehlt sich in deiner Lampe ein Leuchtmittel in der Farbe Kaltweiß / Tageslicht, da diese die Farben weniger verfälscht.
- LED-Schreibtischlampen oder Ringlichter mit verschiedenen Helligkeitsstufen und Weißtönen können auch ein super Hilfsmittel sein.
- Hab deine Malsachen sortiert und griffbereit. Niemand will stundenlang suchen, bevor man mit dem Bild überhaupt loslegt.
- Kleine Gefäße wie Schachteln, Holzboxen, Schälchen etc. sind hilfreich und sehen noch dazu hübsch aus.
- Dekoriere deinen Platz nach deinem Empfinden; ich habe Pflanzen, Kerzen, Trockenblumen, Rahmen und andere hübsche Kleinigkeiten um mich herum platziert, die mir gefallen.

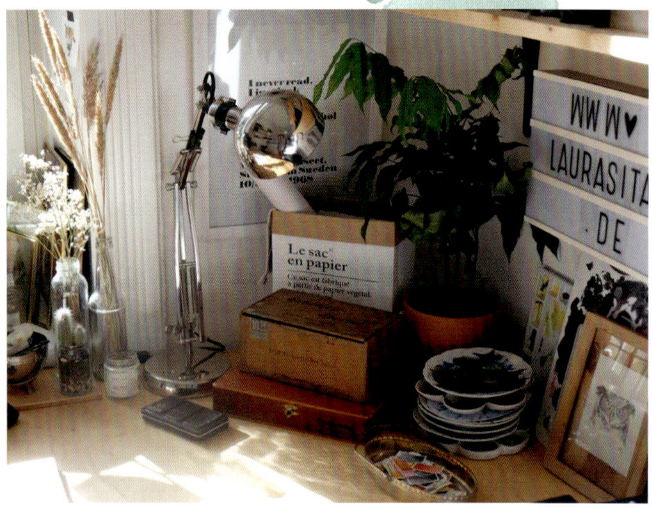

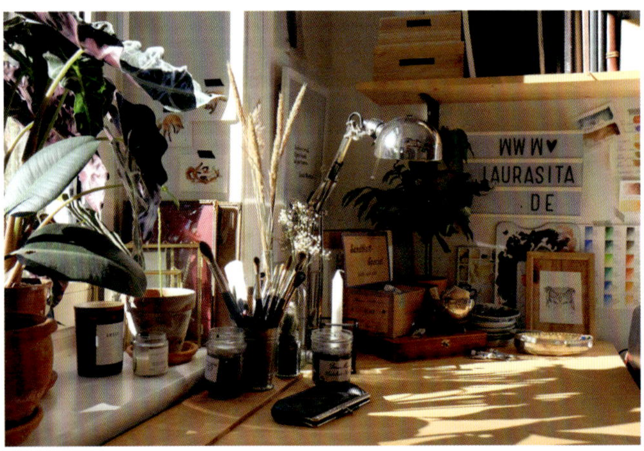

Ein schöner Schreibtisch gehört für mich ins Haus wie Couch oder Bett. Ich weiß jedoch nur allzu gut, dass gerade in Großstädten Wohnraum knapp bemessen ist, und nicht jeder die Möglichkeit hat, sich einen großen Schreibtisch aufzustellen. Du kannst dir dennoch eine Ecke einrichten, in der du deine Malsachen schnell griffbereit hast. Ein hübscher alter Koffer zum Beispiel, kann als neues Zuhause für Block, Pinsel und Co. dienen. Oder ein Regalbrett neben dem Esstisch, auf dem du in hübschen Schachteln deine Malutensilien verstaust. So hast du alles schnell griffbereit, und kannst es genauso schnell wieder verstauen.

Papier

Es gibt nicht das EINE perfekte Aquarellpapier – zum Glück!

Wer malen möchte, braucht natürlich den richtigen Untergrund, und dies ist bei der Aquarellmalerei das passende Papier. Welches Papier für dich und dein Projekt das geeignete ist, hängt von verschiedenen Faktoren ab und nicht zuletzt am meisten von deinen persönlichen Vorlieben.

Im folgenden Kapitel wollen wir uns einen kurzen Überblick über die verschiedenen Papiersorten verschaffen, und die Vor- und Nachteile, die sie mit sich bringen, erläutern.

FAKTOREN BEIM PAPIERKAUF

GEWICHT

Aquarellpapier gibt es in unterschiedlichen Gewichtsklassen. Vereinfacht lässt sich sagen: Je schwerer ein Papier ist, desto mehr Wasser kann es aufnehmen. Ein leichtes Aquarellpapier wiegt unter 300 g/m², ein schweres ca. 600 g/m² und mehr. Sehr schwere Papiere werden von Künstlern bevorzugt, die mit sehr viel Wasser und Nass-in-Nass-Techniken arbeiten. Bei Papieren von unter 300 g/m² besteht die Gefahr, dass sich dein Blatt bei viel Wasserauftrag sehr stark wellt und dir die Arbeit erschwert. Es ist also gut, nicht am Papier zu sparen.

Für meine Tierillustrationen arbeite ich meistens auf Papier von ca. 300 g/m² und empfinde dies als absolut ausreichend schwer für meine Zwecke, denn ich arbeite nicht viel Nass-in-Nass und bemale auch nicht das gesamte Blatt.

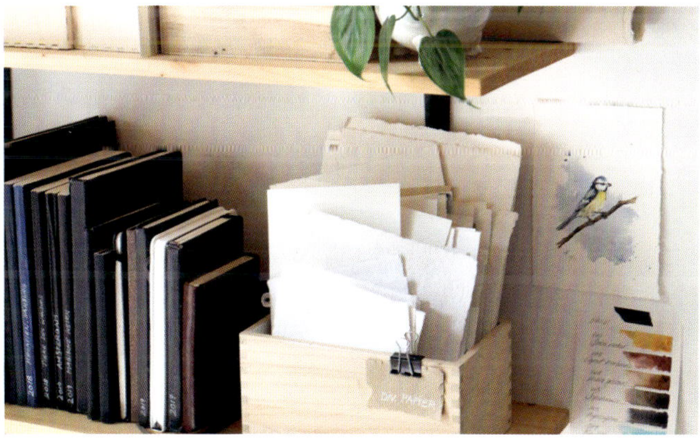

MATERIALZUSAMMENSETZUNG

Aquarellpapier wird heutzutage meist aus Zellulose oder aus Baumwolle hergestellt, seltener aus anderen Materialien (z. B. Leinen oder Bambus).

Auch gemischte Papiere, die aus Zellulose und Baumwolle hergestellt sind, werden im Handel angeboten.

- Zellulosepapier ist günstiger als Baumwollpapier und eignet sich daher für Einsteiger, die erst einmal nicht viel investieren möchten, aber auch für Fortgeschrittene, um schnelle Übungen, Farbtests, Skizzen oder Ähnliches anzufertigen. Auch einem Einsteiger würde ich jedoch raten, zusätzlich einen Block oder einige Bögen Baumwollpapier zu kaufen, um den Unterschied zwischen den Papiersorten zu verstehen und um fertige Bilder – keine Übungen – anzufertigen. Kleinformatige (ca. A5) Baumwollblöcke sind erschwinglich und reichen für ein kleines Motiv allemal aus.
- Baumwollpapiere nehmen Wasser besser auf als Zellulose und eignen sich daher besonders für Nass-in-Nass-Techniken oder für Künstler, die generell gern mit viel Wasser malen. Die Papiere sind hochwertiger und teurer als gemischte oder Zellulosepapiere und werden von professionellen Künstlern und leidenschaftlichen Hobbymalern bevorzugt.

Die Begriffe „Hadern“ oder „Bütten“ werden dir auch oft über den Weg laufen. Bei Hadern handelt es sich um einen Begriff, der früher Textillumpen (z. B. aus Baumwolle oder Leinen) bezeichnete, die, als Faserbrei zermahlen, zur Papierherstellung verwendet wurden. Heutzutage kennzeichnet er meist sehr hochwertige Baumwollpapiere. Der Begriff Bütten hingegen bezeichnet eine bestimmte Herstellungsart, wobei das Papier aus unterschiedlichen Rohstoffen gewonnen wird. Es handelt sich dabei um das historische Herstellungsverfahren von Papier, welches durch Handschöpfen mithilfe eines Siebes aus der sogenannten Bütte, einem großen runden Gefäß, gewonnen wird. Typischerweise entsteht dadurch der unregelmäßige „Büttenrand“, der dem Papier zusätzlich eine besondere Note verleiht.

OBERFLÄCHE

Die Oberfläche von Aquarellpapier ist sehr unterschiedlich und hat einen großen Einfluss auf dein Bild. Im Kunsthandel findest du folgende Oberflächen:

- **Satiniert / hot pressed**
  Satiniertes Papier ist extrem glatt und eignet sich daher hervorragend für sehr detaillierte Bilder und kleinste Feinheiten. Auch für die Verwendung von Finelinern und Füllern ist dieses Papier zu empfehlen, da die feinen Stiftspitzen nicht an dem Papier hängen bleiben.
- **Feinkorn / matt / cold pressed**
  Mattes oder auch kaltgepresstes Aquarellpapier ist etwas rauer als satiniertes und sieht von der Oberflächenbeschaffenheit schon mehr aus, wie man sich ein klassisches Aquarellpapier vorstellt. Es hat eine raue, aber dennoch gleichmäßige Oberflächenstruktur, auf der die Farbe gleichmäßig verläuft. Es eignet sich gut für Anfänger, da die gleichmäßige Oberfläche keinen großen Einfluss auf den Verlauf der Farbe hat, so wie bei stärker strukturiertem Papier.
- **Grobkorn / rau**
  Raues Aquarellpapier ist stark strukturiert und hat eine unregelmäßige Oberfläche. Es ist daher weniger für kleine Details geeignet als z. B. für Landschaften oder andere ausdrucksstarke Bilder. Auf der unebenen Oberfläche können tolle Effekte erzielt werden.
- **Torchon**
  Papier mit der Bezeichnung Torchon hat ebenfalls eine raue Oberfläche, die in diesem Fall eine wolkige Struktur hat.

Tipp

Du findest im Handel auch Probierpapier oder Sets mit verschiedenen Oberflächen, die super dafür geeignet sind, sich einen Überblick zu verschaffen. Hahnemühle zum Beispiel bietet einen solchen gemischten Block an. Frag am besten bei deinem örtlichen Kunsthändler nach!

BLOCK UND SKIZZENBUCH

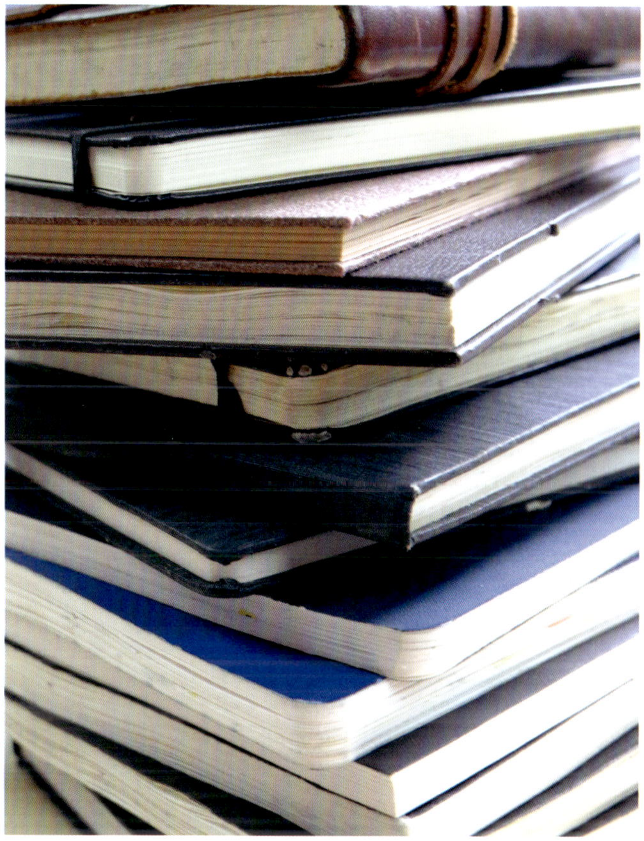

Papier erhältst du entweder auf allseitig geleimten Blöcken, auf Spiralblöcken oder als einzelne Blätter. Ich empfehle dir einen geleimten Block, da das Papier, wenn es nass wird, beginnen kann, sich zu wellen, und ein geleimter Block dem Papier Festigkeit und Spannung verleiht.

Aquarellpapier gibt es jedoch nicht nur als Block- und Bogenware, sondern es wird auch in unzähligen Arten von Skizzenbüchern angeboten. Ich liebe Skizzenbücher und habe verschiedene Exemplare für alle möglichen künstlerischen Bedürfnisse – für Zeichnungen und Aquarell, für Farbtests und Übungen, im Postkartenformat für die Tasche und in A4 für den Schreibtisch. Viele meiner liebsten Illustrationen sind in Skizzenbüchern entstanden.

Ob du gerne in Skizzenbüchern arbeitest, hängt von deinem Empfinden ab. Manch einen schreckt der Gedanke ab, ein Bild zu verhunzen, das dann im Skizzenbuch präsent ist und nicht entfernt werden kann, ohne das Buch zu zerstören. Andere wiederum sehen das Buch als Chance, sich auszuprobieren, auszutoben und dreckig zu sein, ohne „den guten Block" zu verschwenden.

Ich bin, was das angeht, ziemlich schmerzbefreit und gehöre eher zu Gruppe 2: Meine Skizzenbücher sind unordentlich und konzeptfrei. Den guten Block „verschwende" ich aber trotzdem gern …

MEINE LIEBLINGSPAPIERE

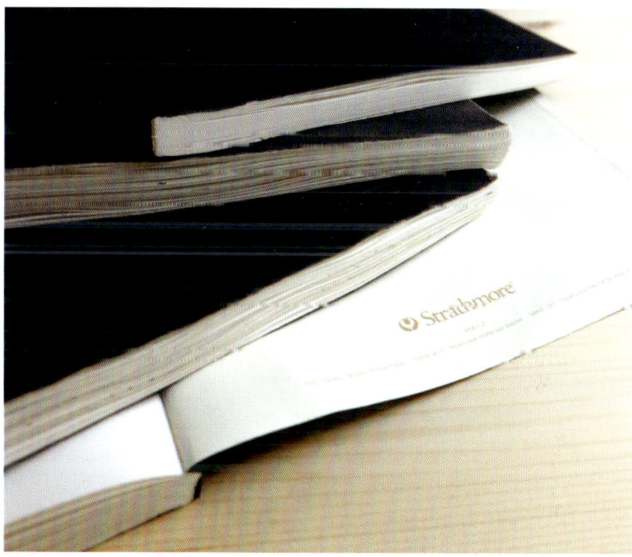

Mein Lieblingspapier für Tierillustrationen ist Lanaquarelle der Firma LANA, in satinierter Ausführung. Da ich oft sehr detailliert und mit sehr feinen Finelinern arbeite, hat sich ein extraglattes Papier für mich bewährt. Da ich außerdem meine Bilder im Nachhinein scanne und digitalisiere, ist es einfacher, wenn das Papier keine allzu grobe Struktur hat. Für Landschaften oder andere Motive male ich jedoch auch gern auf einem strukturierteren Papier.

Mein liebstes Skizzenbuch für Illustrationen ist das „Mixed Media"-Buch der Firma Strathmore aus der 500er-Serie. Das Mixed-Media-Buch besteht aus 100 % Baumwollpapier und hat eine sehr glatte Oberfläche; obwohl das Papier nur eine Grammatur von 190 g/m² hat, kann es doch sehr viel Wasser aufnehmen!

Farben

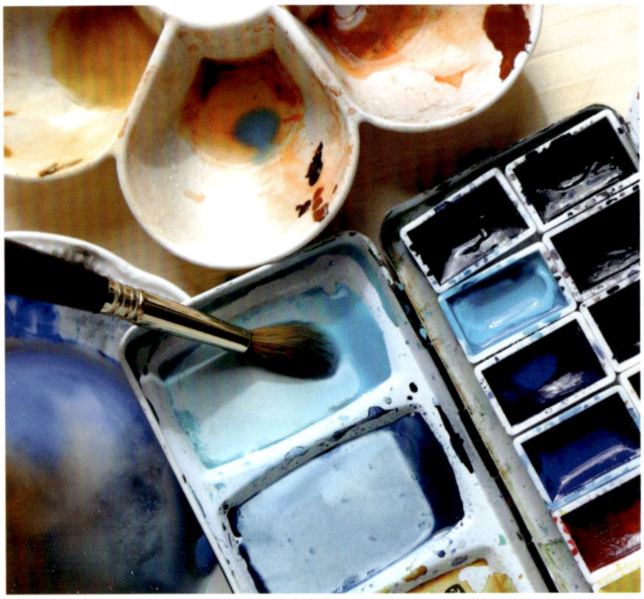

Es ist sicher kein Zufall, dass Aquarellnäpfchen aussehen wie kleine bunte Bonbons. Sie machen zumindest genauso süchtig.

Was für ein schönes Kapitel – Farben, Farben, Farben. Manchmal kann es allerdings schwer sein, sich in der unendlichen Auswahl an traumhaft schönen Aquarellfarben zurechtzufinden. Ich habe lange dafür gebraucht und lerne immer noch jeden Tag dazu. Wer es ernst damit meint, wird schnell feststellen, dass es eine richtige Wissenschaft für sich ist. Man kann Stunden damit verbringen, sich die Zeichenerklärungen und Beschreibungen auf den Herstellerseiten durchzulesen, und ist danach doch oft noch verwirrter als vorher. Trotzdem sind einige grundlegende Kriterien für euch wichtig zu wissen bzw. zumindest solltet ihr davon gehört haben.

Ich male fast ausschließlich mit Aquarellfarben der Firma Schmincke, aus der Reihe HORADAM®. Natürlich ist es schön, auch ab und zu andere Hersteller auszuprobieren. Ich finde es beim Malen jedoch hilfreicher, sich eher in einer Herstellerreihe gut auszukennen, als etwa in vielen verschiedenen Programmen nur halb durchzusteigen.

Außerdem kann ich so sicher sein, dass sich die Farben des einen Herstellers alle gut untereinander mischen lassen. Ob du auch mit Schmincke-Farben malen möchtest oder mit einer anderen Firma, von der du vielleicht schon einen Kasten besitzt, bleibt natürlich völlig dir selbst überlassen. Versuche, meine Farbvorschläge eher als Empfehlung zu sehen denn als Vorgabe. Viel wichtiger, so abgedroschen es klingen mag, ist, dass du mit Freude an die Sache herangehst. Experimentieren ist nicht nur erlaubt, sondern unbedingt erwünscht!

AKADEMIE® ODER HORADAM®?

Von Schmincke gibt es zwei verschiedene Sortimente: HORADAM® und AKADEMIE®.
Das HORADAM®-Sortiment umfasst ca. 140 Farbtöne in feinster Künstlerqualität. Die Farben werden in Näpfchen und Tuben verkauft, wobei es sich um ein- und dieselbe Farbe handelt, in flüssiger und fester Form.
Das Akademie-Sortiment umfasst 24 verschiedene Farbtöne, die ausschließlich in Näpfchen verkauft werden. Bei diesen Farben handelt es sich um Studienfarben, d. h. sie sind etwas günstiger als das HORADAM® Premiumsortiment.
Für Einsteiger sind die Akademie-Aquarellfarben definitiv ausreichend. Solltest du es aber ernst mit deinem Hobby meinen oder schon länger malen, kann ich dir die HORADAM®-Reihe nur empfehlen.

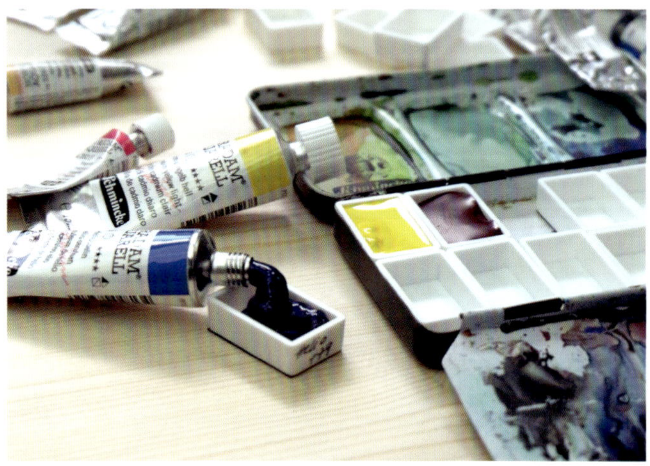

Kommen wir nun zum Wesentlichen.

Aquarellfarben klassifizieren sich nach folgenden Eigenschaften: die Lichtechtheit, die Deckkraft, die Lösbarkeit vom Papier und die Granulation (welche alle durch die Eigenschaften des verwendeten Pigments bedingt sind) und natürlich die Zusammensetzung der Farbe selbst durch ein oder mehrere Pigmente.

- Die Lichtechtheit von Farben beschreibt ihre Beständigkeit im Tageslicht, d. h. ob sie bei Tageslichteinfall mit der Zeit verblassen.
- Die Deckkraft und Lasureigenschaft von Aquarellfarbe kann variieren. Einige Farben decken stärker, andere kaum und sind transparenter.
- Die Lösbarkeit vom Papier wird auch als „Staining" beschrieben (englisch „to stain" = färben, einfärben). Nicht jede Farbe lässt sich genauso schwer oder leicht vom Papier wieder ablösen, wenn sie erst getrocknet ist. Dies ist abhängig vom Pigment.
- Granulieren beschreibt die Eigenschaft bestimmter Pigmente, sich auf dem Papier zu kleinen „Grüppchen" zusammenzuschließen, sodass ein körniger, unregelmäßiger Farbauftrag entsteht. Bei der Verwendung von rauem Papier wird diese Wirkung noch verstärkt, und man kann damit tolle Effekte zaubern.
- Aquarellfarben setzen sich entweder nur aus einem oder aus mehreren Pigmenten zusammen. Ein-Pigment-Farbtöne lassen sich besonders gut untereinander zu sauberen und brillanten Farben mischen, da die Farben nicht bereits im Napf schon aus mehreren Tönen bestehen.

Ich muss gestehen, dass ich beim Malen nicht unbedingt auf diese Dinge achte, sondern viel mehr meinem Gefühl und meiner Intuition folge. Mit der Zeit haben sich allerdings einige Lieblingsfarben herauskristallisiert, mit denen ich immer wieder und gerne male. Von diesen Farben kenne ich die Eigenschaften besser und kann daher sicherer mit ihnen arbeiten. Auch dir wird es so gehen, wenn du regelmäßig malst. Du wirst automatisch lernen, welche Farben mehr oder weniger Deckkraft besitzen, welche Farben stark granulieren und so weiter.

Die Farben, die ich in diesem Buch und auch sonst für den Großteil meiner Tierillustrationen verwende, lassen gut sich auf zwölf Farben reduzieren – meine absoluten Standard- und Lieblingsfarben, ohne die ich so gut wie kein Bild male. Auch war es mir wichtig zu zeigen, dass man nicht unbedingt einen riesigen Aquarellkasten besitzen muss, um viele verschiedene Ergebnisse zu erzielen.

Für Landschaften und Urban Sketching verwende ich zusätzlich noch einige andere Töne, die hier nicht aufgelistet sind – z. B. verschiedene Grüntöne.

NÄPFCHEN ODER TUBEN?

Ich bevorzuge, meine Farben in Tuben zu kaufen. Du kannst leere Näpfchen im Kunsthandel erwerben und dir die Farbe selbst in Näpfe füllen, trocknen lassen und zu eigenen Kästen zusammenstellen. So hast du z. B. einen großen Kasten für zu Hause, und einen kleinen Kasten für die Reise oder Urban Sketching.

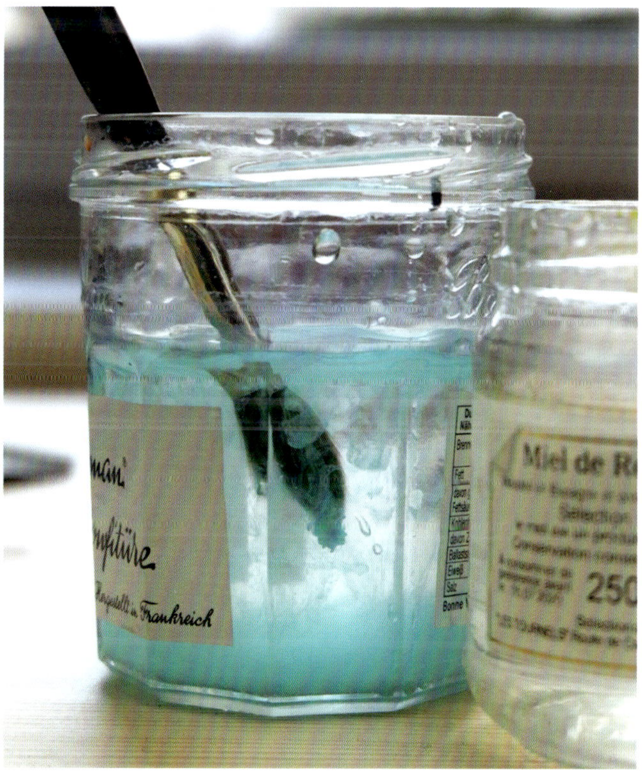

MEINE FARBPALETTE

DREI GRUNDTÖNE

Im Sortiment von HORADAM®-Aquarell sind unter der Vielzahl an Gelb-, Blau- und Rottönen drei Farben als Standard-Grundfarben angegeben. Mit diesen drei Farben könnt ihr nicht nur unglaublich klare und schöne Sekundärfarben erstellen, sie lassen sich auch super zu anderen Tönen dazumischen. Auch wenn diese Töne – besonders das Magenta – auf den ersten Blick nicht unbedingt aussehen, als ob man daraus schöne Zwischentöne mixen könnte, so bilden sie doch die perfekte Grundlage. Wenn du dir einen Aquarellkasten selbst zusammenstellst, kann ich dir nur dazu raten, in diese drei Farben zu investieren.

- 224 – Kadmiumgelb hell
- 352 – Magenta
- 479 – Heliocoelin

DREI BLAUTÖNE

Diese drei Blautöne sind aus meinem Kasten nicht wegzudenken – besonders das Kobalttürkis! Jeder der Töne ist speziell und für sich alleinstehend schön – jedoch mische ich sie auch gern anderen Farben bei. Ultramarin gibt es im Sortiment von Schmincke übrigens in granulierender und nicht granulierender Ausführung. Ich benutze beide Farben, in diesem Buch jedoch nur das granulierende Blau.

- 485 – Indigo
- 509 – Kobalttürkis
- 493 – Französisches Ultramarin – granulierend (alternativ: 494 – Ultramarin feinst – nicht granulierend)

DREI BRAUNTÖNE

Wer Tiere malen möchte, braucht natürlich Brauntöne! Alle drei Töne sind erdige Brauntöne, die sich auch toll für Landschaftsmalerei eignen. Siena natur und Umbra gebrannt sind noch dazu reine Erdpigmente, hergestellt aus Naturerde.

- 660 – Siena natur
- 661 – Siena gebrannt (alternativ 653, Lasur Siena, oder 651 Kastanienbraun)
- 668 – Umbra gebrannt (alternativ 671, Lasur Umbra)

DREI DUNKLE FARBEN

Diese drei Farben benutze ich gern zum Abdunkeln anderer Töne. An sehr dunklen Stellen verwende ich sie auch pur. Paynesgrau verwende ich anstelle von Schwarz, um Schnauzen, Augen, Pfoten und andere kleine schwarze Details zu malen. Du kannst stattdessen aber natürlich auch Schwarz verwenden.

- 663 – Sepiabraun
- 782 – Neutraltinte
- 783 – Paynesgrau

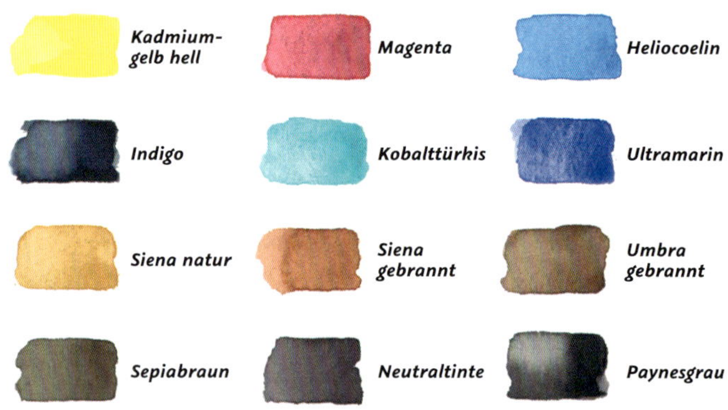

Mit diesen zwölf Farben könnt ihr jedes Bild aus diesem Buch malen. Zusätzlich habe ich jedoch noch folgende Töne verwendet:

Kastanienbraun, Caput mortuum, Kadmiumrot hell, Chromorangeton

Diese Farben wurden jedoch nur in kleinen Mengen verwendet, und du kannst sie problemlos durch die oben genannten ersetzen.

- Statt Kastanienbraun benutzt du einfach Siena gebrannt, die beiden Töne sind sich sehr ähnlich. Gib eventuell noch etwas Umbra gebrannt dazu.
- Caput mortuum ist ein rötlicher Braunton. Mixe stattdessen etwas Magenta und Paynesgrau zu Umbra gebrannt.
- Statt Kadmiumrot hell mixt du einen hellen Rotton aus Magenta und ein wenig Kadmiumgelb hell, evtl. mit wenig Siena gebrannt.
- Chromorangeton kann problemlos durch eine Mischung von Kadmiumgelb hell und Magenta ersetzt werden.

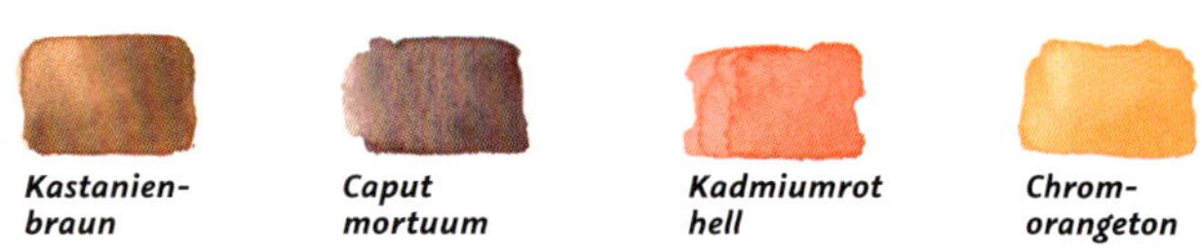

Pinsel

Der richtige Pinsel ist für die Aquarellmalerei so wichtig wie das richtige Papier. Aber genau wie beim Papier ist auch hier viel abhängig von dem eigenen Empfinden und dem Bild, welches man vor Augen hat bzw. dem Ergebnis, welches man erzielen möchte. Generell ist es wichtig, mit einem Pinsel zu malen, der viel Wasser aufnehmen kann, denn davon lebt die Aquarellmalerei schließlich.

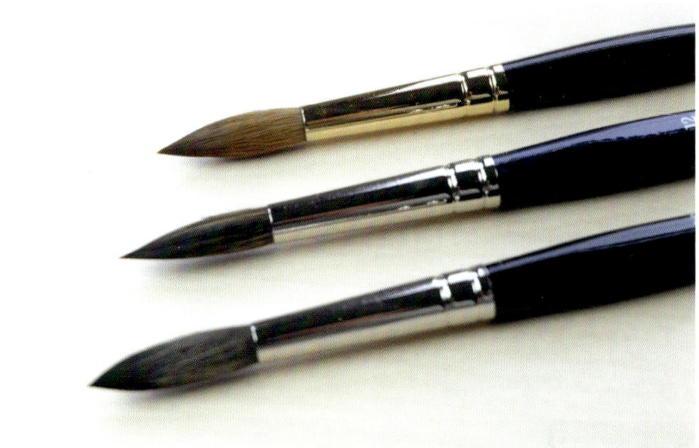

Auf diesem Foto siehst du drei Aquarellpinsel der Firma daVinci; (von unten nach oben) einen Kunsthaarpinsel, einen Mischhaarpinsel und einen Rotmarderpinsel.

KUNST- ODER ECHTHAAR?

Aquarellpinsel werden in Varianten aus Echthaar, Kunsthaar oder Mischungen angeboten. Echthaarpinsel werden aus verschiedenen Tierhaaren gewonnen, wie z. B. Rind, Eichhörnchen oder Marder. Rotmarderpinsel gelten dabei unangefochten als die Königsklasse unter den Aquarellpinseln. Sie speichern sehr viel Wasser und haben sehr feine Haare, die auch in größeren Varianten zu feinen Spitzen zulaufen.

Für Rotmarderpinsel kann man schnell ein kleines Vermögen ausgeben, daher sind sie für Anfänger, die erst einmal in die Aquarellmalerei hineinschnuppern wollen, vielleicht weniger geeignet. Ich muss gestehen, dass ich sehr gerne mit dieser Art von Pinsel arbeite, und möchte nicht mehr auf meine Echthaar-Schätze verzichten! Ich besitze aber auch diverse Kunsthaarpinsel, die ebenfalls von guter Qualität sind und mit denen man ebenso schöne Ergebnisse erzielen kann.

Mischhaarpinsel sind ein guter Kompromiss und ideal für diejenigen, die sich einen guten, aber nicht allzu teuren Pinsel leisten wollen. Hier werden Naturhaare und synthetische in einem Pinsel gemischt.

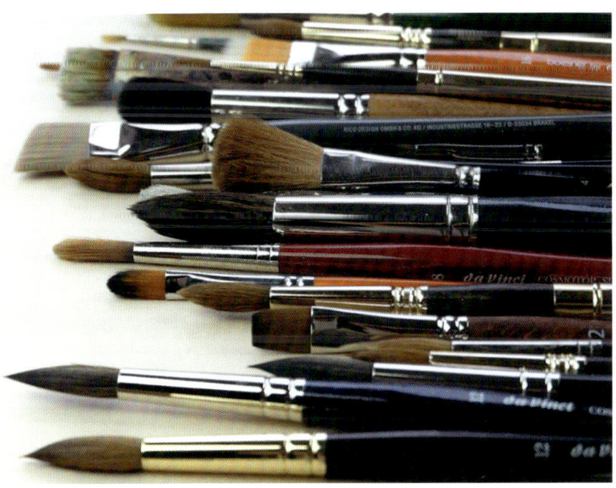

Aber auch unter den Kunsthaarpinseln gibt es viele schöne Exemplare, mit denen malen Spaß macht. Einige synthetische Pinsel sind eher fester und haben mehr Spannkraft in den Fasern. Da ich jedoch oft mit viel Wasser und eher unregelmäßigen Farbaufträgen arbeite, finde ich etwas weichere Pinsel angenehmer.

RUND ODER FLACH?

Aquarellpinsel kommen in vielen verschiedenen Ausführungen: als Rund- oder Flachpinsel, spitze Schlepper, Schwertschlepper, Fächer, Katzenzungen ... – für die Übungen in diesem Buch benötigen wir jedoch nur Rundpinsel.

Der Rundpinsel ist wohl der klassischste Aquarellmalpinsel, und ich persönlich male fast alle Bilder fast ausschließlich mit dieser Sorte, obwohl ich auch diverse andere besitze.

Es ist hilfreich, zwei bis drei verschiedene Größen zur Verfügung zu haben, damit man alles, von größeren Waschungen bis zu kleinsten Details, malen kann. Natürlich kommt es aber auch immer darauf an, wie groß du deine Bilder planst. Die Bilder in diesem Buch sind alle etwa 20 x 30 cm groß, einige etwas kleiner oder größer.

Für diese Bildgröße empfehle ich dir ein Set mit folgenden Pinselgrößen:

- 10/12 für Hintergründe und größere Farbaufträge
- 6/8 für etwas detailliertere Arbeiten und kleinere Bereiche
- 1/3 für feine Fell- und Federstrukturen, Augen, etc.

ZUBEHÖR UND Hilfsmittel

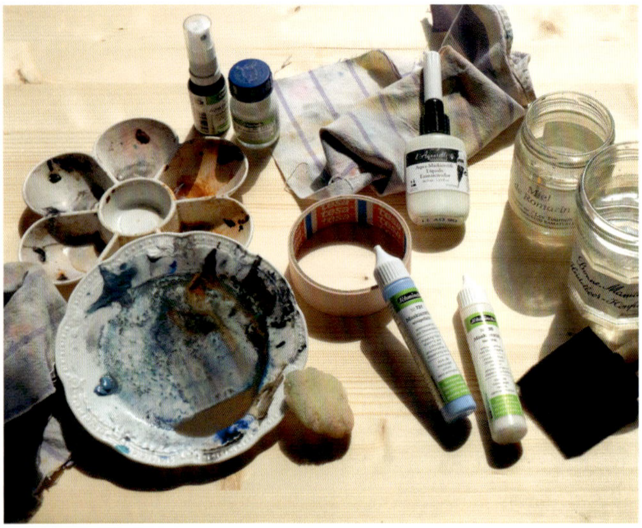

Für die Aquarellmalerei gibt es wahnsinnig viel Zubehör und Hilfsmittel, mit denen man Spaß haben kann. Dabei müssen es jedoch nicht nur teure, gekaufte Produkte sein, sondern auch alltägliche Materialien, die dir beim Malen zur Seite stehen.

MASKIERFLÜSSIGKEIT

Eines meiner liebsten Hilfsmittel! Maskierflüssigkeit, auch Rubbelkrepp genannt, ist eine gummiartige Flüssigkeit, die du auf das Papier an den Stellen auftragen kannst, die weiß bleiben sollen. Die Flüssigkeit trocknet an und bildet dabei eine Gummischicht, sodass die Farbe an diesen Stellen nicht auf das Papier gelangt.

Maskierflüssigkeit kannst du in größeren Tiegeln oder kleineren stiftähnlichen Flaschen mit feinen Öffnungen kaufen. Es ist entweder weiß, oft aber auch blau eingefärbt, so dass du auf dem Papier besser erkennen kannst, wo du es aufgetragen hast. Wenn du einen Tiegel kaufst, musst du die Flüssigkeit mit einem Hilfsmittel auftragen; das kann z. B. ein alter Pinsel, ein Zahnstocher oder eine Schreibfeder sein. Ich bevorzuge die kleineren Flaschen mit dünnen Öffnungen; mit diesen kannst du die Flüssigkeit wie mit einem Stift auftragen.

Wenn du mit deinem Bild fertig bist (oder auch vorher schon), kannst du die Maskierflüssigkeit vorsichtig abrubbeln. Wichtig ist, dass das Papier vollständig durchgetrocknet ist, sonst rubbelst du die oberste Schicht des Papiers gleich mit ab ... Du kannst deinen Finger oder einen Radiergummi verwenden. Achte darauf, dass deine Finger sauber und fettfrei sind, sodass das Aquarellpapier keinen Schaden nimmt.

Gut zu wissen: Maskierflüssigkeit sollte nicht länger als einige Tage auf dem Papier bleiben, da dieses sich sonst verfärben kann! Zudem wird die Maskierflüssigkeit so hart, dass sie sich nicht mehr entfernen lässt. Mir ist dies schon passiert, als ich anfing, mit Maskierflüssigkeit zu arbeiten – euch nun aber hoffentlich nicht! Solltest du also eine längere Pause in einem Bild einlegen, ist es ratsam, das Rubbelkrepp vorher zu entfernen.

TÜCHER

Tücher sind beim Malen essenziell, um überschüssiges Wasser und Farbe loszuwerden, sowohl vom Pinsel, als auch vom Blatt. Um allerdings nicht übermäßig viele Küchentücher und Co. zu verschwenden, lohnt es sich, einen alten Stofffetzen zum Maltuch umzufunktionieren. Bei mir musste ein altes Geschirrtuch daran glauben.

Trotzdem benötigt man durchaus noch ein sauberes Papiertuch, um z. B. Farbe vom Papier abzutupfen, ohne es zu beschmutzen.

SCHWAMM

Ein Schwamm kann in vielerlei Hinsicht ein super Helferlein sein. Du kannst ihn z. B. benutzen, um dein Papier großflächig zu befeuchten, wenn du Nass-in-Nass malen möchtest. Du kannst Farbe damit vom Papier aufnehmen, oder auch auf das Papier tupfen, wenn du diesen speziellen Effekt erzielen möchtest.

Für die Tierillustrationen benutze ich ihn weniger, trotzdem ist er in meinem Sortiment vorhanden.

FÖHN

Mein Föhn liegt öfter am Schreibtisch als im Badezimmer ... Er ist ein super Hilfsmittel für Ungeduldige wie mich! Du kannst den Trocknungsprozess einfach beschleunigen, indem du vorsichtig föhnst. Sollte das Wasser jedoch noch dick auf dem Papier „stehen", achte nur darauf, dass du es nicht in eine Richtung bläst, damit keine Laufnasen entstehen.

Achtung mit dem Föhn bei gleichzeitiger Benutzung von Maskierflüssigkeit! Abhängig von der verwendeten Flüssigkeit, dem verwendeten Papier und der Hitze des Föhns, kann sich die Maskierflüssigkeit in das Papier „einbrennen" und Schaden verursachen. Teste vorsichtig an einer unauffälligen Stelle, ob deine Kombination sich verträgt. Ein Bild deswegen zu zerstören, wäre sehr schade.

PALETTEN

Besitzt du einen Aquarellkasten, besitzt du auch schon eine Palette, denn in den meisten Fällen dient der Deckel der Kästen zusätzlich als Palette.

Wenn du aber wie ich mit Tuben arbeiten möchtest oder dir mehr Platz zum Mischen der Farben wünschst, ist eine Palette hilfreich. Du kannst im Kunsthandel Porzellan- oder Kunststoffpaletten mit verschiedenen Abteilungen erwerben, in runder Ausführung werden sie auch Blumenpaletten genannt.

Wer weniger Geld ausgeben möchte, kann aber auch einfach in den Küchenschrank greifen und einen alten Teller umnutzen. Auf meinem Schreibtisch befinden sich mittlerweile mehr Untertassen als in unserer Küche ...

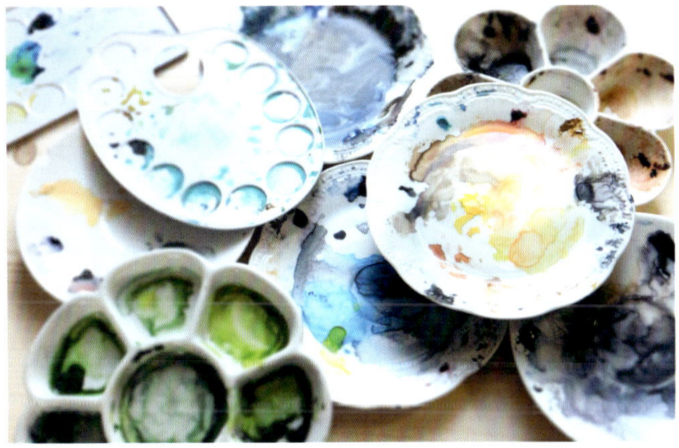

Stifte

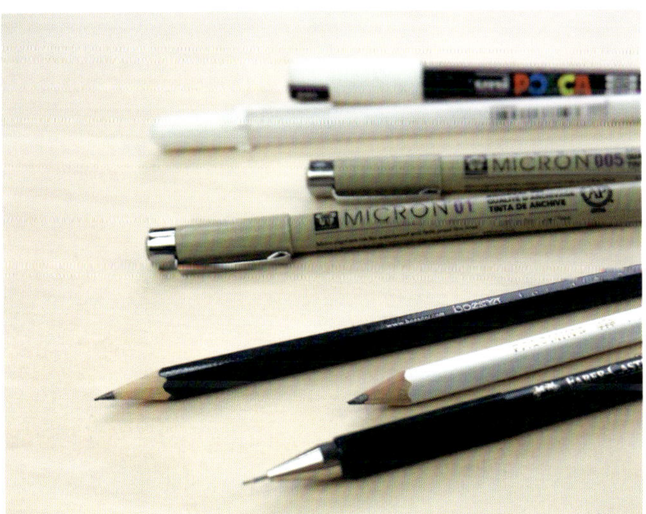

BLEISTIFT, FINELINER & CO.

Die Grundlage meiner Illustrationen bildet natürlich eine Skizze. Ein normaler Bleistift in der Härte deiner Wahl ist das einzige, was du hierfür benötigst. Ich zeichne allerdings auch gerne mit sehr dünnen Druckbleistiften, da ich dann nicht so oft anspitzen muss.

Für die schwarzen Striche meiner Illustrationen benutze ich dann wasserfeste Fineliner in sehr feinen Strichstärken, z. B. 005 oder 01 (entspricht ca. 0,2–0,25 mm). Es gibt viele Hersteller, die diese Art von Stift anbieten, die alle gut zu benutzen sind, z. B.: Faber-Castell, Staedtler, edding, Sakura ... Achte nur darauf, dass die Stifte wasserfest sind, sonst gibt es ein böses Erwachen, sobald die Aquarellfarbe ins Spiel kommt.

Alternativ kannst du natürlich auch einen Füller mit wasserfester, schwarzer Tinte benutzen.

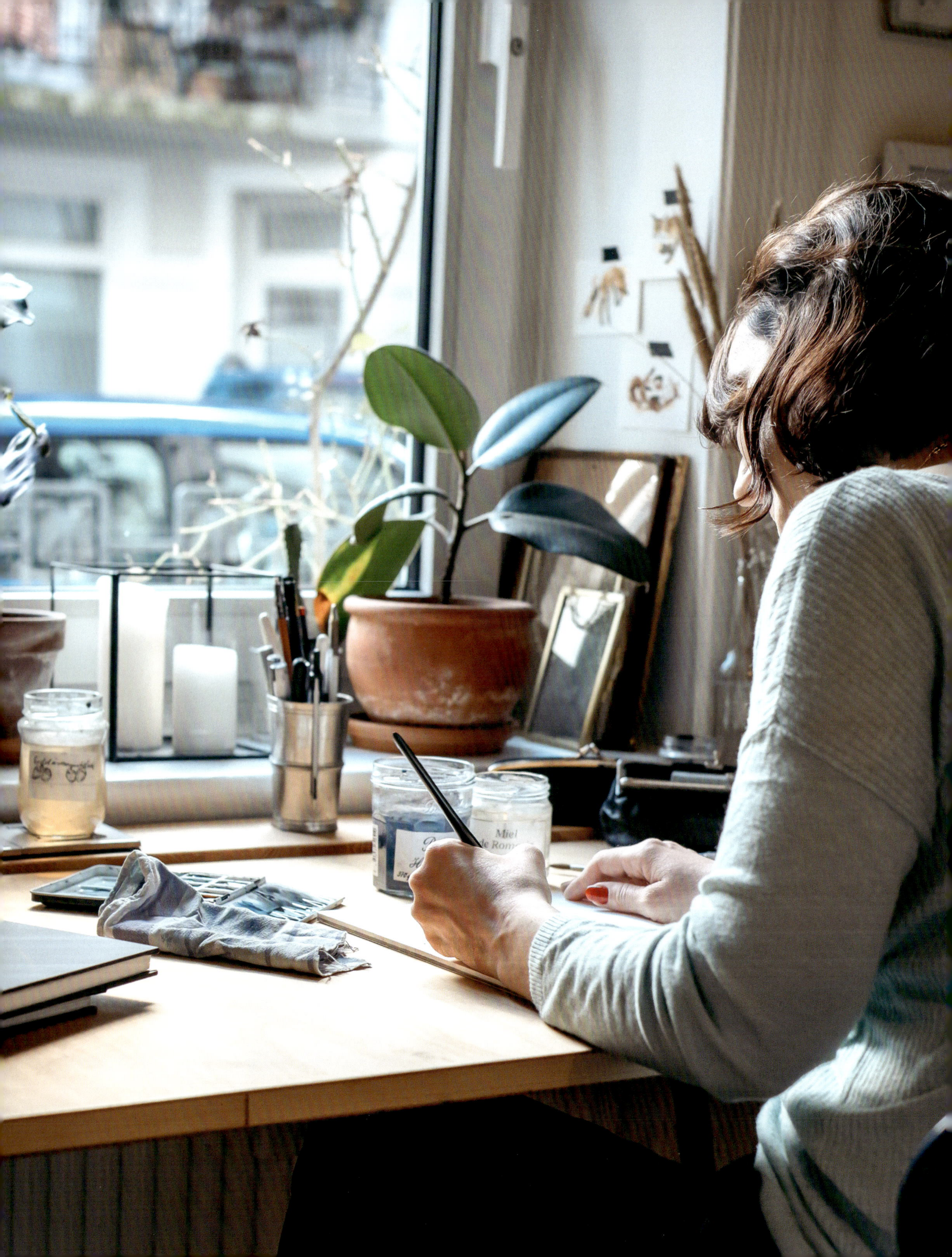
Miel

Technik

Kunst ist wie jedes andere Handwerk auch – du musst dir Techniken aneignen, vergleichen, ausprobieren und vor allem: üben. Ich versuche, jeden Tag etwas zu zeichnen oder zu malen. Denn ich weiß, wie schnell die Finger ‚einrosten'. Auf den folgenden Seiten wollen wir uns mit verschiedenen Mal- und Zeichentechniken beschäftigen. Versuch, dich dabei nicht auf ein ‚richtig' oder ‚falsch' zu versteifen, sondern locker an die Sache heranzugehen. Mit der Zeit wirst du deine eigene Herangehensweise entwickeln, deine eigenen Lieblingsfarben und materialien herausfiltern und deinen eigenen Stil finden.

ERST DIE *Skizze...*

Die Vorzeichnung ist ein elementarer Bestandteil deines Bildes. Auch wenn später nichts mehr davon zu sehen ist, so bildet sie doch das Gerüst, auf dem wir alles Weitere aufbauen. Die Zeichnung muss nicht perfekt ausgearbeitet sein, im Gegenteil. Du kannst sie bei wenigen Strichen belassen, da es uns ja darum geht, Details mit Farbe hinzuzufügen, und nicht, eine perfekte Bleistiftzeichnung abzuliefern. Ich radiere zudem die Skizze vorsichtig weg, sobald ich sie mit Fineliner nachgezogen habe.

Tipp

Vorsicht beim Radieren! Je nach verwendetem Radiergummi und der Beschaffenheit deines Papiers, kann das Papier beim Radieren Schaden nehmen, indem z. B. die oberste Schicht angeraut und schlimmstenfalls kaputt gerubbelt wird. Auch verhält sich Farbe gegebenenfalls anders auf radierten Stellen. Daher rate ich dir: so wenig wie möglich radieren und so wenig wie möglich dabei aufdrücken! Ich verwende einen Knetradierer.

Auch wenn die Zeichnung an sich eher grob aussehen darf, so sollten die Proportionen deines Tieres doch korrekt sein, um später ein stimmiges Bild zu ergeben. (Außer natürlich, du zielst von vorne herein auf ein anderes Ergebnis ab, das z. B. mehr in Richtung Charakterdesign oder Stilisierung geht).

Da ich schon mein ganzes Leben lang gern zeichne, fühle ich mich halbwegs sicher mit einem Bleistift in der Hand. Ein neues Motiv, mit dem man noch nicht vertraut ist, kann nichtsdestotrotz auch für den geübtesten Zeichner eine Herausforderung darstellen. Zum Glück gibt es Mittel und Wege, sich diesen Prozess zu vereinfachen.

Das Beste ist natürlich, sein Motiv anatomisch zu verstehen und dieses Wissen auf Papier umzusetzen. So ist es ratsam, sich möglichst viele verschiedene Bilder eines Tieres anzuschauen, von verschiedenen Seiten und Blickwinkeln, und sich so damit vertraut zu machen. Da jedoch niemand die Anatomie sämtlicher Tiere mal eben so lernen kann, zeige ich dir Kniffe, um das Zeichnen zu vereinfachen.

Tipp

Fertige einige schnelle Skizzen und Übungen an, um dein Motiv besser zu verstehen, es hilft wirklich!

GEOMETRISCHE FORMEN

Schau dir das Motiv, das du zeichnen möchtest, an und versuche, es vor deinem inneren Auge in grobe, geometrische Formen zu „zerlegen". Arbeite dabei von groß nach klein und werde immer detaillierter. Fang also z. B. nicht an, eine kleine Schnauze sehr detailliert zu zeichnen, um dann einen Körper anzufügen.

Hier einige Beispiele, wie das aussehen könnte:

- Körper lassen sich oft durch Ovale oder Bohnen zeichnen.
- Zylinder vereinfachen z. B. Hälse und Schnauzen.
- Trapeze finden sich oft in Nasen und Schnauzen wieder.
- Für die Beine kannst du durch zwei Striche ein Gerüst erstellen, die Gelenke werden mit Kreisen vereinfacht.
- Tropfenformen finden wir oft in Vogelkörpern wieder.

Zieh dir außerdem Hilfslinien, wo es dir sinnvoll erscheint, und betrachte dein Objekt z. B. nach folgenden Gesichtspunkten:

- Sind alle Beine auf dem Bild gleich lang bzw. enden sie auf der gleichen Ebene, oder erscheint z. B. durch die Perspektive und die Blickrichtung das eine Bein länger als das andere? Zieh dir Hilfslinien!
- Gibt es Größenverhältnisse, die sich gleichen? Ist z. B. der Körper genauso lang wie ein Bein?
- Lässt sich das Motiv gut in „Abschnitte" teilen? Z. B. Kopf / Körper / Schwanz, und wie unterscheiden sich diese Abschnitte in der Größe?
- Wo liegen die Augen? Bilden sie z. B. eine Linie mit Schnauze und Ohren?

Diese Herangehensweise kann den Aufbau einer Zeichnung sehr vereinfachen. Sobald dein geometrisches Grundgerüst steht, kannst du anfangen, die Formen mit lockeren Strichen zu verbinden und Fell- oder Federstruktur hineinzuarbeiten.

RASTER

Dieser Trick ist super für noch ungeübte Hobbykünstler oder für Fortgeschrittene, die sich eine Hilfestellung für ein besonders akkurates Bild stellen wollen. Das Prinzip ist einfach: Du legst dabei ein Raster über deine Malvorlage und überträgst dieses in den gleichen Proportionen auf dein Blatt. Dann beginnst du, das Bild zu zeichnen, und kannst dich dabei an deinem Raster orientieren. Kachel für Kachel kannst du vergleichen, wo die Striche sitzen müssen, um am Ende zum gewünschten Ergebnis zu kommen.

Wenn du von einem Tablet oder Handy abmalst, kannst du das Raster durch eine entsprechende App hinzufügen. Suche dazu z. B. „drawing grid" (deutsch – Zeichnungsraster), und du wirst viele Ergebnisse erhalten.

Ich benutze gern noch analoge Hilfsmittel und drucke mir Malvorlagen daher oft aus. In diesem Fall könntest du mit einem Stift das Raster einfach auf deine ausgedruckte Vorlage zeichnen.

Tipp

Je kleinteiliger du das Raster zeichnest, desto einfacher kannst du ein sehr genaues Ergebnis erzielen. Es bedeutet allerdings auch etwas mehr Aufwand.

... DANN DIE *Tinte*

Sobald unsere Zeichnung steht, können wir uns daran machen, diese mit Finelinier oder Füller und Tinte nachzuzeichnen. Ich benutze gern sehr dünne Fineliner in der Größe 005 oder 01, um möglichst feine Details, wie z. B. Federn oder kleine Fellhaare, zeichnen zu können. An Stellen, wo das Fell gröber, die Schatten dunkler oder sehr schwarze Details gewünscht sind, benutze ich natürlich auch dickere Stifte.

Allerdings zeichne ich nicht die gesamten Details einer Illustration vorneweg, sondern einige auch nachdem die Farbe bereits hinzugefügt wurde. Dies hat verschiedene Gründe. Zum einen möchte ich erst sehen, wie die Farbe wirkt und an welchen Stellen sich Details noch besonders lohnen. Zum anderen solltest du dir bewusst sein, dass auch Aquarellfarben, so zart sie auch sein mögen, teilweise deckenden Charakter haben. Es kann also durchaus passieren, dass du es als nötig empfindest, nach der Farbe noch einige Stellen nachzuzeichnen. Einige Künstler, die mit Tusche und Aquarell arbeiten, bevorzugen daher auch, die Tinte oder Tusche generell nach der Farbe aufzutragen.

BILDRECHERCHE

Tiere malen, schön und gut, aber woher die Malvorlagen nehmen? Das Internet z. B. bietet uns hierfür vielfältige Lösungen an. Ich schaue gern auf Websites, auf denen die Nutzer ihre Fotos frei zugänglich und lizenzfrei anbieten, wie z. B. Unsplash.

Tipp

Suchbegriffe auf Englisch führen oftmals zu weit mehr Ergebnissen als solche auf Deutsch!

Natürlich gibt es noch unzählige andere Wege, zu schönen Vorlagen zu gelangen. Ein altes Tierlexikon vielleicht, Fotos vom letzten Wildpark- oder Strandbesuch und nicht zuletzt der eigene Stubentiger können dabei genauso gut herhalten.

DIE VERSCHIEDENEN *Maltechniken*

Lavieren, lasieren, Nass-in-Nass, Nass-auf-Trocken ... Als Anfänger kann man bei den ganzen Begrifflichkeiten durchaus durcheinanderkommen. Aber: Ich möchte dir die Angst davor nehmen!

Wichtig ist vor allem eines: dass du verstehst, wie die Farbe sich auf dem Papier verhält, und ein Gefühl für Effekte bekommst. Ich habe in meinem ganzen Leben noch nicht gedacht „nun lege ich hier eine Lasur an", oder „an dieser Stelle sollte ich etwas mehr lavieren". Ich weiß stattdessen, ob ich einen nassen Farbverlauf oder ein eher akkurates, „trocken" gemaltes Detail erzeugen will. Am wichtigsten ist der Unterschied zwischen Nass-in-Nass und Nass-auf-Trocken, dieser ist einfach erklärt:

NASS-AUF-TROCKEN

Bei dieser Technik arbeitest du, wie der Name schon sagt, mit der nassen Farbe auf dem trockenen Papier. Und zwar nicht nur auf dem weißen Papier, wenn du loslegst, sondern auch auf den getrockneten Schichten, die du bereits gemalt hast. Du hast mehr Kontrolle über die Farbe und kannst Schicht für Schicht anlegen und so dein Bild aufbauen. Solltest du allerdings sehr viel Wasser verwenden, kann es passieren, dass du die Pigmente der darunterliegenden Schicht wieder anlöst. Nass-auf-Trocken eignet sich, um konkrete Details zu malen, bei denen ein Verlaufen der Farbe nicht gewünscht ist.

Diese Technik nennt man auch Lasieren.

NASS-IN-NASS

Wenn du Nass-in-Nass arbeitest, bedeutet das, dass du Farbe auf dein feuchtes Papier aufträgst. Das Papier kann dabei z. B. vorher großflächig mit klarem Wasser angefeuchtet werden, und anschließend wird mit Farbe auf der nassen Fläche gemalt. Möglich ist aber natürlich auch, dass nur ein Teilbereich deines Bildes schon nass ist und du hier gezielt weitere Farbe hinzugibst. Mit dieser Technik entstehen wunderbare Farbverläufe, die sich nicht immer kontrollieren lassen und wobei viel dem Zufall überlassen wird. Du gibst zwar Kontrolle ab, wirst aber dafür mit wunderschönen Aquarelldetails belohnt und kannst dem Zauber der Wasserfarben zuschauen.

Hierbei handelt es sich um das Lavieren.

Nass-auf-Trocken (Lasieren)

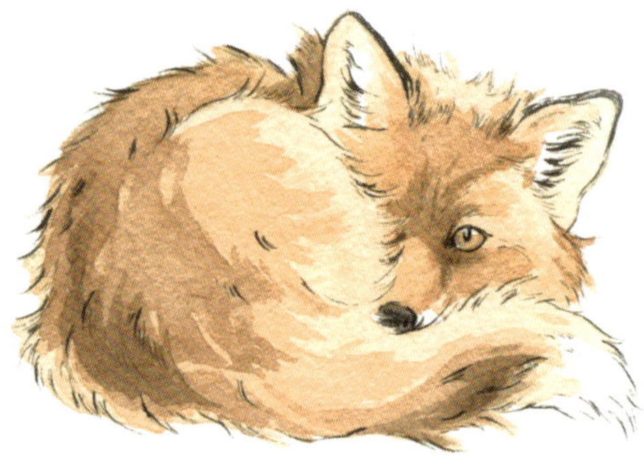

Nass-in-Nass (Lavieren)

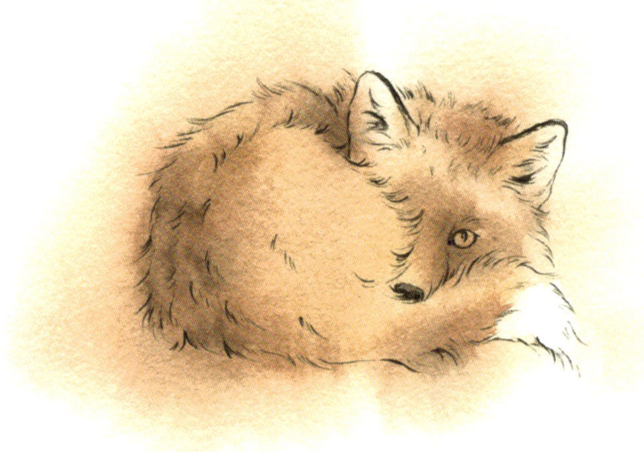

Trocken-auf-Trocken (Granulieren)

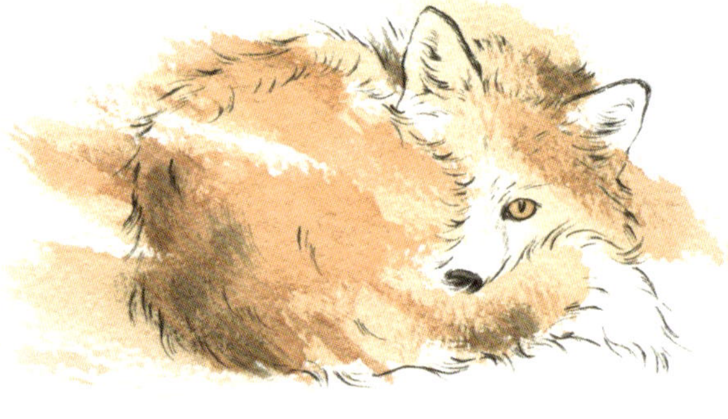

TROCKEN-AUF-TROCKEN

Trocken-auf-Trocken – wie soll das denn gehen? Es bedeutet schlichtweg, dass du wenig Wasser benutzt und dein Pinsel eher „trocken" ist, wenn du über das ebenfalls trockene Papier gehst. Dadurch dass du wenig Wasser benutzt, wird das Papier nicht komplett befeuchtet und die Farbe nicht flächendeckend aufgetragen. Durch die unregelmäßige Struktur des Aquarellpapiers bleiben die Vertiefungen der Papieroberfläche weiß (bzw. in der Farbe der darunterliegenden Schicht), und es entsteht ein gröberer, körniger Effekt. Ich male so gut wie nie Trocken-auf-Trocken da ich bei meinen Tieren diesen Effekt nicht erzielen will; er kann aber an anderer Stelle hilfreich sein.

Bei Trocken-auf-Trocken spricht man auch von Granulieren.

ÜBUNG

Mache einige einfache Übungen, um dich mit der Farbe vertraut zu machen. Gehe dabei alle drei Techniken durch:

- Nass-in-Nass: Mit einem großen Pinsel oder einem Schwamm feuchtest du dein Blatt an. Je nach Papiersorte und -dicke kann mehr oder weniger Wasser benötigt werden. Lass dann die Farben hineinlaufen, beobachte wie sie sich vermischen und welche Effekte entstehen.
- Nass-auf-Trocken: lege eine Farbfläche an; benutze dabei eine wässrige, nicht zu intensive Mischung aus Wasser und Pigment. Lass sie trocknen, und male eine zweite, dritte Schicht darüber. Siehst du, wie die unterste Schicht dennoch durchscheint? Probiere verschiedene Farben und Mischungen aus!
- Trocken-auf-Trocken: Benutze eine intensivere Mischung aus Farbe und Wasser (viel Farbe, wenig Wasser), und streife den Pinsel etwas am Wasserglas oder an einem Tuch ab, damit er nicht zu viel Wasser trägt. Male damit über das trockene Papier, ändere dabei die Haltung. Versuche den Pinsel gerade oder schräg über das Papier zu bewegen.

Stolpersteine

Aquarell ist eine große Liebe. Manchmal aber auch eine kleine Hassliebe. Warum? Es macht zuweilen was es will. Diese Unvorhersehbarkeit lässt die schönsten Zufälle entstehen und ist ein Teil seines fantastischen Zaubers.

Trotzdem kann man im kreativen Prozess auch immer wieder über kleine Stolpersteine purzeln, und das wichtigste, wenn dies passiert ist: weitermachen!

DIE HÄSSLICHE PHASE

Fast jedes Bild, das ich male, durchläuft sie: die hässliche Phase. Dieser Zustand, in dem das Bild halb fertig ist und man das Gefühl hat – da wird nie im Leben etwas Schönes draus. Man möchte den Pinsel in die Ecke schmeißen und das Blatt am liebsten zerreißen.

Vielleicht wird es dir beim Malen auch ab und zu so gehen, und ich hoffe, du lässt dich nicht davon entmutigen! Vielleicht hast du schon zu lange am Tisch gesessen und auf das Blatt gestarrt, beim Malen die Zeit vergessen, nicht gemerkt, wie der Magen knurrt und die Hände verkrampfen. Nimm ein wenig Abstand, und schau dir dein Bild noch einmal mit einem klaren Kopf an. Leg deine nächsten Schichten an und sieh zu, wie dein Bild wächst! Meist ist es dann doch gar nicht so schlimm, wie man zu Anfang dachte.

MANCHMAL GEHT'S DANEBEN

Nicht jedes Bild kann ein Knaller werden, und das ist auch völlig okay so. Wenn mir ein Bild, das ich gemalt habe, wirklich gar nicht gefällt, dann male ich es noch ein zweites Mal. Und ich garantiere dir: der zweite Versuch wird immer besser. Durch jeden vermeintlichen „Fehler" hast du an Erfahrung dazugewonnen!

Nach dieser kleinen Mutansprache wird es aber wirklich Zeit für den eigentlich wichtigen Teil dieses Buches: die Motive!

Motive

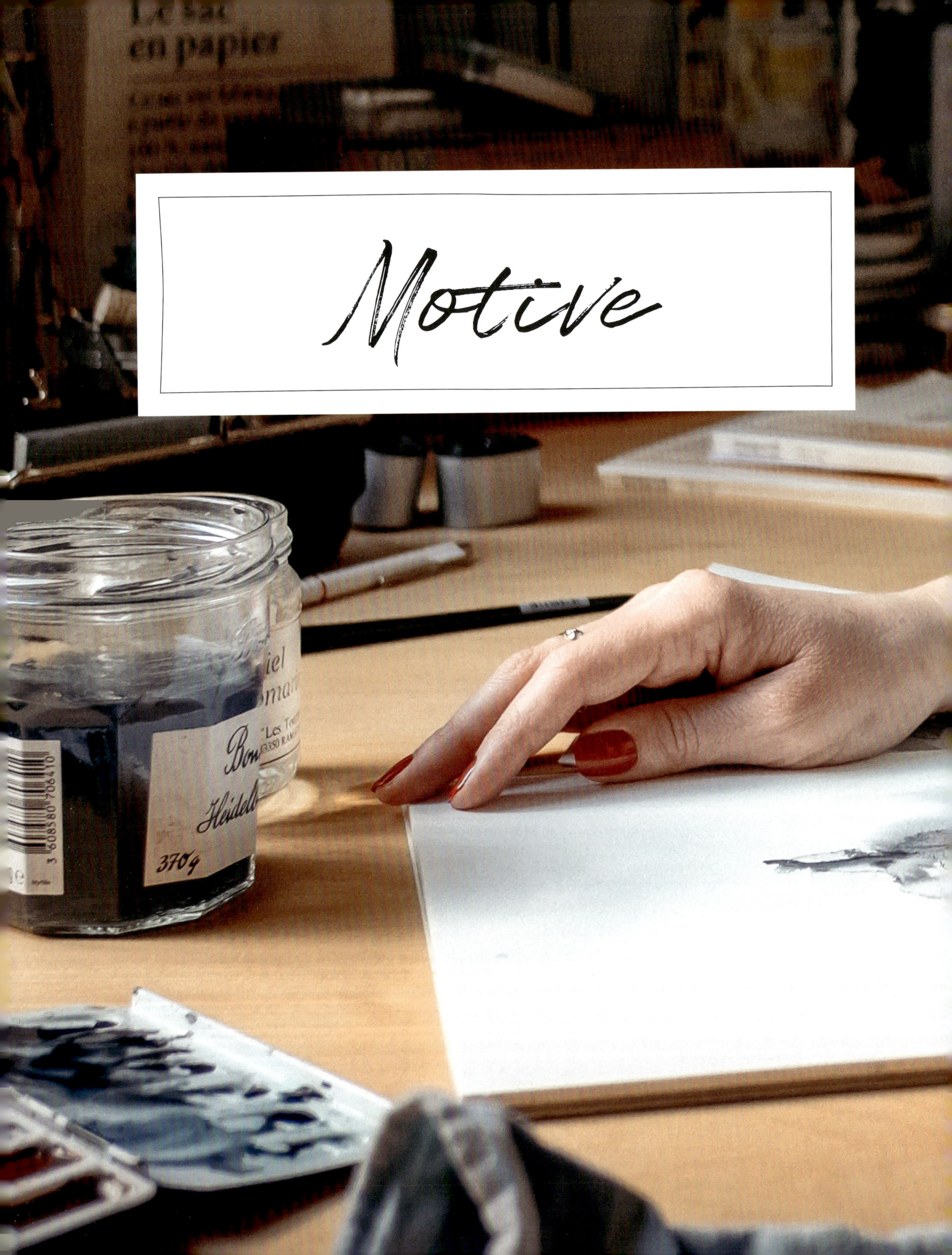

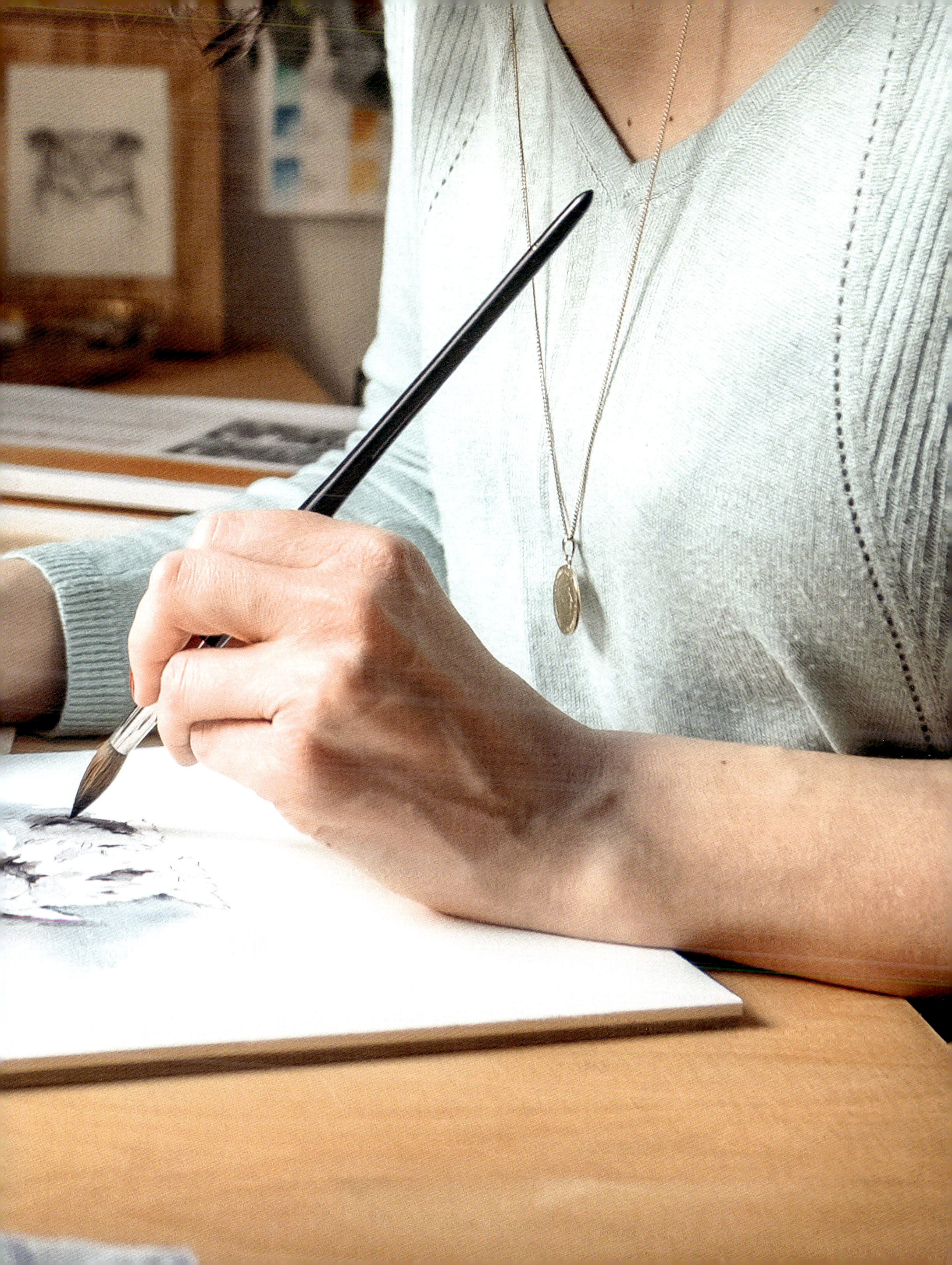

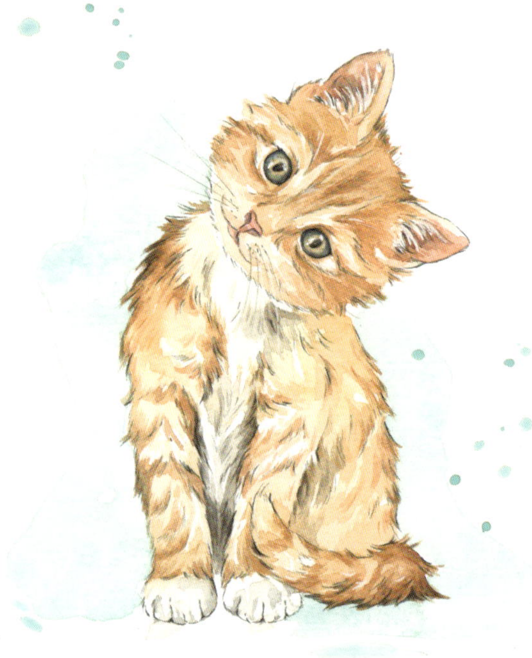

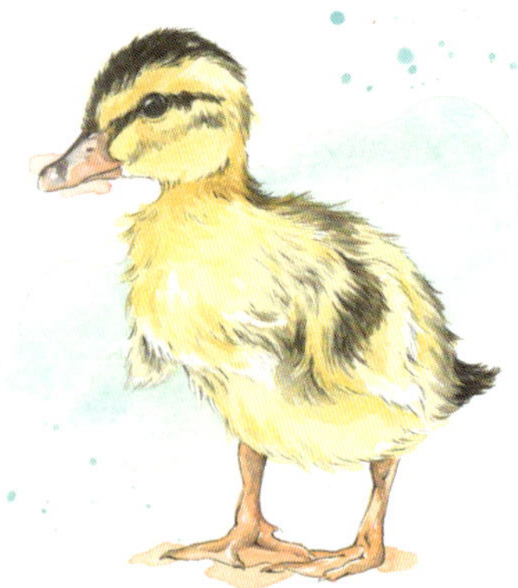

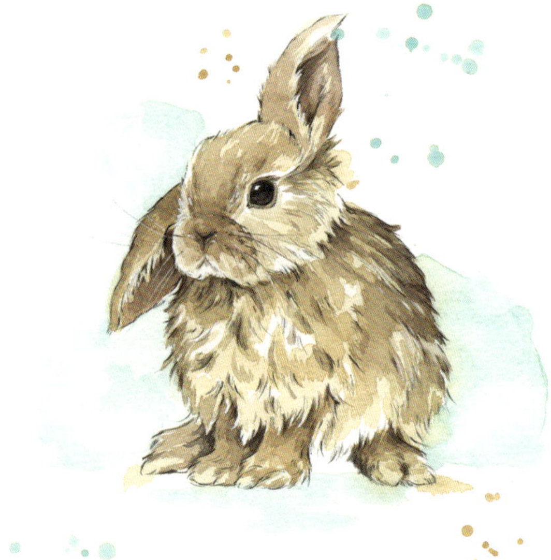

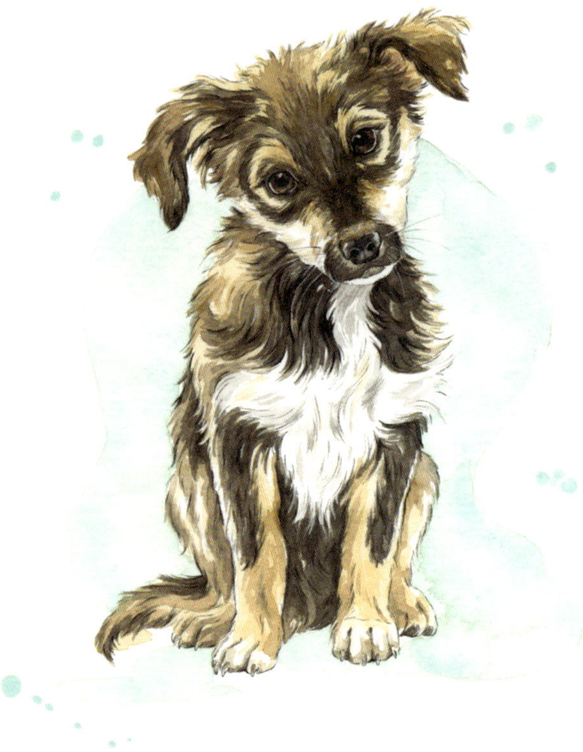

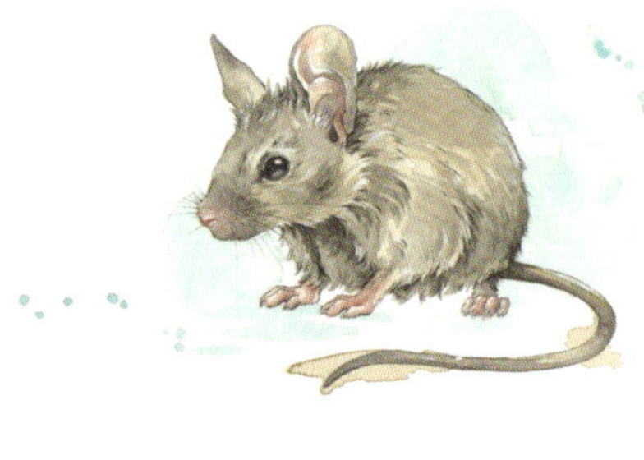

Haus und Hof

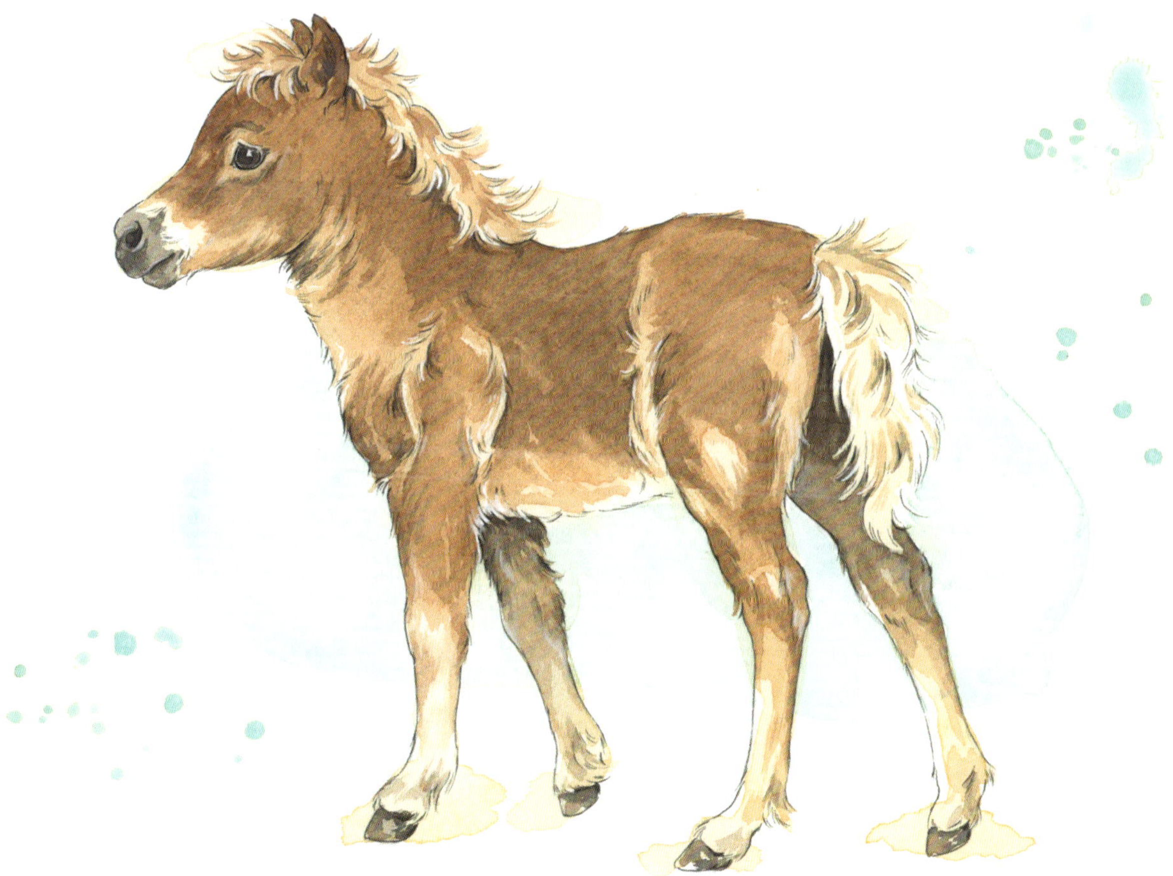

Maus

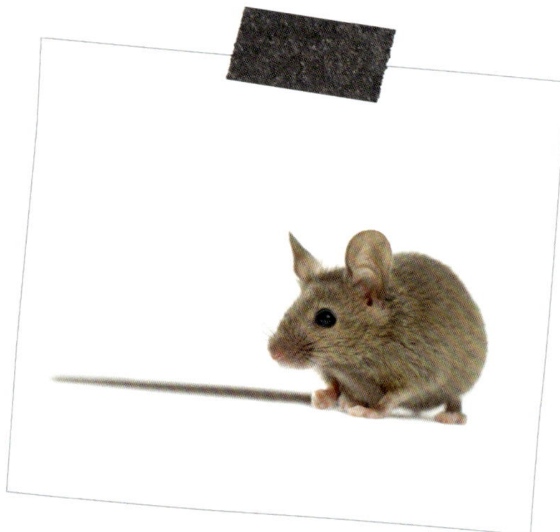

Nicht nur mit Speck fängt man Mäuse – mit Aquarellfarben funktioniert es auch prima!

Noch kleiner und niedlicher geht wohl wirklich nicht, und doch: Die Maus ist ein großes Tier! Mickey Maus, Tom und Jerry, Die Sendung mit der Maus … Nur einige berühmte Mäuse, die mir spontan einfallen. So klein und frech, wie sie sind, ist es kein Wunder, dass sie immer wieder als Symbolfigur herhalten müssen. Ob nun aber wirklich ein Elefant vor ihnen Angst hat?

Ich jedenfalls bin entzückt und freue mich, euch dieses sehr einfache und trotzdem niedliche Tierchen zu präsentieren.

Es ist ein super Motiv, falls du dich gerade erst an die Aquarellmalerei heranwagst, und noch nicht allzu vertraut mit Farben und Mischen bist. Wir benötigen (eigentlich) nur 4 Farbtöne, und es ist toll, wie viel man damit zaubern kann! Warum „eigentlich"? In Schritt 5 habe ich an einigen wenigen Stellen etwas Sepiabraun dazugegeben. Im Nachhinein denke ich, dass man dies aber auch getrost hätte weglassen können.

Los geht's!

Farben

Siena natur

Magenta

Kobalttürkis

Paynesgrau

(Sepiabraun)

- **Schwarzer wasserfester Fineliner (z. B. 005 oder 01)**
- **Weißer Gelstift oder Acrylmarker**
- **Nach Bedarf Buntstifte in Weiß, Grau oder Braun**

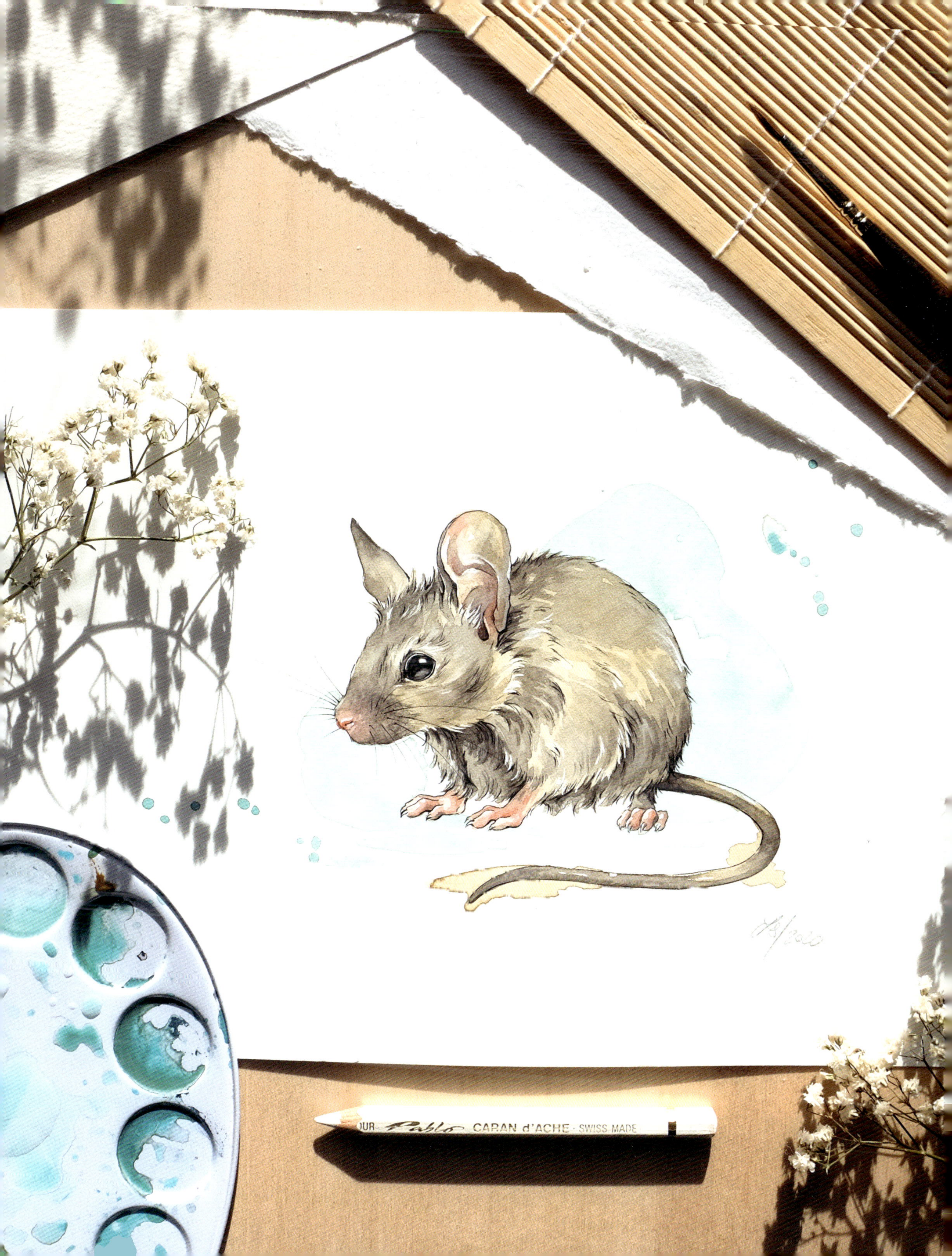
Pablo CARAN d'ACHE · SWISS MADE

Step By Step:

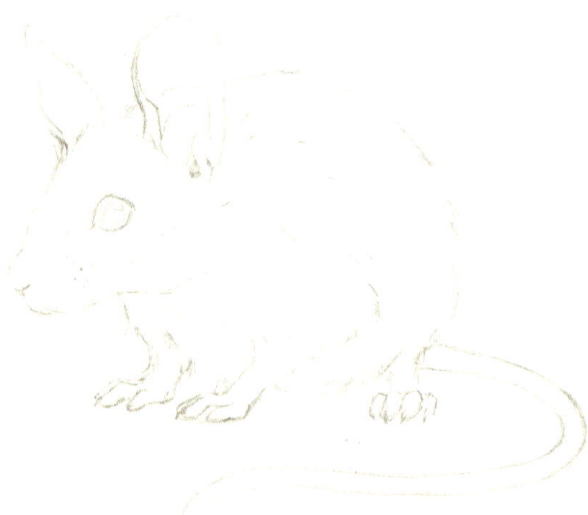

1 Für die Skizze kannst du ein Oval als Körper zeichnen, einen Kreis für den Kopf mit Backen, und einen umgekehrten Tropfen für die Schnauze. Die typischen Mäuse-Ohren kannst du ebenfalls mit einem Kreis vorzeichnen und dann senkrecht nach unten verlängern.

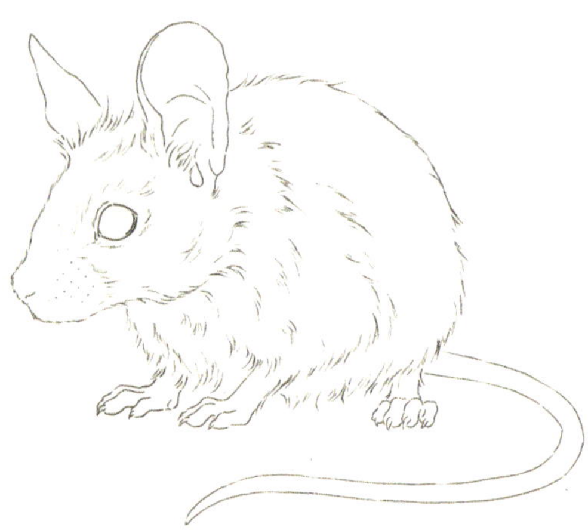

2 Zeichne mit dem wasserfesten Fineliner die Skizze nach. Du musst dabei noch nicht alle Härchen perfekt ausarbeiten, da wir später, nach der Farbe, noch einige ergänzen werden! Das Fell darf bei mir immer etwas fluffiger werden, als es in Wirklichkeit ist. Die einzelnen Haare stehen dabei in verschiedene Richtungen ab.

Tipp

Der Schwanz darf ruhig angepasst werden, so passt er viel besser auf das Blatt!

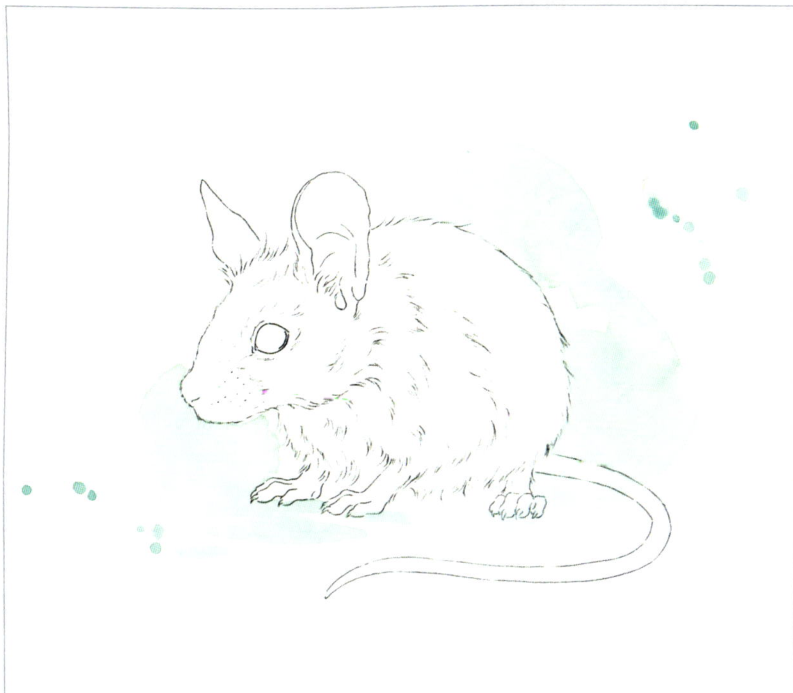

3 Den Hintergrund malen wir mit einer Mischung aus Kobalttürkis mit wenig Siena natur und Paynesgrau. Natürlich kannst du auch jede andere beliebige Farbe wählen!

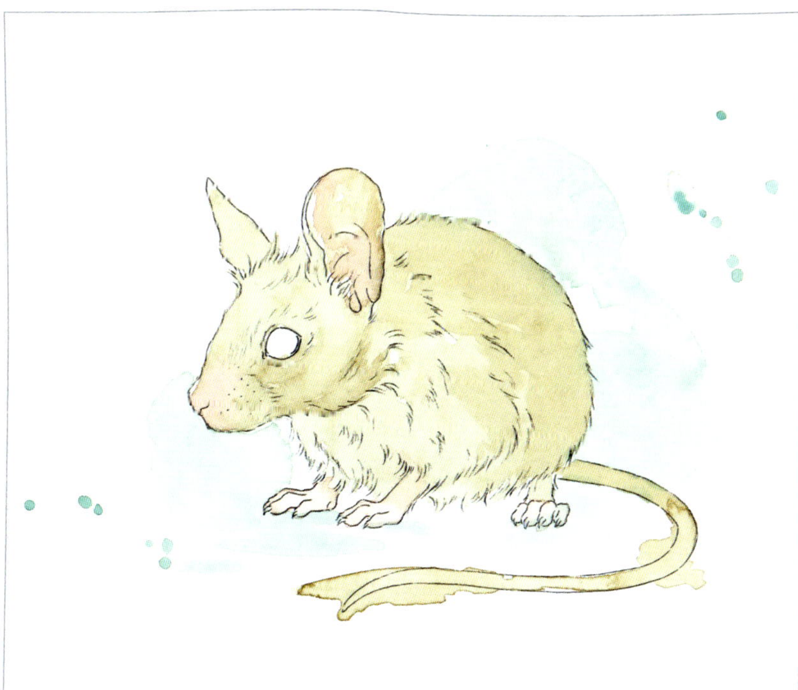

4 Die erste Schicht Farbe bildet einen Grundton für unser Bild und scheint später an einigen Stellen durch. Hierfür habe ich Siena natur verwendet, mit ein klein wenig Paynesgrau gemixt. Dadurch leuchtet das Siena natur nicht ganz so kräftig wie pur aufgetragen. Schnauze, Füße und Ohren können mit einer Mischung aus Siena natur und Magenta grundiert werden.

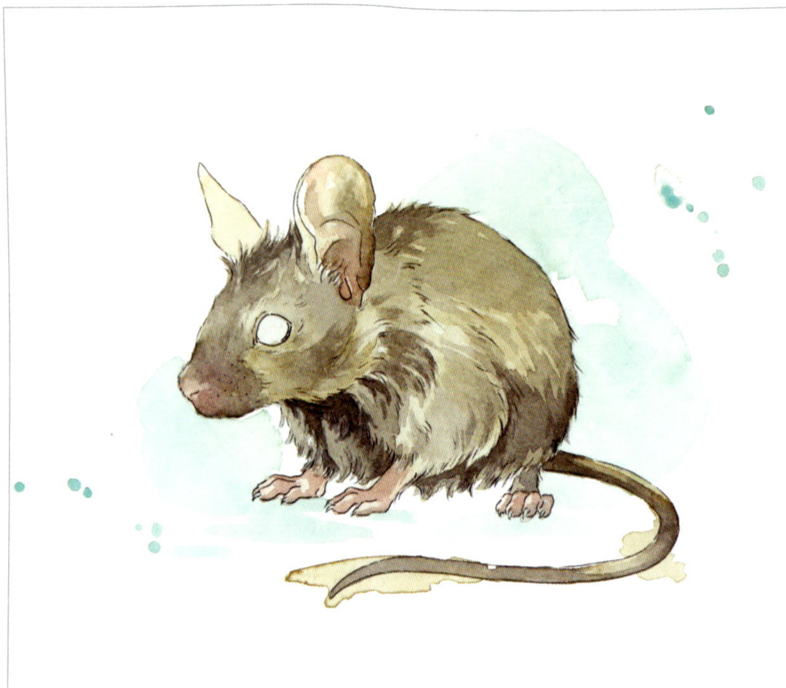

5 Gib der Mischung von Siena natur und Paynesgrau nun noch deutlich mehr Grau hinzu! Damit kannst du die zweite und auch eine dritte Schicht Farbe auftragen. Für die Schnauze, Füße und Ohren kannst du ebenfalls etwas Paynesgrau zu deiner Farbe geben.

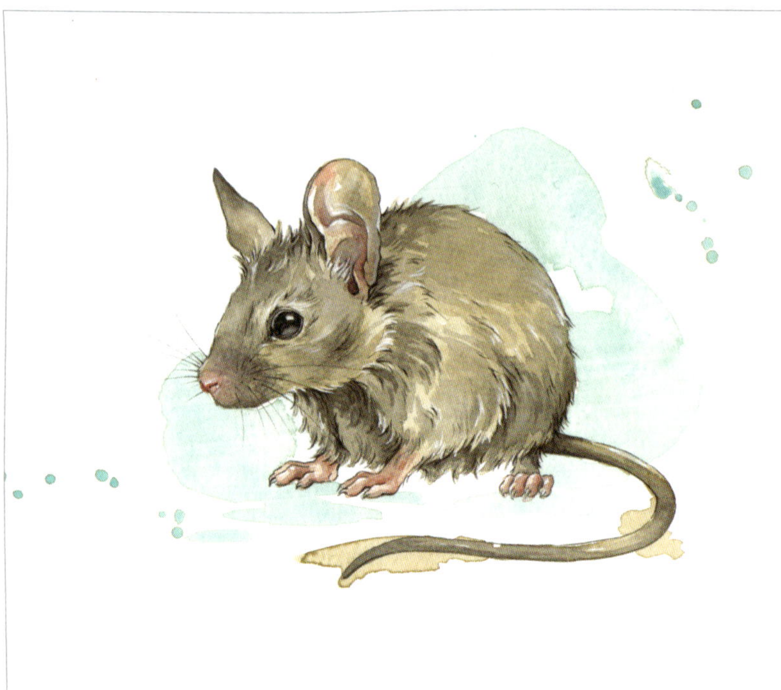

6 Die Details machen ein Bild erst komplett. Male einige dunkle Stellen im Fell für mehr Tiefe. Das Auge kannst du mit Paynesgrau malen, am besten in mehreren Schichten. Ich habe noch kräftig mit Fineliner und weißem Acrylmarker das Fell bearbeitet, um es etwas lebendiger zu gestalten. Zu guter Letzt noch die Schnurrhaare und – fertig!

Tipp

Das Referenzfoto ist perfekt ausgeleuchtet und hat daher sehr wenige Schatten. Durch die Übertreibung von Schatten und Helligkeit gibst du deinem Bild jedoch mehr Tiefe!

Inspiration

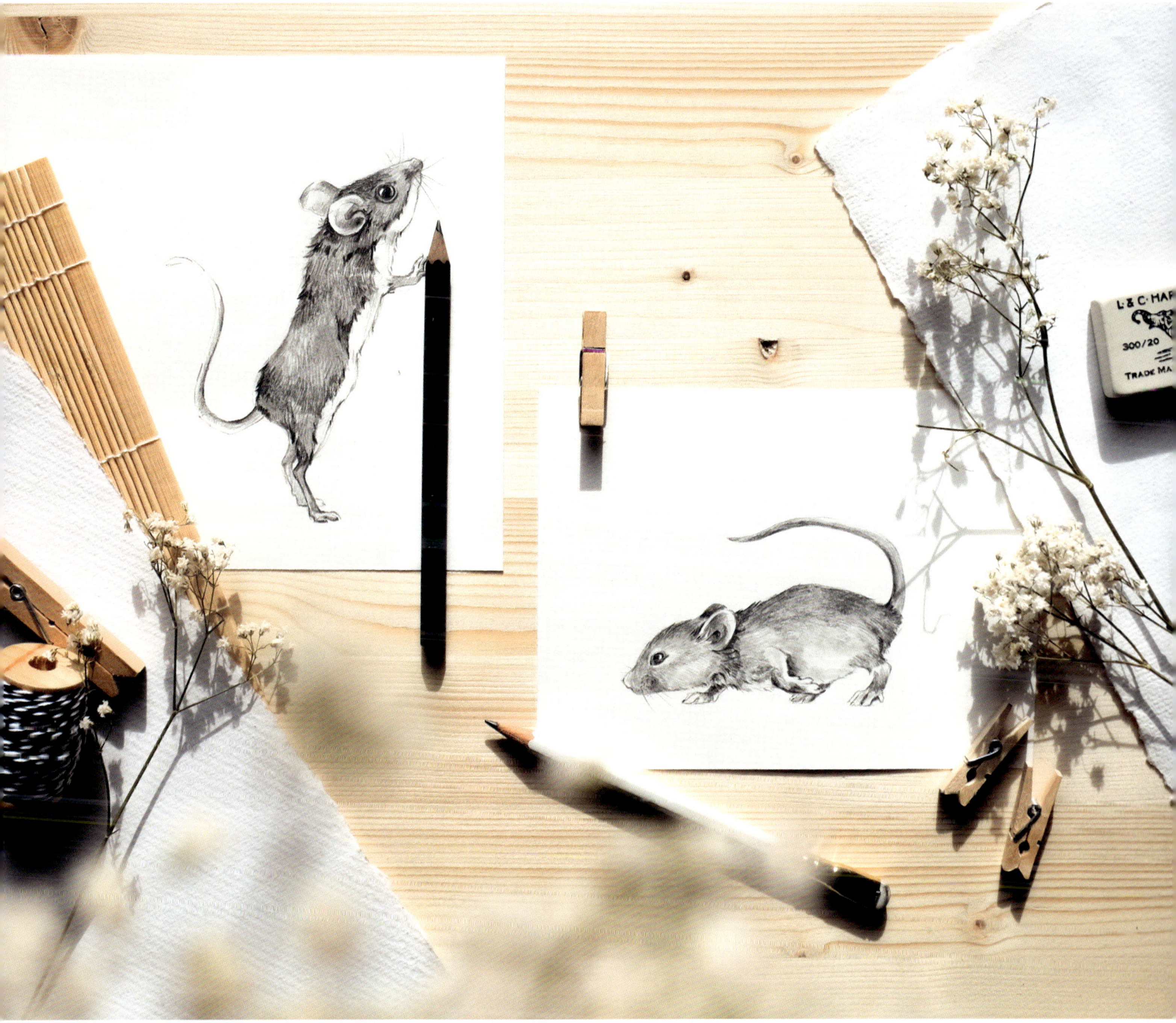

Küken

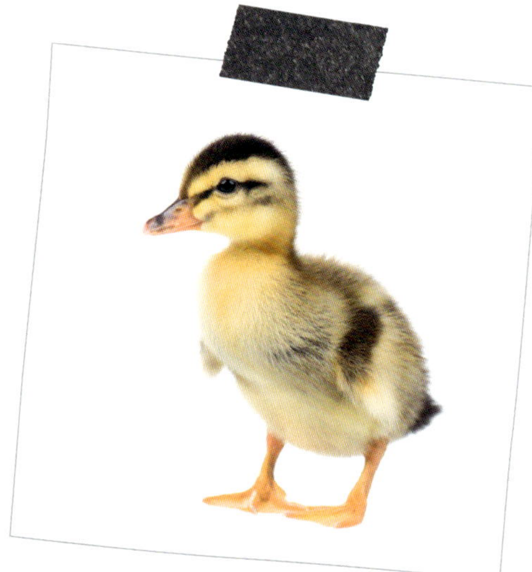

Entschuldigung – darf es vielleicht noch etwas mehr Flausch für Sie sein?

Wer mir auf Instagram folgt, weiß, dass ich verrückt nach Küken bin. Ich bin schon lange der Überzeugung: Es ist unmöglich, ein Küken anzuschauen und dabei traurig zu sein. Natürlich gilt dies nicht nur fürs Anschauen, sondern auch fürs Malen. Ein Küken zu malen, ist wie eine Reinigung für die Seele. Ein richtiger Flausch-Detox sozusagen. Also, solltest du einen stressigen Tag gehabt haben: Das teure Spa und die Massage kannst du dir sparen! Lass uns lieber zusammen ein Küken malen, ich gebe dir darauf eine Glücksgefühl-Garantie! Bereit? 3 – 2 – 1 – Flausch!

Farben

- **Kadmiumgelb hell**
- **Siena natur**
- **Magenta**
- **Paynesgrau**
- **Sepiabraun**
- **Umbra gebrannt**
- **Kobalttürkis**
- **Netraltinte**

- **Maskierflüssigkeit**
- **Schwarzer wasserfester Fineliner (z. B. 005 oder 01)**
- **Weißer Gelstift oder Acrylmarker**
- **1 Prise Flausch**

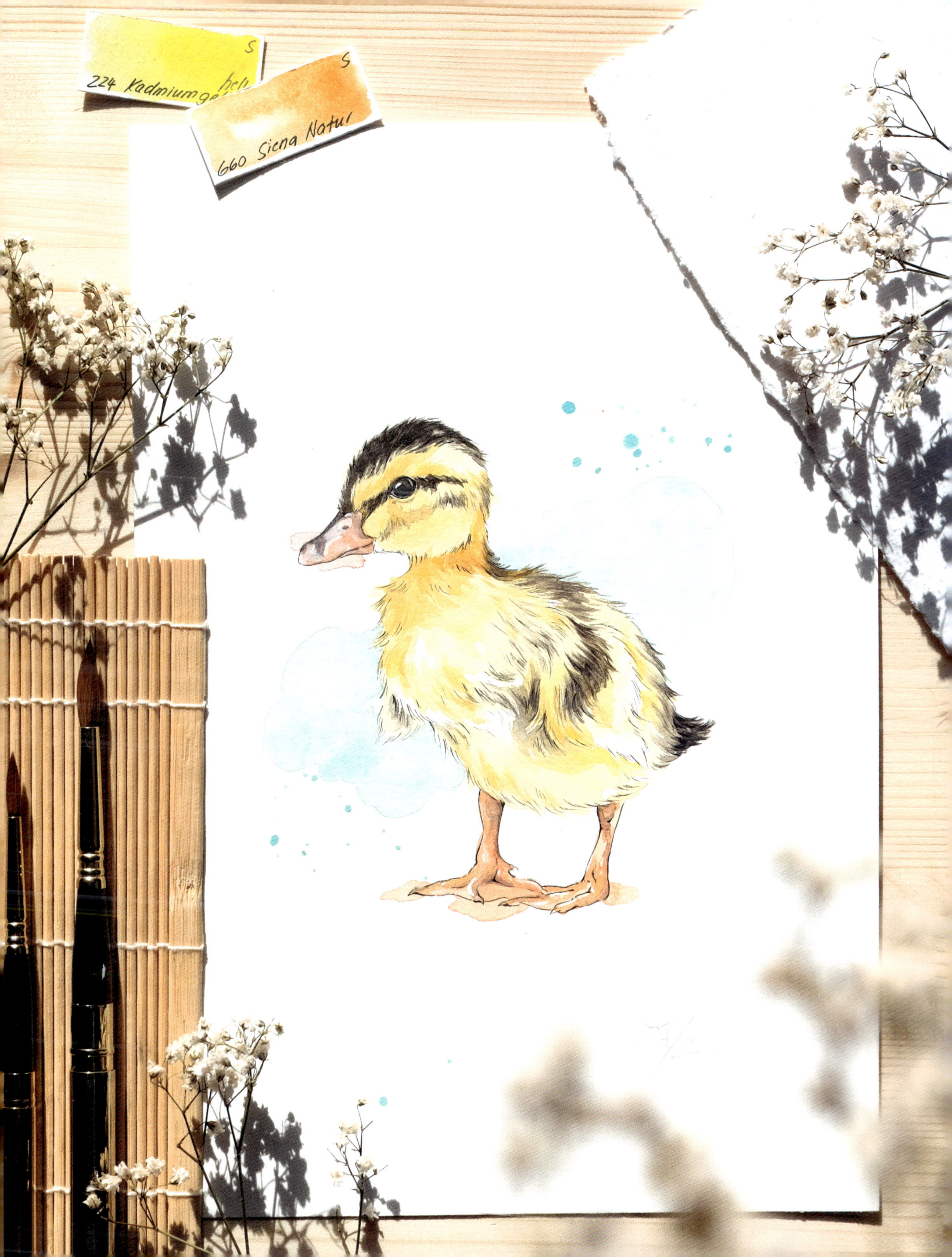
S
224 Kadmiumge
hell
S
660 Siena Natur

Step by Step:

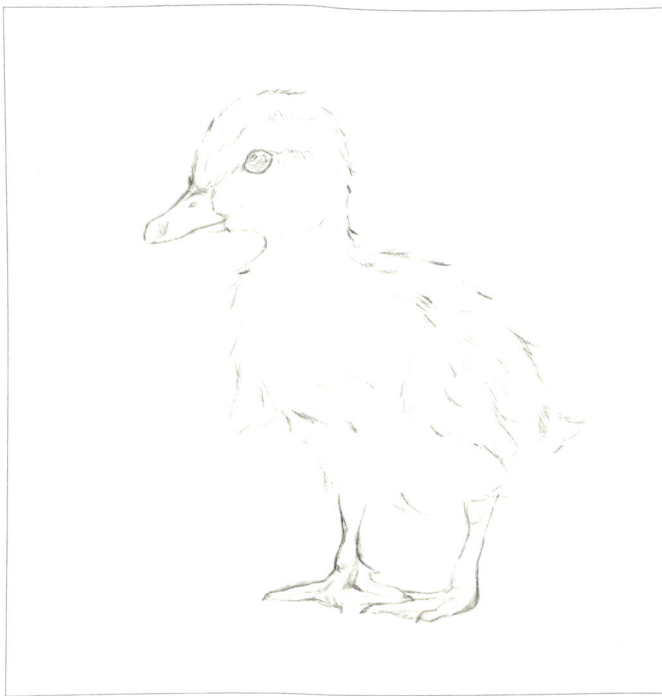

1 Ein Küken ist an sich ein einfaches Motiv, das Schwierigste sind der Schnabel und die Füße. Schau dir einige Kükenbilder an und versuche, die Anatomie und Form zu verstehen. Die kleinen Plattfüße lassen sich durch ein Dreieck erst einmal gut vereinfachen. Und so genau weiß am Ende sowieso niemand, wie die Füße auszusehen haben.

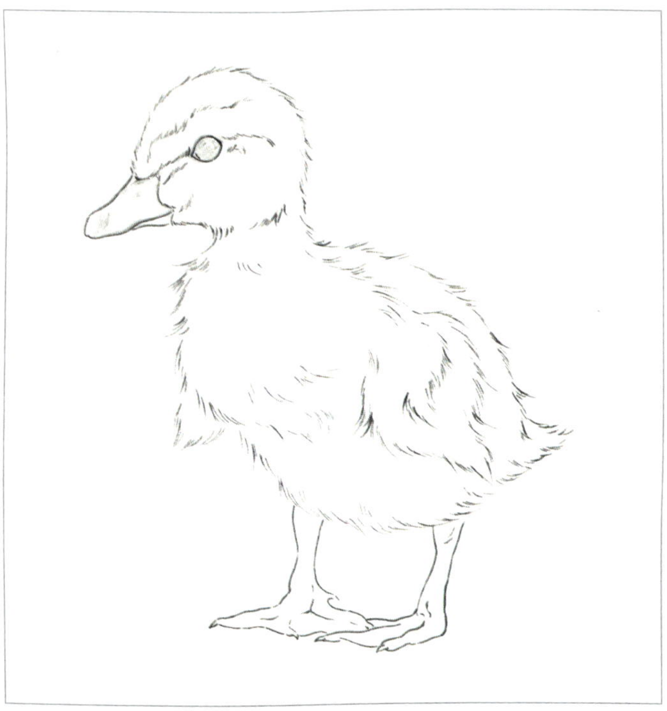

2 Für den Schnabel und das Auge sollest du eine ruhige Hand bewahren, wenn du mit dem Fineliner beginnst. Bei den Federn hingegen kannst du dich austoben! Drück nicht zu sehr auf und lass die Striche in verschiedene Richtungen tanzen. Variiere dabei in der Länge und der Strichstärke.

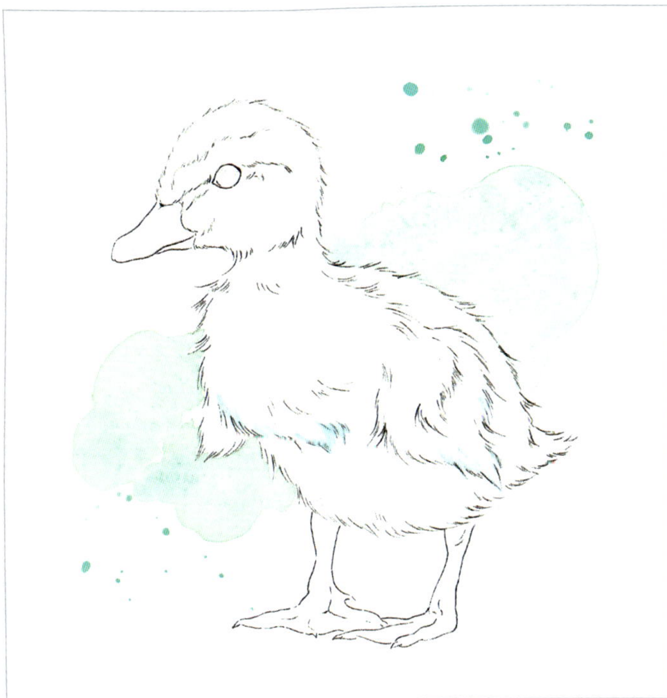

3 Die hellsten Stellen im Federkleid werden mit Maskierflüssigkeit abgedeckt. Du kannst die Stellen aber auch einfach Weiß lassen, wenn du schon etwas geübter mit Aquarell bist. Damit wir nichts verschmieren, malen wir den Hintergrund erst, wenn die Maskierflüssigkeit trocken ist. Für den Hintergrund benutzen wir Kobalttürkis mit sehr wenig Siena natur und Paynesgrau.

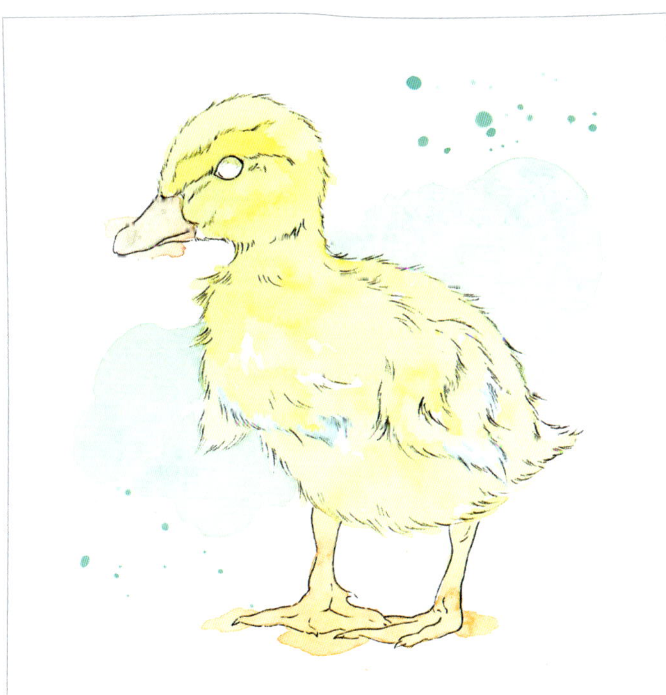

4 Bei diesem Motiv solltest du mit der ersten Farbschicht warten, bis der Hintergrund vollständig trocken ist, damit die Farben nicht ineinanderlaufen und die Federn nicht grün werden. Die Federn werden mit einer Mischung aus Siena natur und Gelb gemalt. Für den Schnabel mixen wir Magenta und Siena natur, für die Füße geben wir noch etwas Gelb zu dieser Mischung.

Tipp

Lass am Schnabel und an den Füßen ruhig etwas Farbe über die Ränder laufen, wenn du magst!

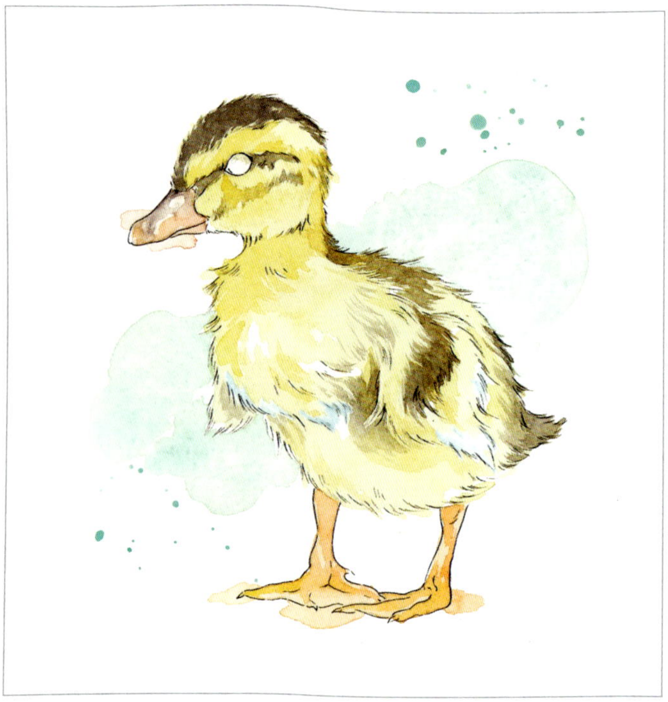

5 Im nächsten Schritt legen wir zunächst eine zweite Schicht Gelb an. Für die dunkleren Bereiche ist nun ein kleiner Pinsel wichtig! Dort, wo die Federn braun sind, kann mit vielen kleinen dünnen Strichen die erste dunkle Schicht gemalt werden. Dazu benutzen wir Sepia und Paynesgrau. Am Rücken sind die Federn etwas brauner – hier kannst du etwas Umbra dazumixen. Male noch eine zweite Schicht Orange auf die Füße und färbe die dunklen Bereiche des Schnabels mit Neutraltinte.

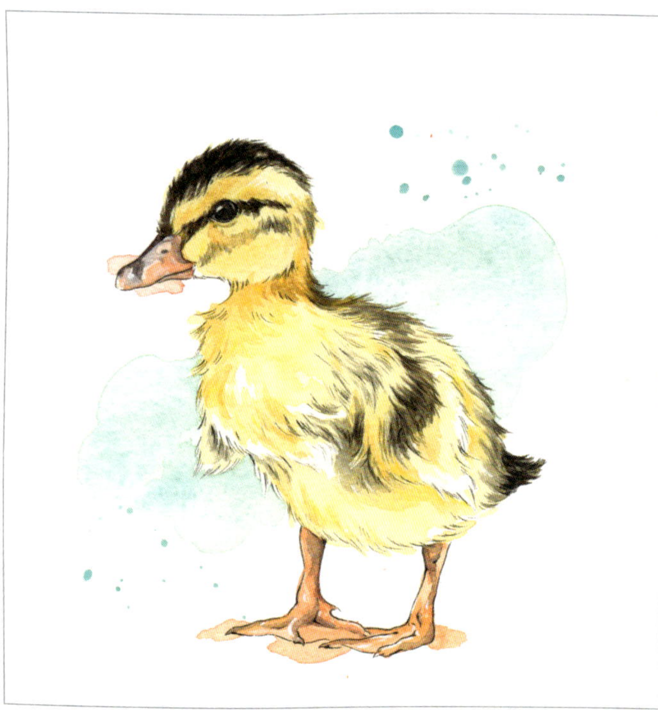

6 Die dunklen Bereiche werden in einer weiteren Schicht noch dunkler gemalt. Mit einem dunklen Gelbton können hier und dort noch mehr Federn ergänzt werden. An den Füßen malen wir mit Neutraltinte einige Schatten und geben den Krallen damit etwas mehr Volumen. Mal das Auge in mehreren Schichten mit Paynesgrau, damit es nicht platt wirkt – achte dabei darauf, dass der Lichtpinkt Weiß bleibt. Zum Schluss setzen wir mit den weißen Stiften weiße Highlights auf Füße und Schnabel und zeichnen weiße Federn, wo es uns nötig erscheint. Mit dem schwarzen Fineliner kannst du noch einige Federn nachzeichnen.

Inspiration

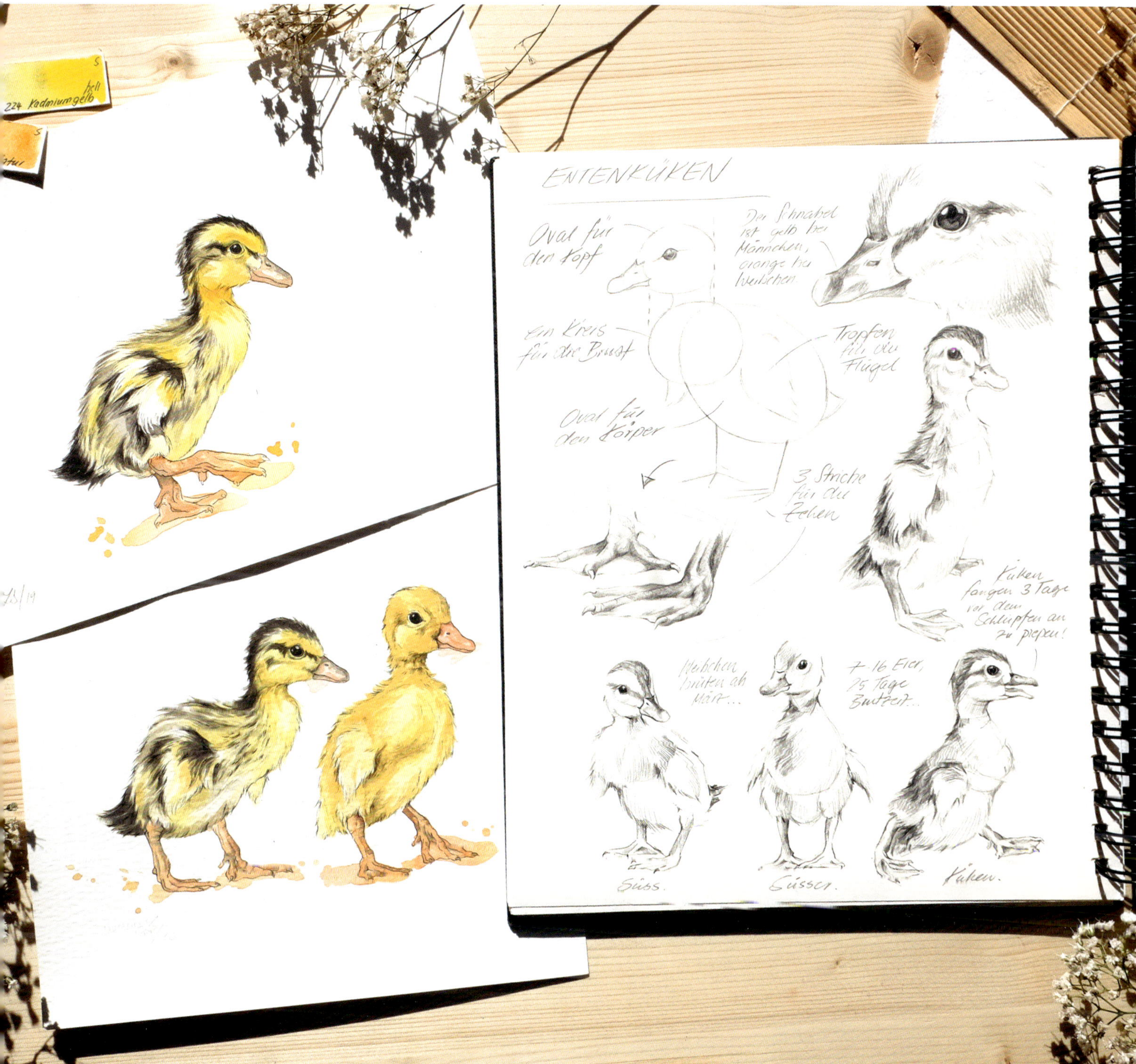

Kaninchen

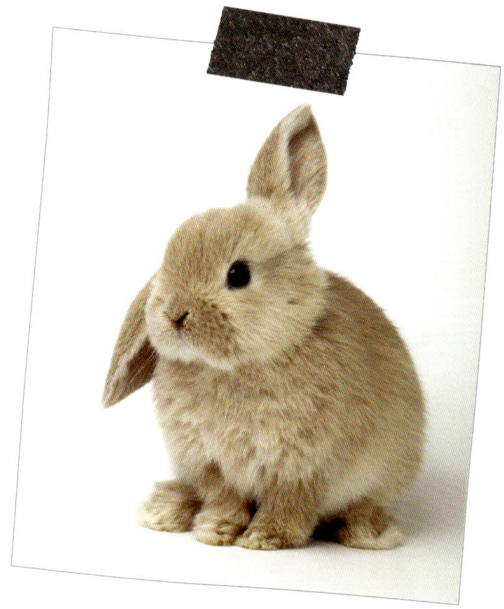

Als ich dieses süße Kaninchen gesehen habe, war ich sofort ein wenig schockverliebt. Die beiden unterschiedlichen Löffelohren machen den kleinen Knödel zu etwas ganz Besonderem. Ganz besonders niedlich eben.

Natürlich ist es aber auch völlig okay, wenn du lieber beide Ohren nach oben gerichtet oder beide als Schlappohren malen möchtest. Es ist schließlich dein Bild! Auch die Farbe des Fells kannst du variieren. Ob dunkel, hell oder gescheckt – dieser „Ein-Schlapp-Ohr-Hase" ist sicher in jeder Variation süß.

Da das abgebildete Kaninchen ziemlich rund und kompakt ist und außerdem ein gleichmäßig gefärbtes Fell hat, ist es relativ einfach zu malen. Auch die Pfoten sind sehr fellig und flauschig, sodass du dich nicht einmal hier mit schwierigen Details plagen musst. Also, solltest du noch Anfänger sein – nur Mut! Das Kaninchen will gemalt werden!

Farben

Siena natur

Caput mortuum

Umbra gebrannt

Sepiabraun

Paynesgrau

Kobalttürkis

- **Schwarzer wasserfester Fineliner (z. B. 005 oder 01)**
- **Weißer Gelstift oder Acrylmarker**

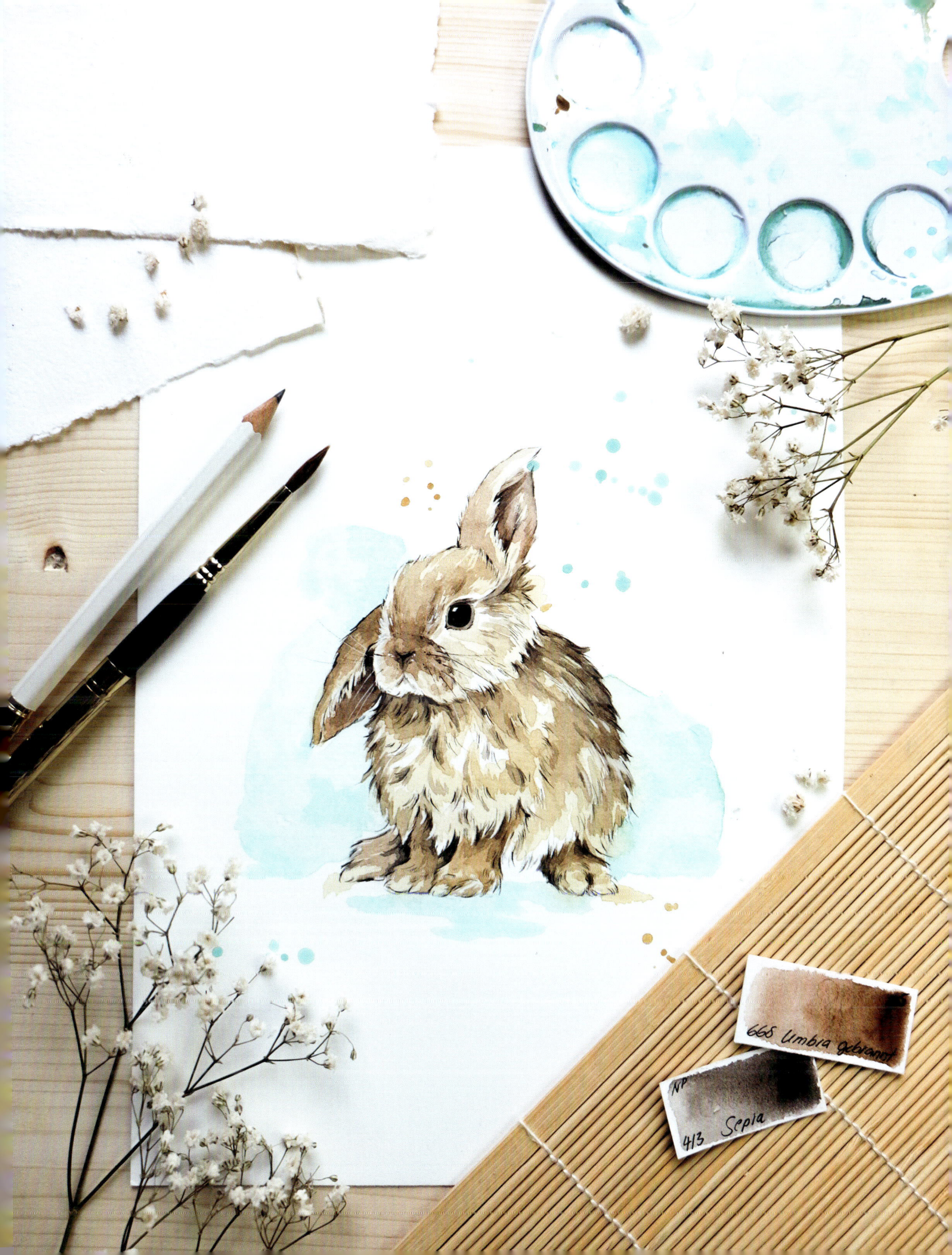
665 Umbra gebrannt
NP
413 Sepia

Step by Step:

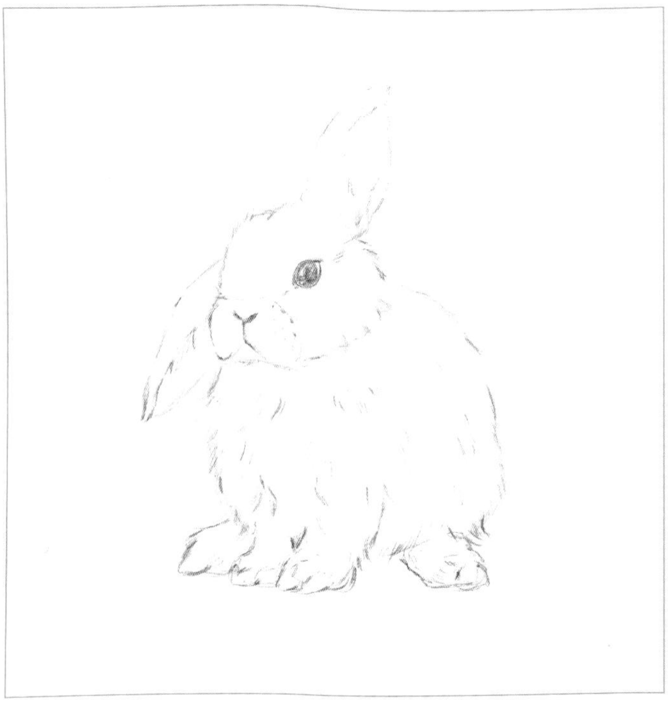

1 Fertige eine Bleistiftzeichnung an. Die Form des Kaninchens ist relativ einfach – eigentlich besteht sie hauptsächlich aus Ovalen. Die Grundformen von Körper, Kopf und den Pausbäckchen können jeweils durch ein Oval vorgezeichnet werden. Dann noch zwei fast spitze Ohren und eine Schnauze – fertig!

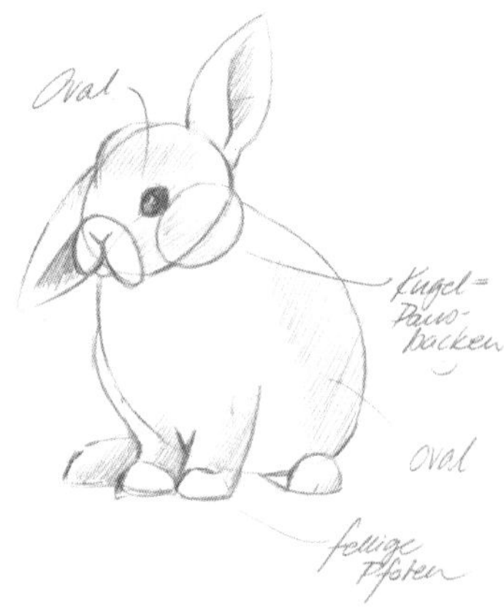

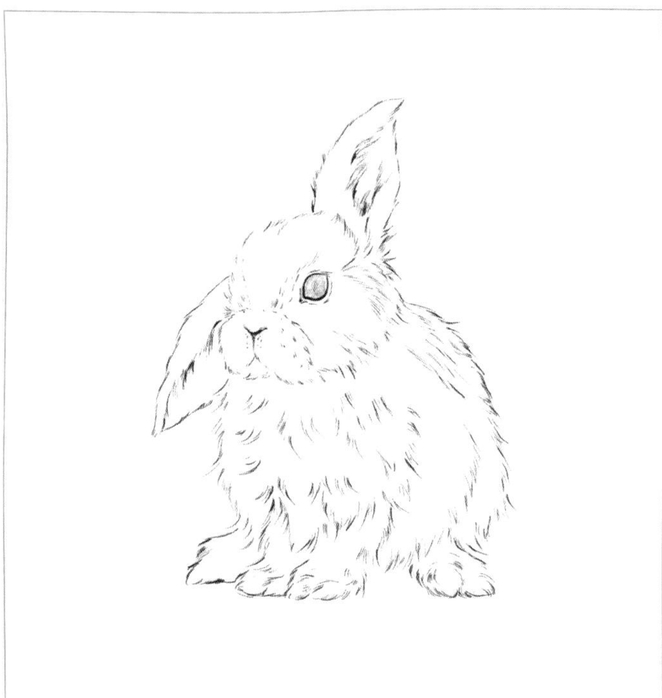

2 Als Nächstes gehen wir mit einem wasserfesten dünnen Fineliner, Größe 005 oder 01, die Zeichnung nach. Durch viele kleine Striche, die hier und da abstehen und auch mal in entgegengesetzte Richtungen zeigen, wird das Fell besonders flauschig.

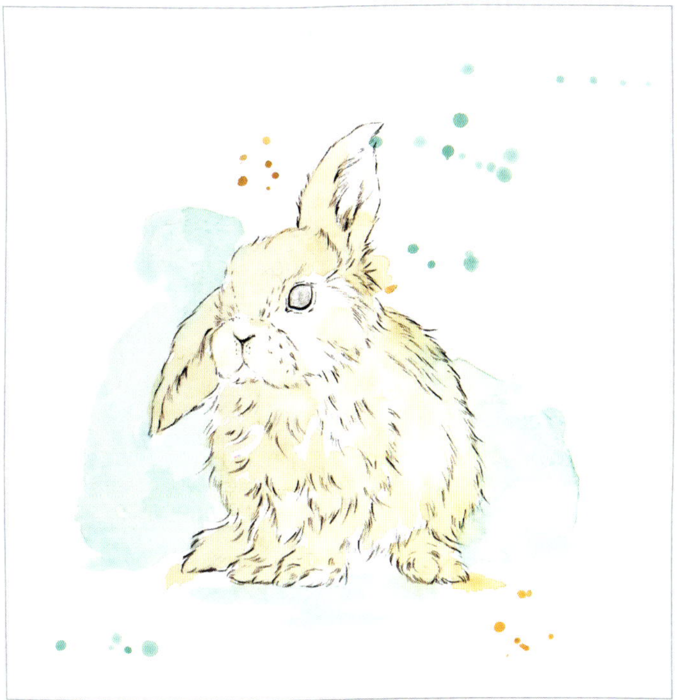

3 Die erste Farbschicht: Für den Hintergrund mixen wir Kobalttürkis mit etwas Siena natur; für das Fell Siena natur mit etwas Sepiabraun. Die Farben dürfen ruhig etwas ineinanderlaufen, das gibt tolle Effekte!

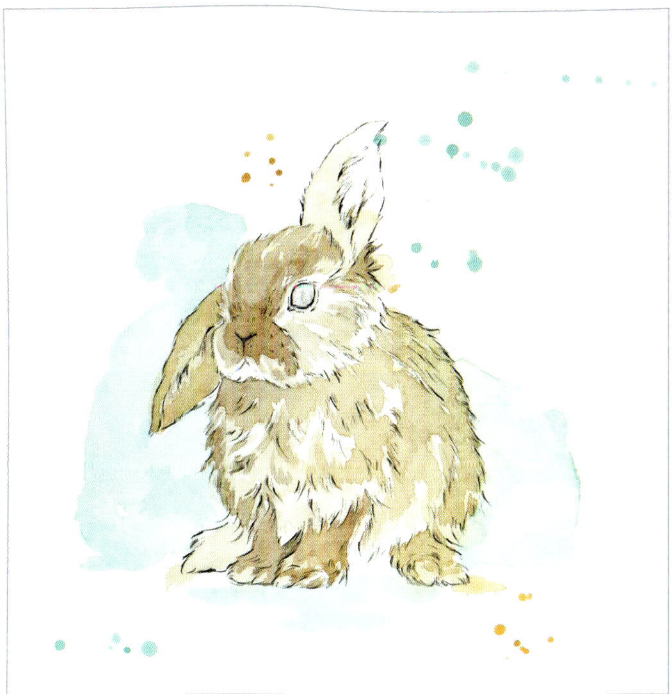

4 Für die Mitteltöne nehmen wir wieder Siena natur und Sepiabraun, und diesmal auch Umbra gebrannt. Die Farben können frei gemixt werden, da Sepiabraun aber sehr dunkel ist, nimm davon erst einmal nur wenig. Variiere ruhig ein wenig, denn das Fell hat auch von Natur aus nicht nur eine Farbe. Die Schnauze und die Pfoten können etwas mehr Umbra gebrannt vertragen.

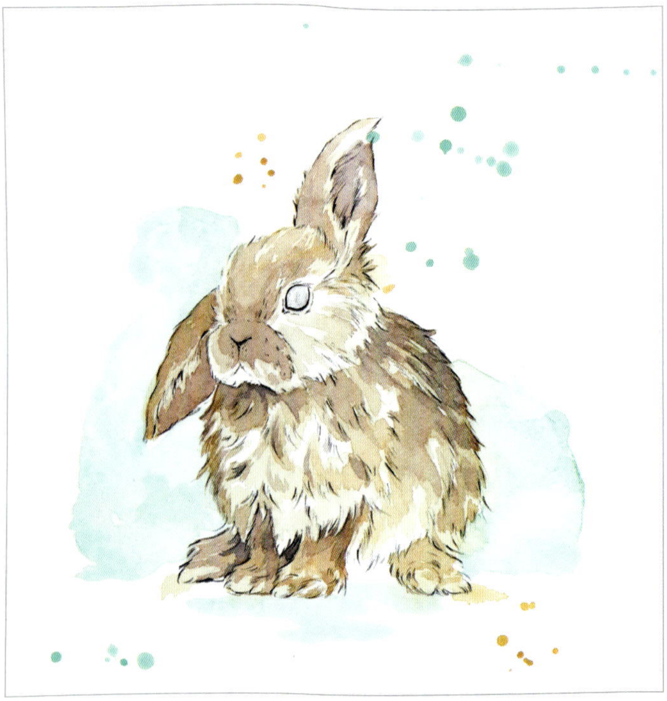

5 In einer dritten und gern auch vierten Schicht geben wir dem Fell durch dunkle Töne mehr Tiefe. An den Ohren mixen wir etwas Caput mortuum dazu, hier ist das Fell etwas rötlicher. Mit Paynesgrau, Sepiabraun und Umbra gebrannt färben wir Rücken, Pfoten und das Fell unter der Schnauze.

Tipp

Solltest du kein Caput mortuum besitzen, benutze stattdessen Umbra gebrannt mit etwas Magenta gemischt!

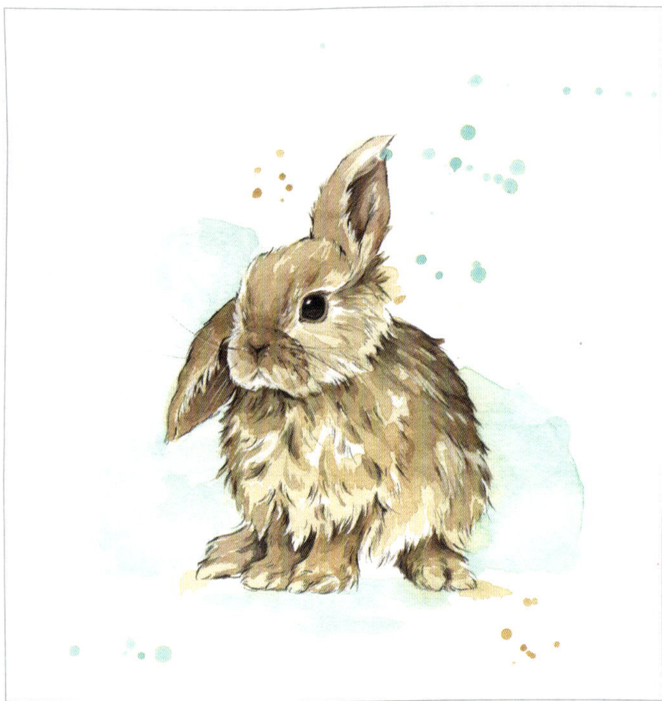

6 Im letzten Schritt kommen die Details. Das Auge selbst malen wir mit Paynesgrau, um das Auge herum kannst du etwas Dunkelbraun nehmen. Letzte schattige Stellen werden ebenfalls mit Paynesgrau abgedunkelt. Zu guter Letzt kannst du mit einem weißen und einem schwarzen Stift noch einige Härchen im Fell und Schnurrhaare ergänzen.

Exkurs: Variation des Kaninchens

Nachdem wir in der ersten Variante unseren Bunny relativ gleichmäßig braun gefärbt haben und Schicht für Schicht das Fell in seiner Tiefe aufgebaut haben, versuchen wir es doch noch einmal mit einer anderen Variante. Ich wollte zu gerne noch einen gescheckten kleinen Knödel malen.

Für diese Variante habe ich deutlich weniger Zeit investiert und, im Gegensatz zum Braunen, mehr Nass-in-Nass gearbeitet. Auch das Papier ist ein anderes: Hier benutze ich ein leicht strukturiertes Baumwollpapier (kaltgepresst), beim braunen Kaninchen ein glattes (heißgepresst). Ich benutze folgende Farben: Indigo und Neutraltinte für das Fell, Siena natur mit Magenta gemischt für Ohren und Nase.

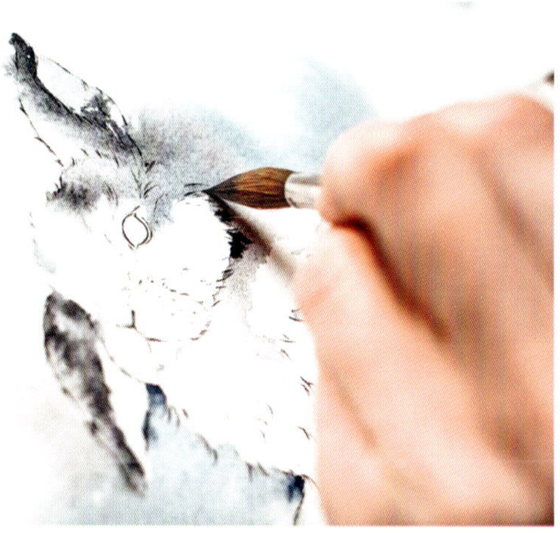

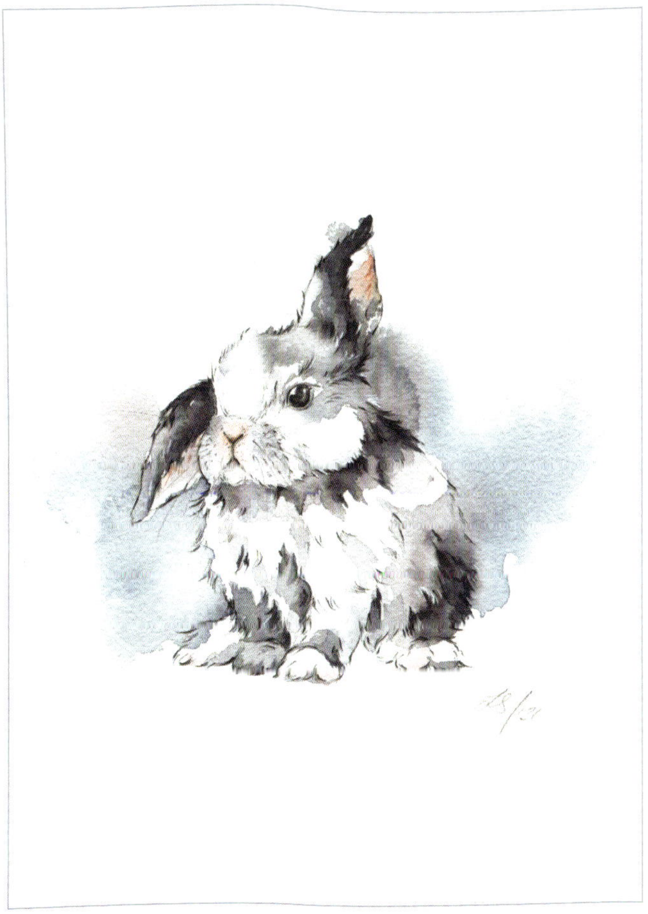

1 Feuchte das Blatt an einigen Stellen an – ein wenig im Bereich des Fells, etwas mehr im Hintergrund. Lass einige Stellen auch aus, wo das Fell weiß bleiben soll. Lass nun die beiden dunklen Töne über das feuchte Blatt laufen und benutze dabei mal mehr, mal weniger Farbe. Die Ohren z. B. habe ich sehr dunkel gemalt. Ich habe die Farben sowohl pur als auch gemischt verwendet.

2 Du kannst das Blatt nun etwas antrocknen lassen, falls du einige konkretere Striche malen möchtest. Ansonsten fügst du noch weiter Farbe hinzu, bis du die gewünschte Dunkelheit erreicht hast. Tupfe hier und dort und schau zu, wie die Farbe verläuft. Mit einer wässrigen Mischung aus Siena natur und Magenta kannst du die Ohren und Nase färben (dies ist natürlich auch im ersten Schritt schon gut möglich!).

3 Die letzten Details runden das Bild wieder ab – das Auge mit Paynesgrau malen, lass dabei unbedingt Highlights stehen! Einige dunkle Zotteln, wo du das Fell noch betonen möchtest. Dann noch ein paar kräftige Striche mit schwarzem Fineliner und weißem Gel- oder Acrylmarker … Und natürlich die Schnurrhaare nicht vergessen!

Katze

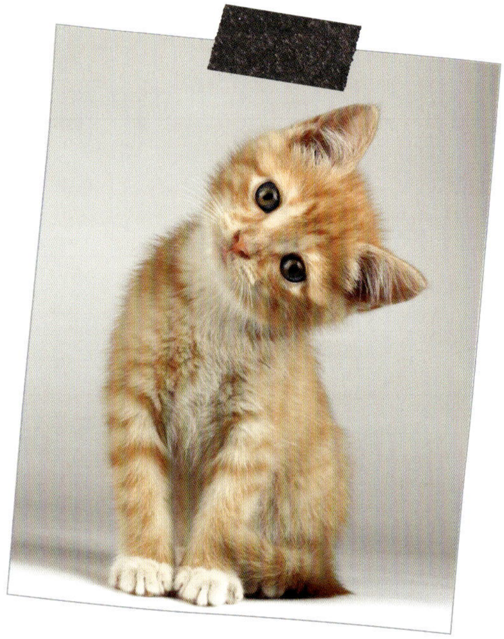

Das beliebteste Haustier von allen darf in diesem Buch natürlich nicht fehlen!

Kaum ein Haustier ist so allgegenwärtig wie Katzen. Ob man nun selber eine besitzt oder die Beiträge der Freunde in den sozialen Netzwerken sieht. Und Nachbars Katze steht auch schon mal einfach im Wohnzimmer, wenn die Terrassentür offen ist.

Zwar bin ich als Katzen-Allergiker diesen felligen Schleichern tendenziell etwas skeptisch gegenüber, ihre Schönheit kann jedoch auch ich nicht bestreiten. Und auf dem Papier hat – soweit ich weiß – noch kein Tier zu einer laufenden Nase geführt.

Dieses kleine Kätzchen schaut so frech daher, dass man es einfach gern haben muss. Schwierig ist dieses Motiv allerdings nicht wirklich. Die relativ einheitliche Färbung des Fells kommt uns zugute, die Streifen sind einfach zu malen und sehen am Ende super aus! Ein wenig schwierig wird es mit den Augen – so viele Farben und Highlights!

Farben

- **Siena natur**
- **Siena gebrannt**
- **Kastanienbraun**
- **Caput mortuum**
- **Sepia**
- **Magenta**
- **Kobalttürkis**
- **Paynesgrau**

- **Maskierflüssigkeit**
- **Schwarzer wasserfester Fineliner (z. B. 005 oder 01)**
- **Weißer Gelstift oder Acrylmarker**

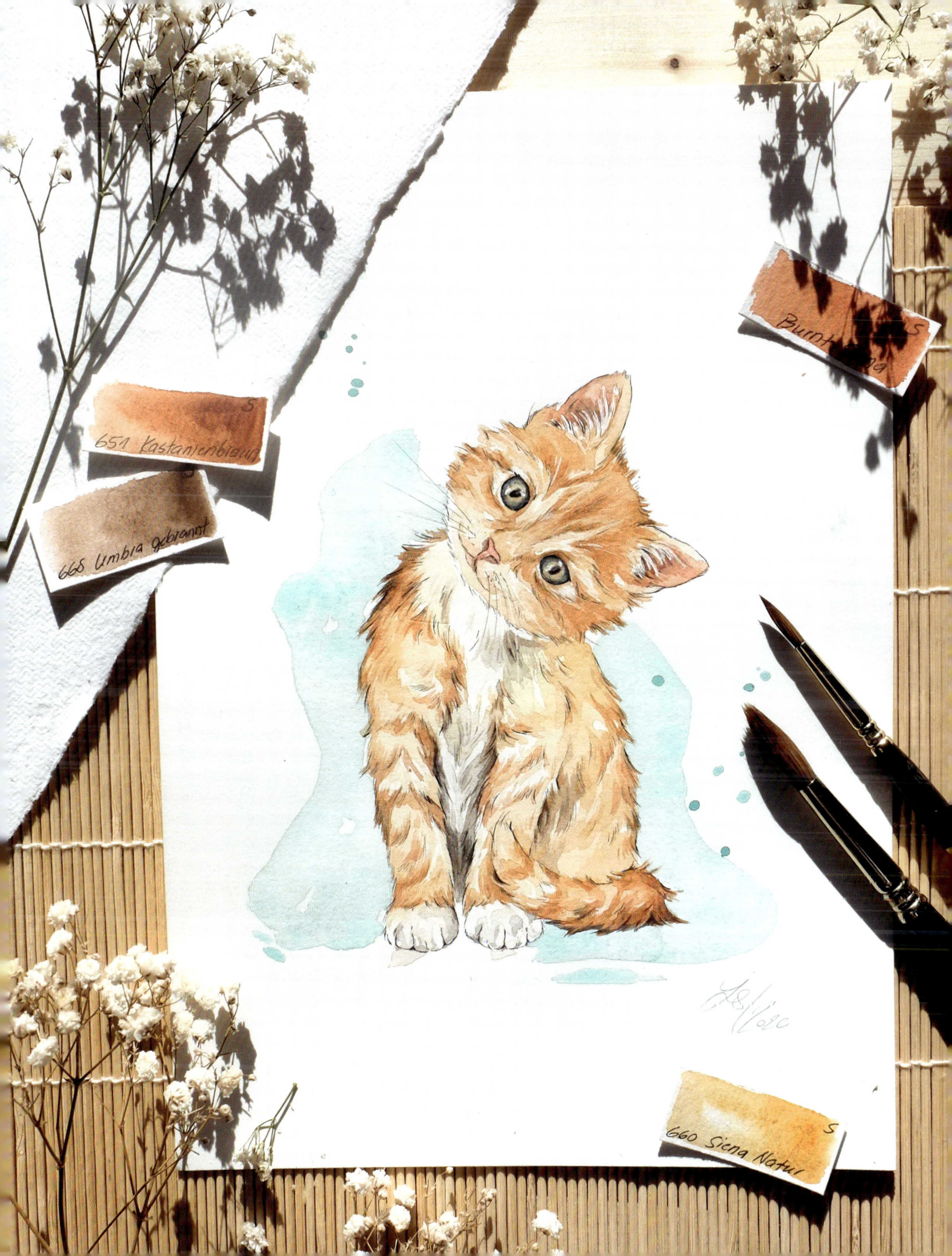
651 Kastanienbraun
668 Umbra gebrannt
660 Siena Natur

Step by Step:

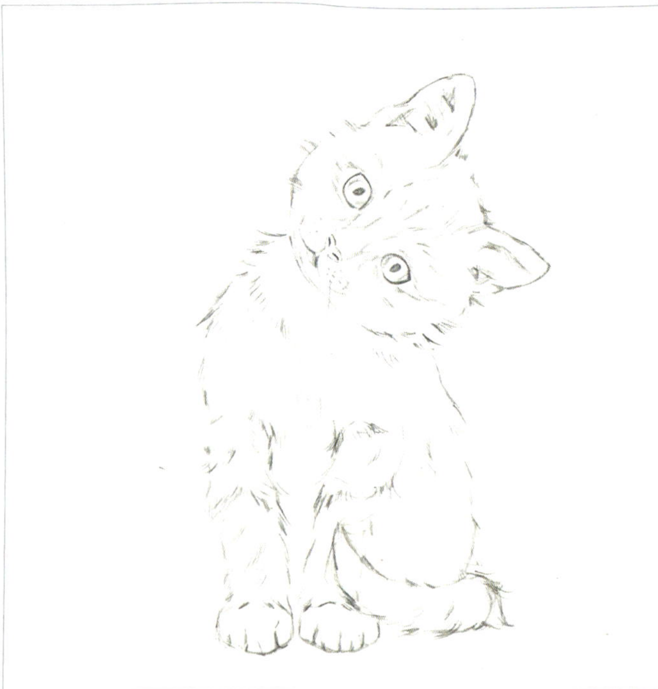

1 Den Kopf der kleinen Katze bildet ein Oval. Die schräge Kopfhaltung ist einfacher zu zeichnen, wenn du dir eine Hilfskonstruktion aus einem Kreuz zeichnest. So wird es auch einfacher, die genaue Position für die Augen zu finden – sie liegen fast genau in der Mitte.

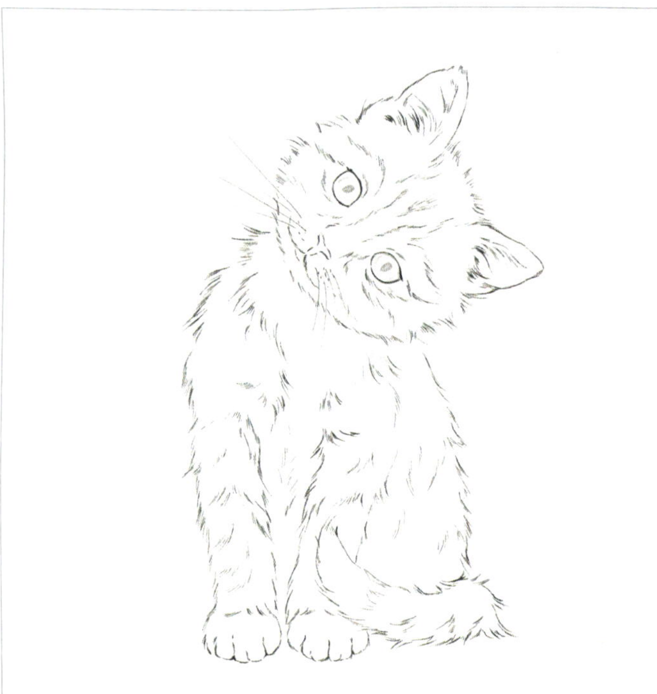

2 Mit dem Fineliner ziehst du nun deine Zeichnung nach. Zeichne dabei auch schon vorsichtig die Stellen, an die du gleich die Streifen und Muster malen möchtest, also an die Beine und das Gesicht. Versuche, mit den Strichstärken und -längen zu variieren und hier und dort auch kleine Lücken stehen zu lassen.

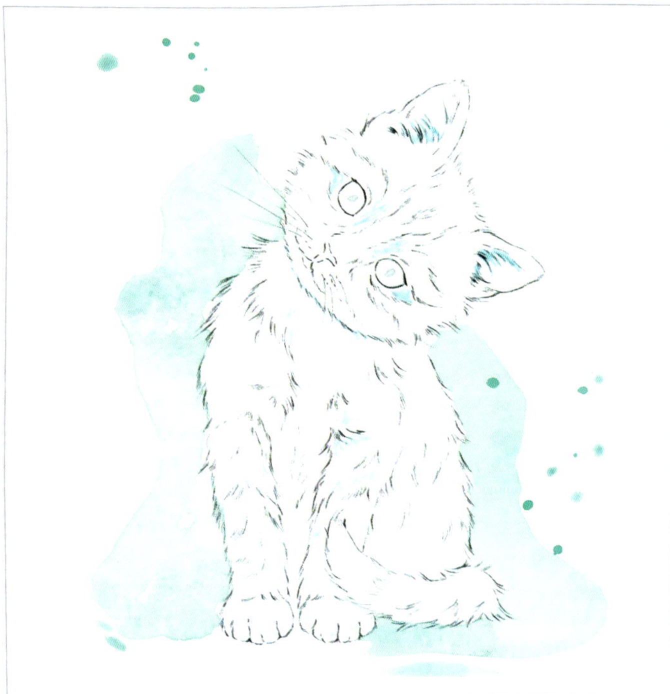

3 Mit der Maskierflüssigkeit blockierst du die hellsten Bereiche. Anschließend malst du den Hintergrund; ich habe dafür eine Mischung aus Kobalttürkis mit wenig Siena natur und Paynesgrau benutzt. Du musst an dem Übergang von Katze zu Hintergrund nicht akribisch genau malen, es ist nicht so schlimm, wenn auch mal ein wenig überläuft.

Tipp

Wenn du dir unsicher bist, wie genau der Hintergrund verlaufen soll, kannst du ein Stück Transparentpapier über das Bild legen und mit einem Buntstift verschiedene Farbflächen ausprobieren.

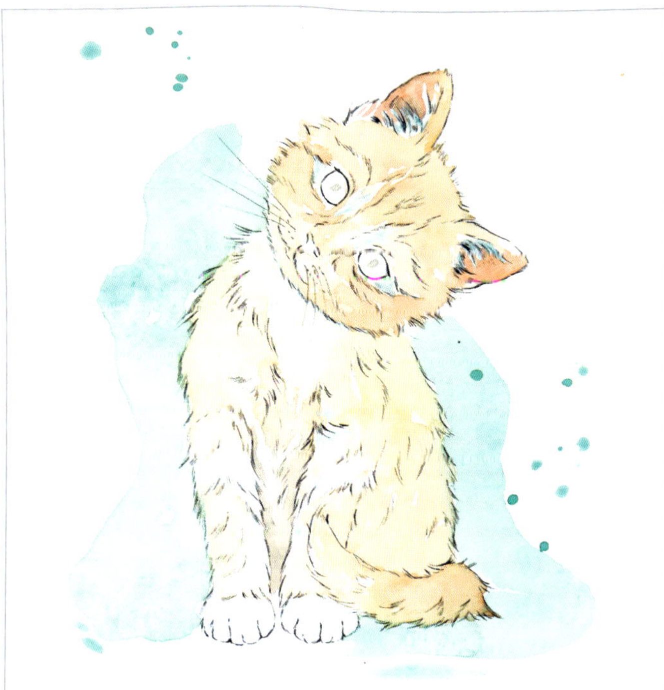

4 Mit Siena natur, Siena gebrannt und Kastanienbraun legen wir die erste Schicht für das Fell an. Die Farben können gemischt werden oder gern auch ineinanderlaufen. An den Ohren kannst du etwas Magenta hinzufügen, den Bauch grundierst du mit Grau.

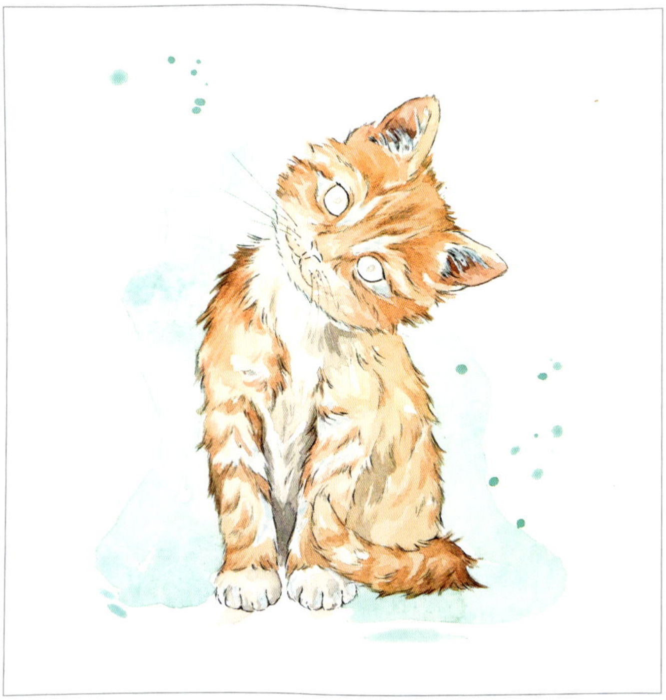

5 Für die Mitteltöne benutzen wir die gleichen Farben. Arbeite dich weiter vor, indem du nach und nach mehrere Schichten anlegst – lass dabei aber unbedingt die erste Schicht an einigen Stellen komplett frei. An den Rändern sollten die Pinselstriche dünner werden und in feinen Härchen enden. Da das Bild wenige Schatten hat, musst du mit den Farben nicht sehr dunkel werden, es reichen einige Akzente, z. B. an den Beinen.

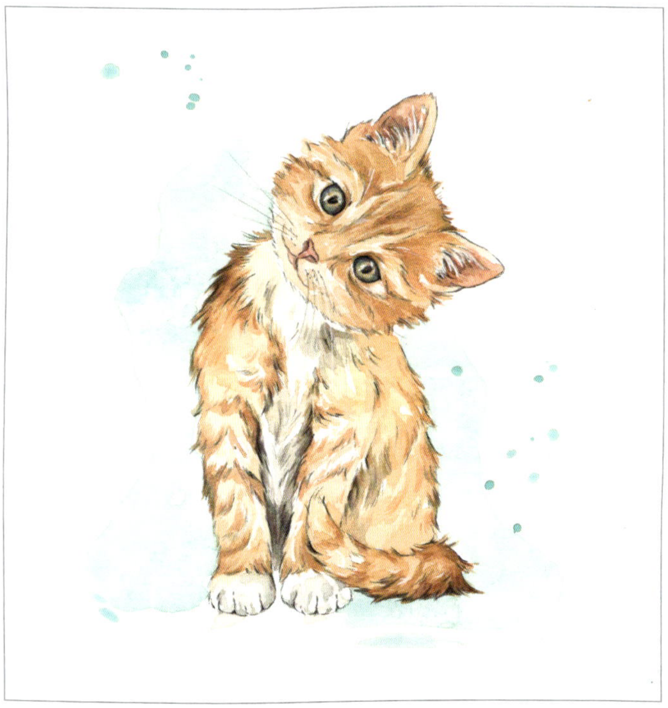

6 Rubble die Maskierflüssigkeit ab und ergänze einige Fellstriche in die weiß gebliebenen Stellen. Für die Nase etwas Magenta und Siena natur mischen. Für die Augen habe ich innen Siena natur, außen Kobalttürkis und Paynesgrau verwendet. Lass die Farben ineinanderlaufen und dunkle die Ränder mit Paynesgrau ab. Lichtreflexe können mit dem weißen Acrylmarker ergänzt werden.

Tipp

Die Augen kannst du später mit Buntstiften noch gut nachbearbeiten, falls du möchtest.

Inspiration

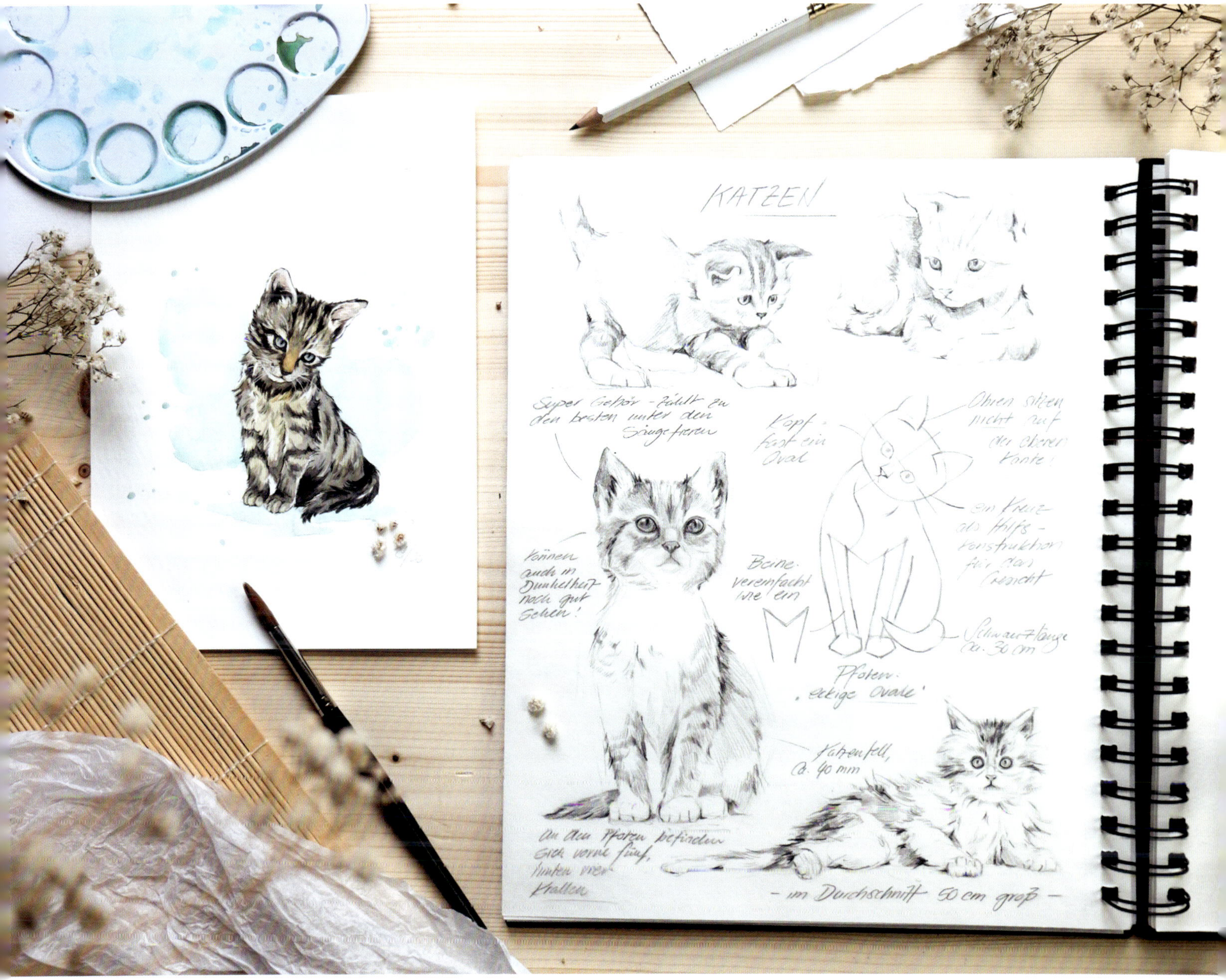

Pony

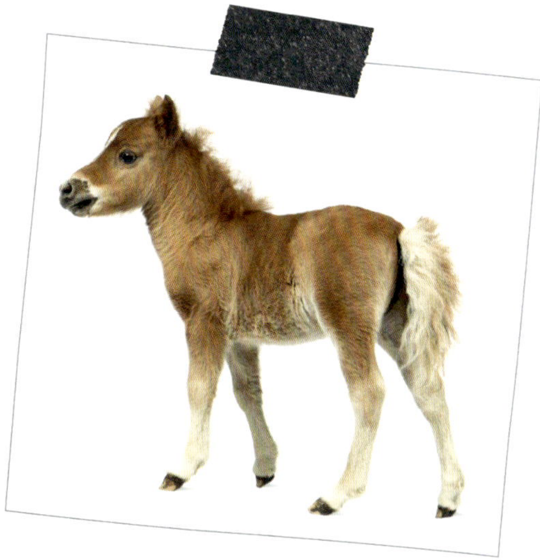

Kleiner Abstecher zum Immenhof gefällig? Ich präsentiere: der heimliche Star unter den Lieblingstieren!

Ich kann beim besten Willen nicht einschätzen, wie viele Pferdebilder ich in meinem Leben schon gemalt habe. Vielleicht ein Wert im Tausenderbereich. Wenige davon zwar in den letzten Jahren, aber dafür gab es eine intensive Phase im Alter von 6–12. Ein richtiges Pferdemädchen eben.

Auch heutzutage freue ich mich noch, wenn ich einem Pferd oder Pony über den Weg laufe, und ich weiß: Vielen von euch geht es genauso. Während ein Pferd durch seine Größe, Stärke und gewisse Eleganz eine stattliche Erscheinung bietet, war ich jedoch schon immer ein noch größerer Freund des zotteligen, dickbäuchigen, kurzbeinigen kleinen Artgenossen.

Und bei diesem süßen Fohlen wird doch wirklich jeder schwach, oder? Manege auf für: das Pony!

Farben

- **Siena natur**
- **Kastanienbraun**
- **Sepiabraun**
- **Kobalttürkis**
- **Paynesgrau**

- **Schwarzer wasserfester Fineliner (z. B. 005 oder 01)**
- **Weißer Gelstift oder Acrylmarker**
- **Nach Bedarf Buntstifte in Weiß, Grau oder Braun**

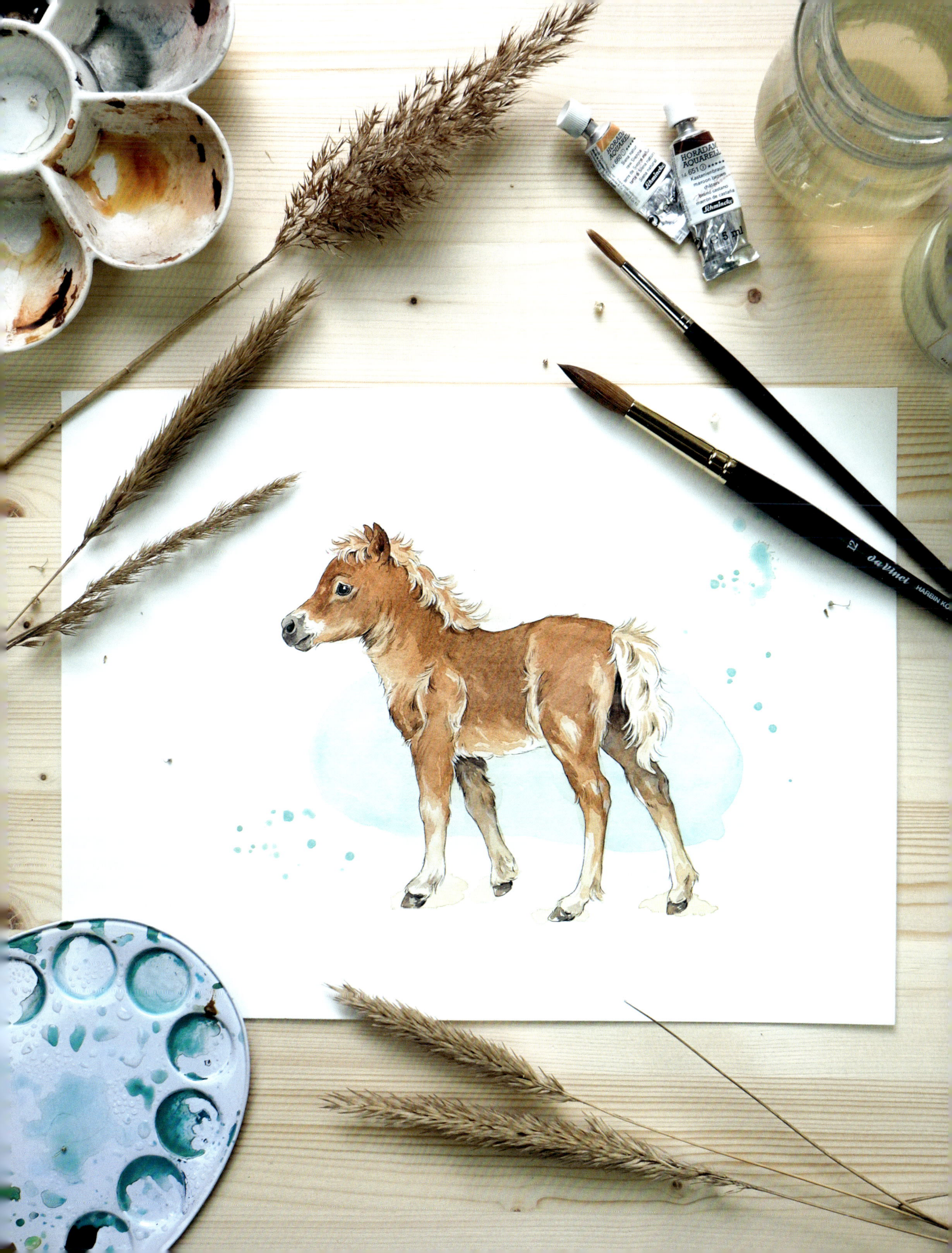
HORADAM AQUARELL
Schmincke
5 ml
12
da Vinci

Step By Step:

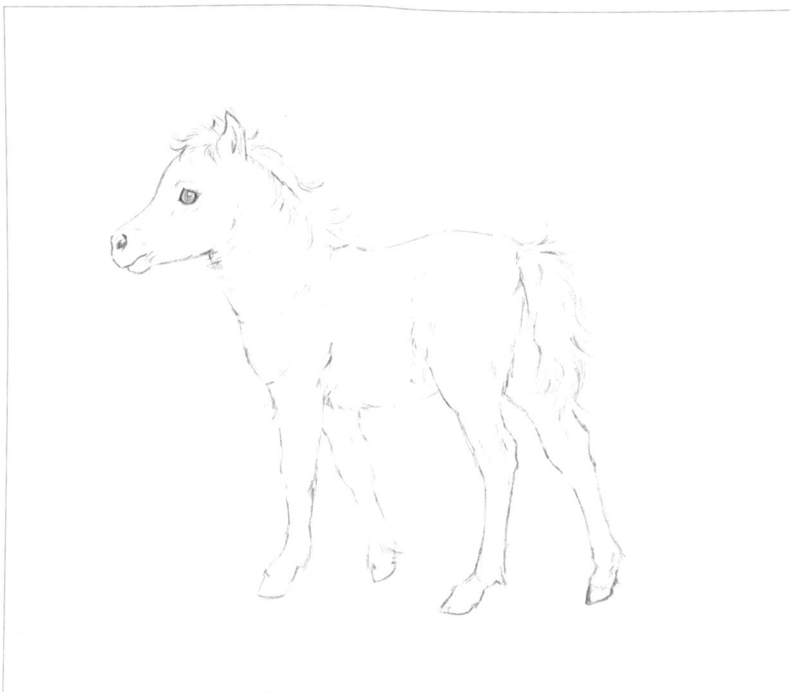

1 Das kleine Ponyfohlen hat so hübsch seine Beine gestreckt. Das linke Vorder- und Hinterbein sind parallel, genauso wie die beiden ausgestreckten rechten Beine. Das Motiv ist nicht das einfachste, eine kleine Hilfestellung wie ein Raster kann Wunder bewirken. Bedenke auch, dass die Proportionen eines Fohlens anders sind als die eines ausgewachsenen Ponys.

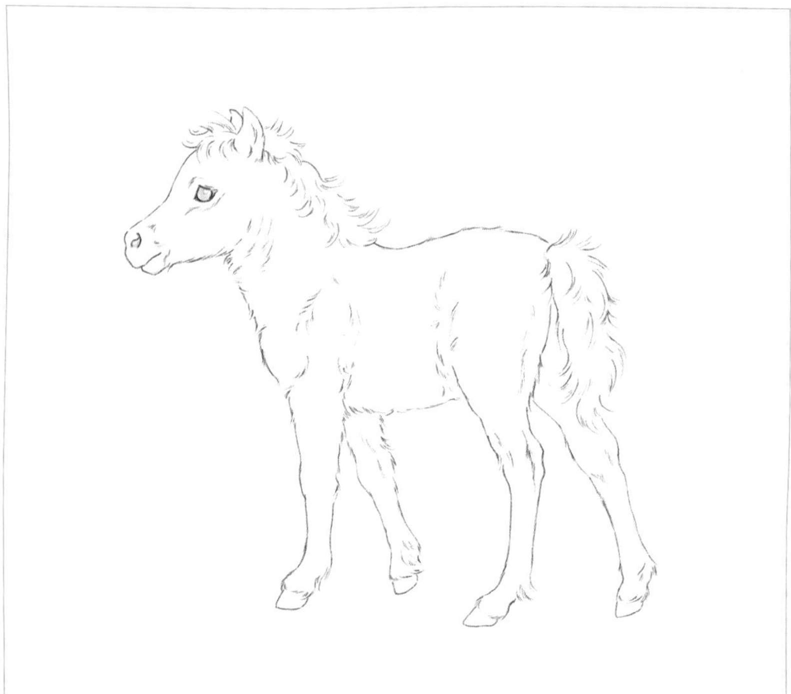

2 Da Pferde und Ponys kurzes Fell haben, bleiben unsere Striche mit dem Fineliner ebenfalls kurz. Versuch aber, die Linie nicht durchzuziehen, sondern ab und zu abzusetzen und sehr kleine Zottel einzubauen. Hier darf ruhig ein wenig übertrieben werden, so wird das Fell etwas lebendiger.

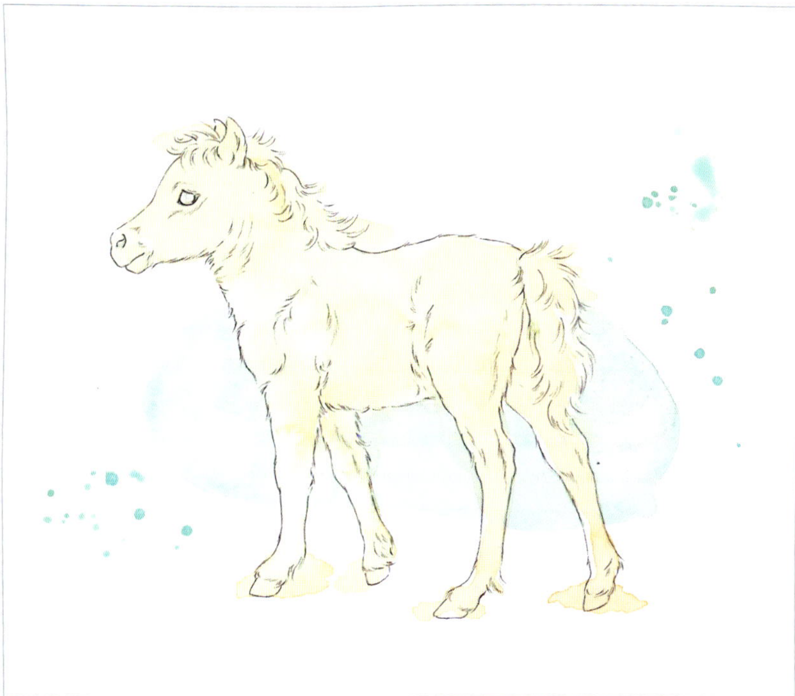

3 Den Hintergrund malen wir mit einer Mischung aus Kobalttürkis, Siena natur und ein wenig Paynesgrau. Noch während der Hintergrund nass ist, habe ich bereits die erste Schicht des Fells in Siena natur gemalt. Es macht nichts, wenn etwas von dem Siena in das Türkis hineinläuft.

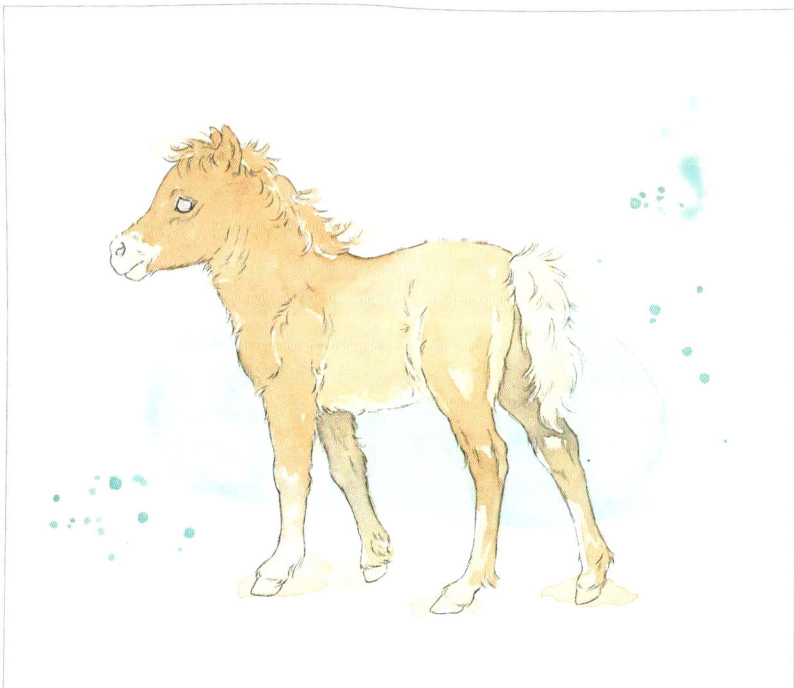

4 Für das braune Fell mischen wir im nächsten Schritt Siena natur und Kastanienbraun. Sollte deine erste Schicht schon trocken sein, kannst du das Papier im Bereich des Fells mit klarem Wasser noch einmal vorsichtig wässern, sodass die Farbe besser verläuft und keine Ränder entstehen. Trag dann schichtweise weitere Farbe auf.

Tipp

Kastanienbraun ist eine granulierende Farbe. Falls dir dieser Effekt nicht gefällt, benutze stattdessen Siena gebrannt.

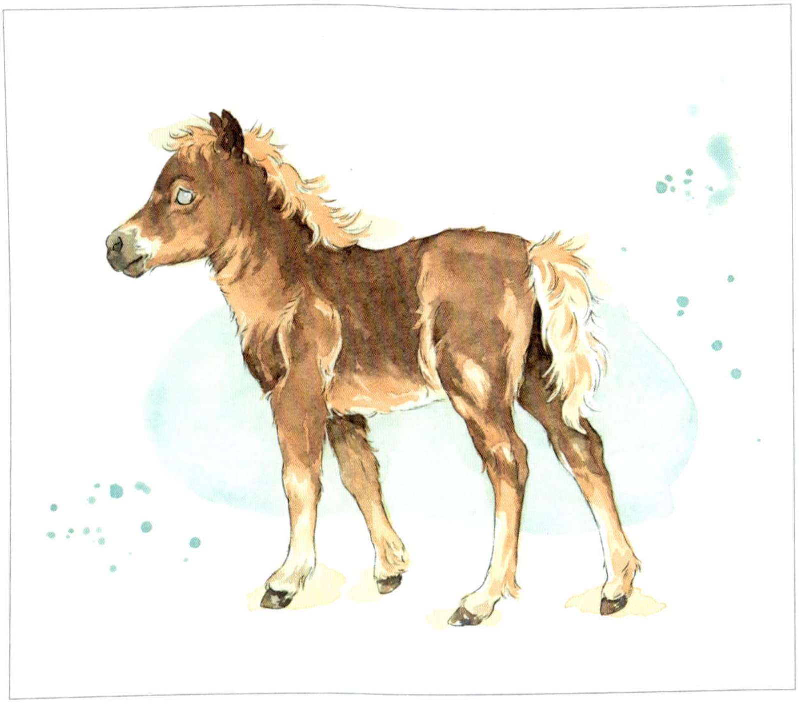

5 Für die dunklen Kontraste bringen wir etwas Sepia mit ins Spiel. Die Nase, der Bereich unter dem Schweif sowie das hintere Vorderbein mit Sepia abdunkeln. Für dunklere Bereiche im rötlichen Fell kannst du etwas Sepia deiner Mischung von Kastanienbraun und Siena natur beifügen. Sehr dunkle kleine Stellen wie die Hufe mit Paynesgrau malen.

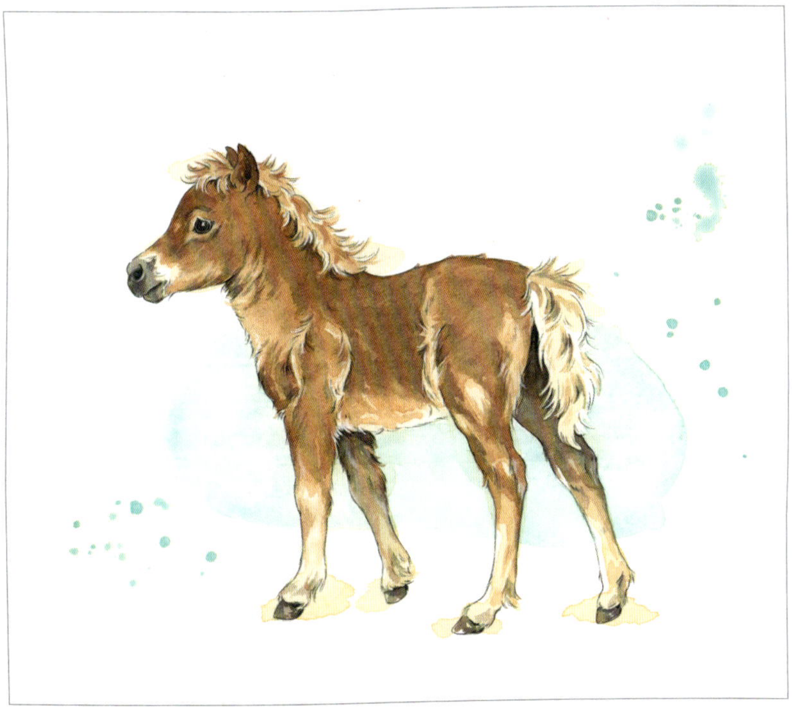

6 Im letzten Schritt können noch einige kleine Haare hier und dort mit dem Pinsel ergänzt werden. Zeichne dann mit dem weißen Acrylstift und dem Fineliner noch Haare in der Mähne, im Schweif und im Fell. Wenn du möchtest, kannst du auch noch Buntstifte benutzen.

Inspiration

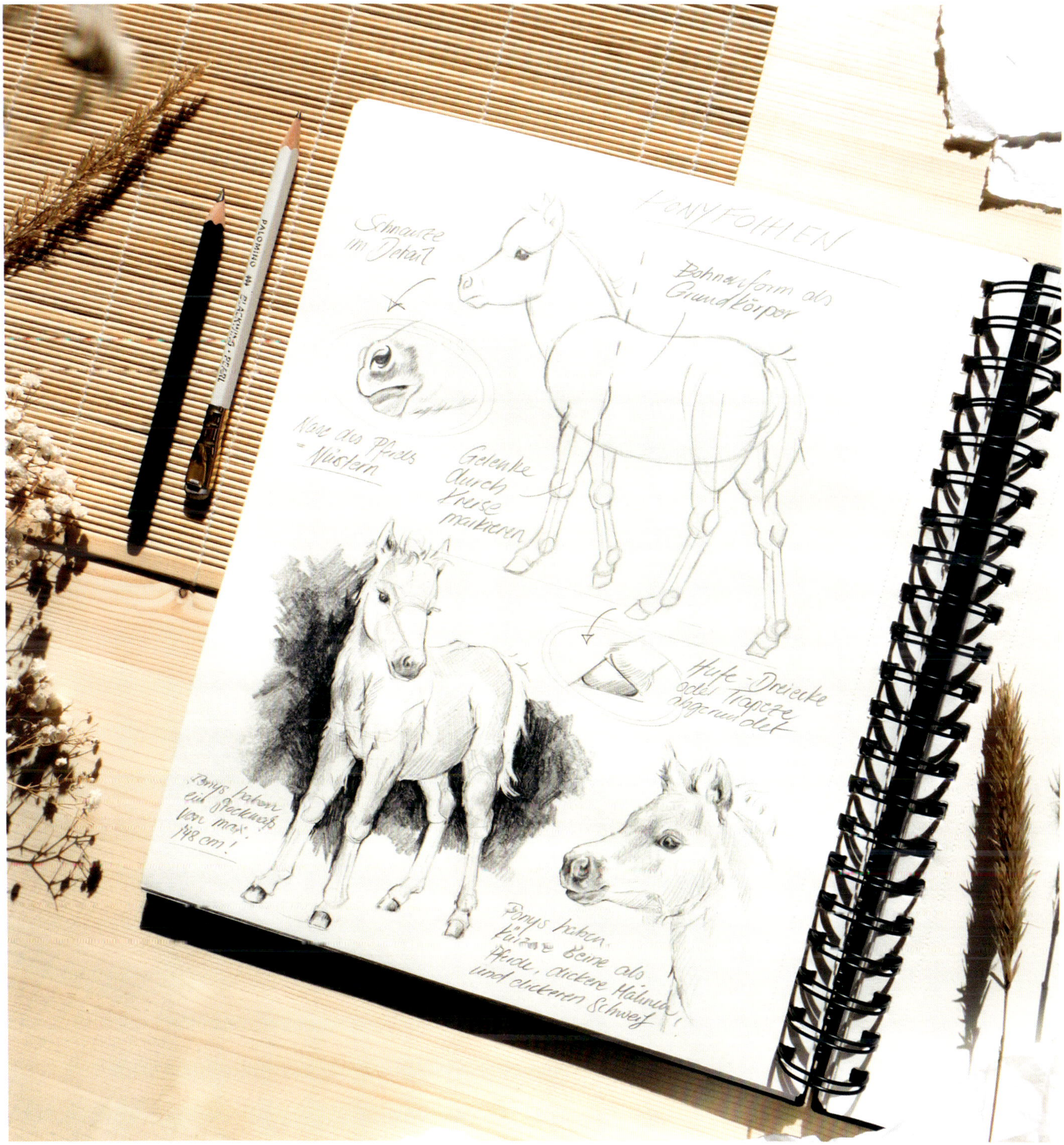

Hund

„Dieser Welpe ist aber wirklich nicht niedlich.“ – Keiner, jemals.

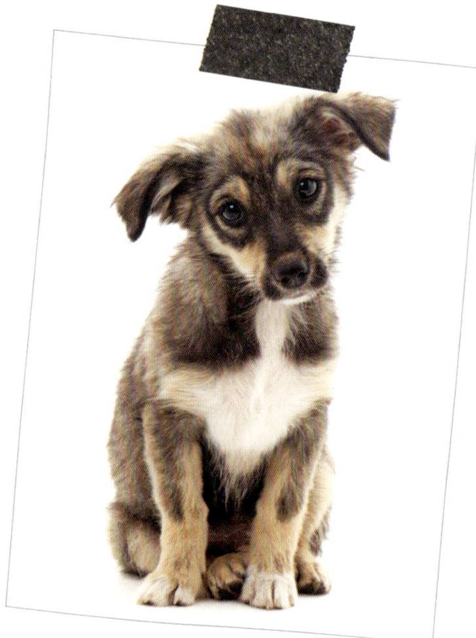

Hast du schon einmal „Hundewelpe“ gegoogelt? Nein? Kleiner Tipp – tu es nicht, wenn du für den Rest des Tages noch andere Dinge zu erledigen hast, denn es ist schwer, wieder aufzuhören. Noch schwerer war es, sich in der Flut an Hundebildern für einen zu entscheiden.

Die Wahl fiel auf diesen kleinen Racker: Ich finde, ein leicht geneigter Kopf, wie bei dem Hund im Foto, macht sich super als Motiv; es erweckt den Eindruck, er schaue uns mit seinen großen Augen direkt an.

Wenn du dir das Foto genau anschaust, siehst du, dass der Hund eine seiner Hinterpfoten leicht verdreht hat und diese zwischen den Vorderpfoten zu sehen ist. Dieses Detail habe ich kurzerhand geändert, da es mir nicht gefallen hat und ich glaube, das Bild könnte dadurch „falsch“ aussehen, obwohl es „richtig“ gezeichnet wäre. Stattdessen habe ich die rechte Hinterpfote mehr oder weniger gespiegelt und auch noch einen Schwanz ergänzt.

Also, jetzt alle brav „Sitz!“ und ran an die Farben!

Farben

- **Siena natur**
- **Umbra gebrannt**
- **Sepiabraun**
- **Kobalttürkis**
- **Paynesgrau**

- **Maskierflüssigkeit**
- **Schwarzer wasserfester Fineliner (z. B. 005 oder 01)**
- **Weißer Gelstift oder Acrylmarker**

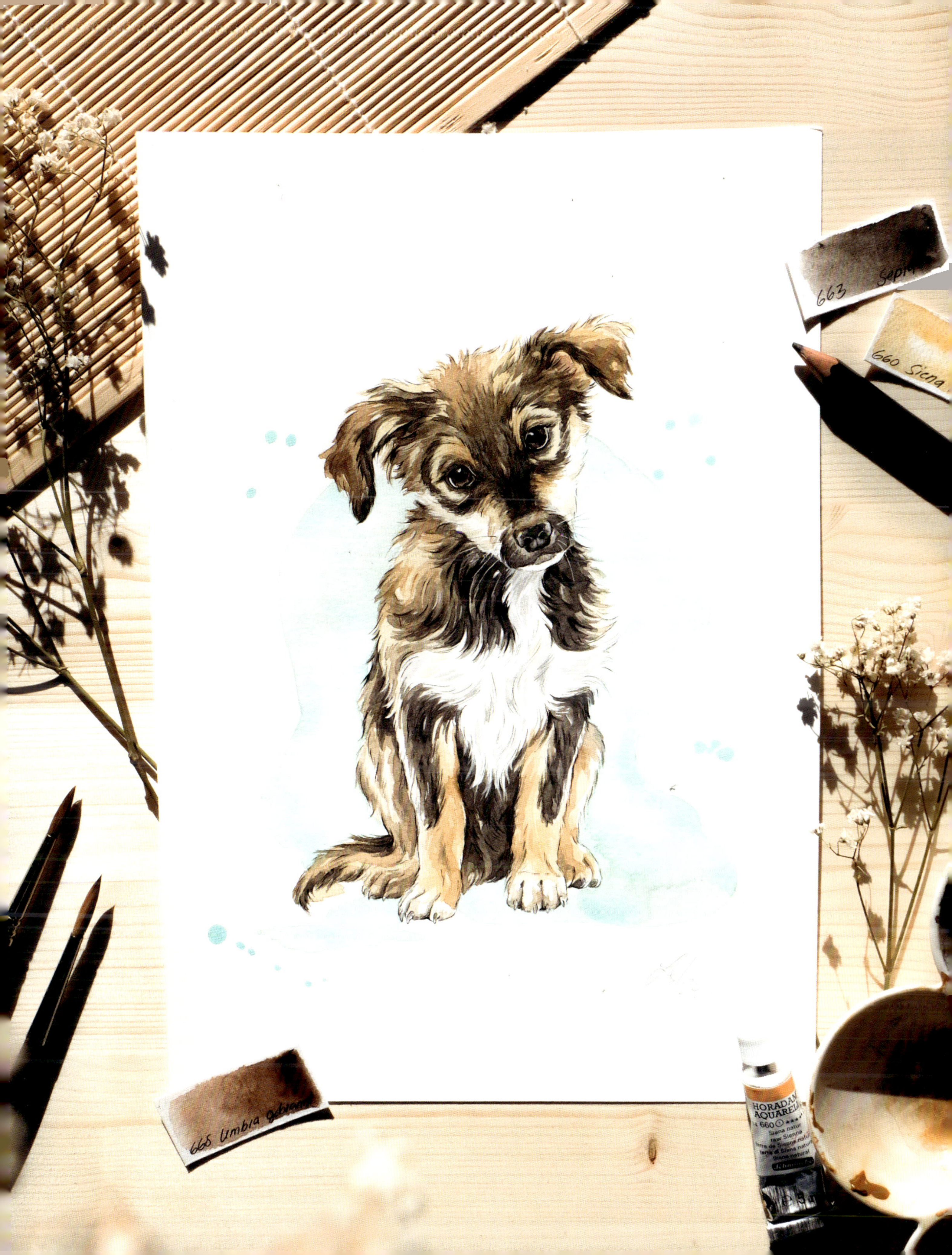
663 Sepia
660 Siena
665 Umbra gebrannt
HORADAM AQUARELL
660
Schmincke

Step by Step:

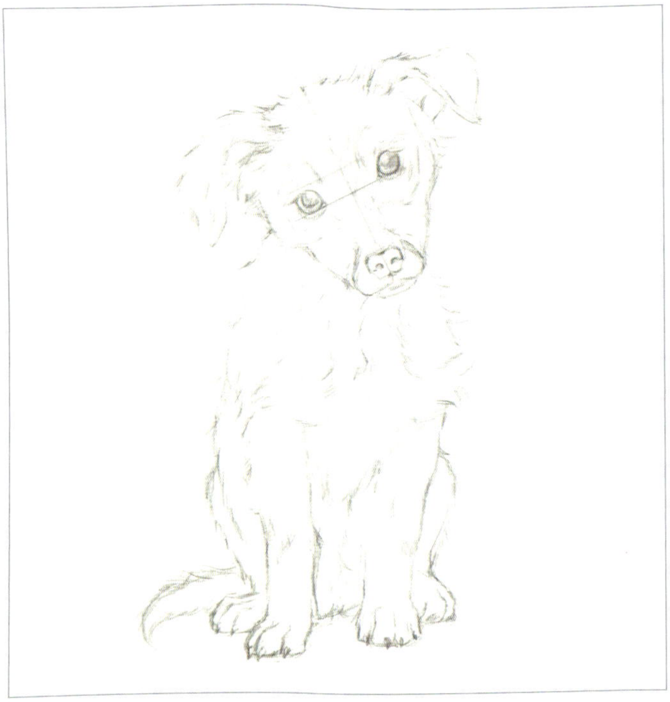

1 Fertige die Skizze entweder frei oder mit einem Konstruktionsraster an. Es ist hilfreich, sich für die Kopfhaltung eine schräge Mittellinie und weitere Hilfslinien, z. B. für die Augenpartie, zu erstellen. So fällt es leichter, das Gesicht symmetrisch zu zeichnen.

Tipp

Die Haltung und Proportionen richtig zu treffen, erfordert etwas Übung. Solltest du noch unsicher im Zeichnen sein, kannst du dir eine Hilfestellung bauen, wie im Kapitel „Die Vorzeichnung" beschrieben.

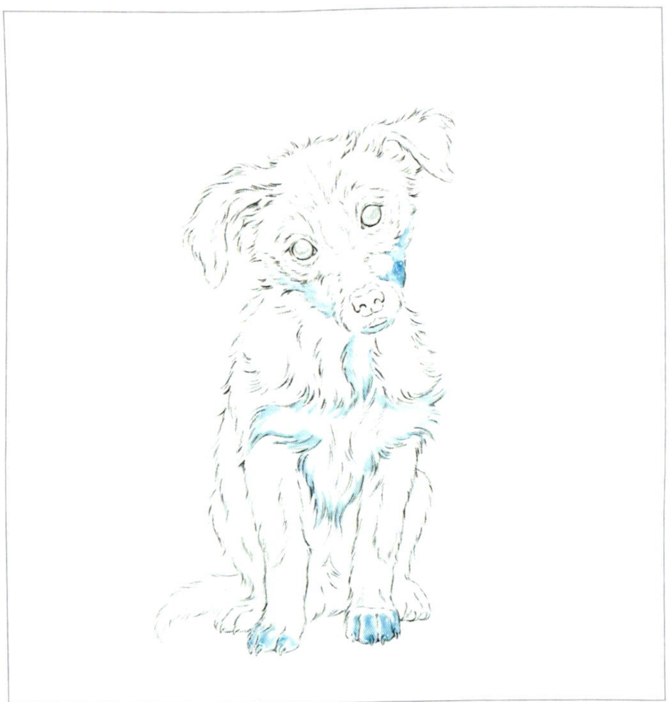

2 Mit einem sehr dünnen Fineliner (z. B. 005) zeichnen wir das Fell vor. Kurze und lange Striche wechseln sich ab und zeigen in verschiedene Richtungen. Schau dir die Wuchsrichtung des Fells an den verschiedenen Stellen vorher gut an. Anschließend kannst du die hellsten weißen Stellen des Fells mit Maskierflüssigkeit blockieren.

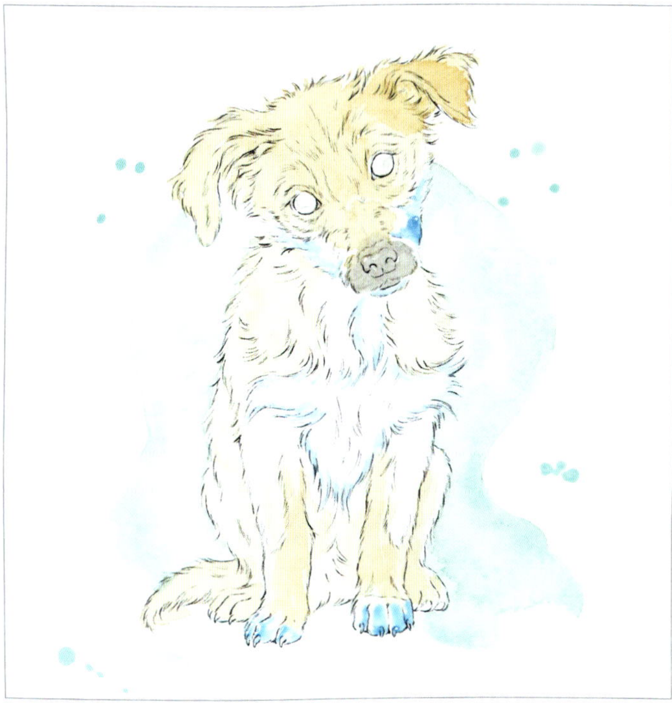

3 Beginnen wir mit der Farbe. Den Hintergrund male ich mit einer Mischung aus Kobalttürkis, Siena natur und Paynesgrau (sehr wenig). Die erste Schicht des Fells ist in diesem Fall reines Siena natur. Lass die Farbe anschließend relativ gut trocknen. Die Schnauze kannst du mit Grau grundieren.

Tipp

Wenn du möchtest, feuchte im Bereich des Hintergrundes das Papier etwas an, dann verläuft die Farbe einfacher.

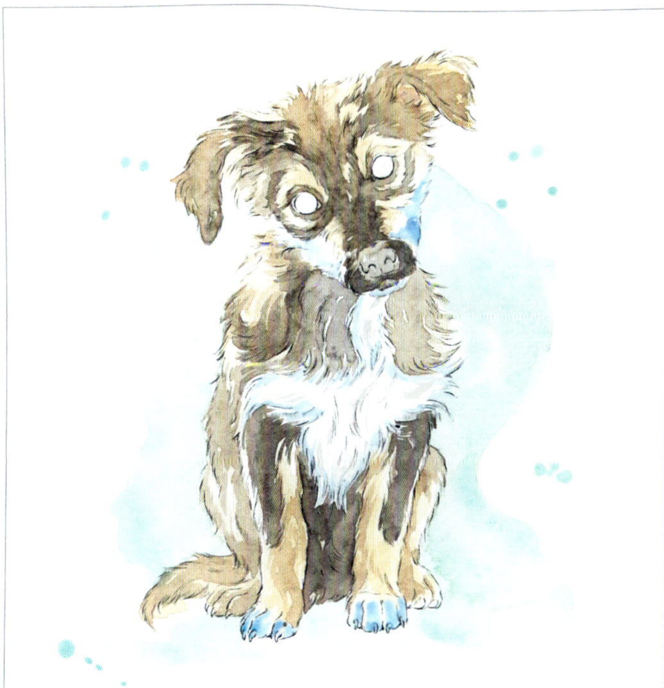

4 Mitteltöne: In dieser Schicht ist viel los. Wir arbeiten mit Sepia, Umbra gebrannt und Siena natur am gesamten Fell. Mische die Farben in unterschiedlichen Verhältnissen und arbeite teils mit flächigen, teils mit kleineren Pinselstrichen. Am Kopf sorgen mehr Umbra gebrannt und Siena natur für wärmere Brauntöne. Lass die Farben hier etwas ineinanderlaufen.

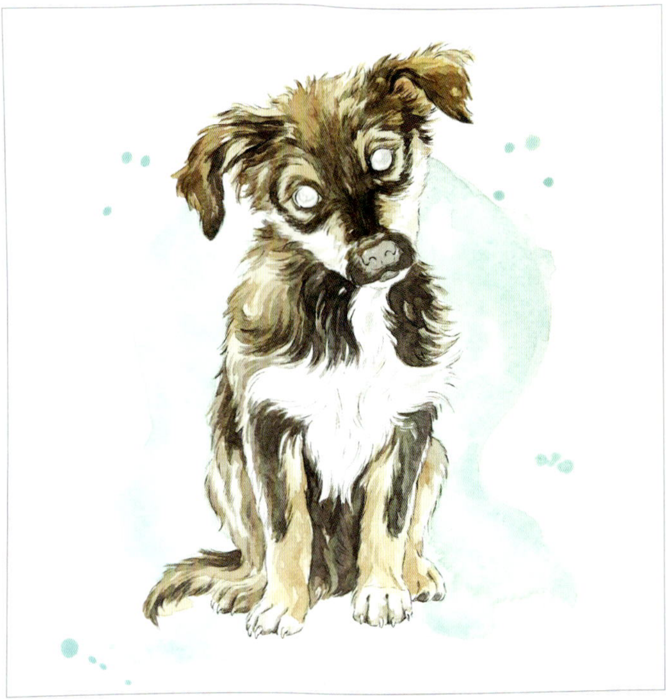

5 In den nächsten Schichten erhält das Fell durch noch dunklere Töne mehr Tiefe. Vorher kannst du allerdings die Maskierflüssigkeit entfernen, wenn die Farbe vollständig trocken ist. Dann mit Sepia und Paynesgrau die dunkelbraunen Bereiche malen. Arbeite mit einem kleinen Pinsel und kleinen Strichen. Hier und dort ein paar hellbraunere Haare lockern das Bild zusätzlich auf.

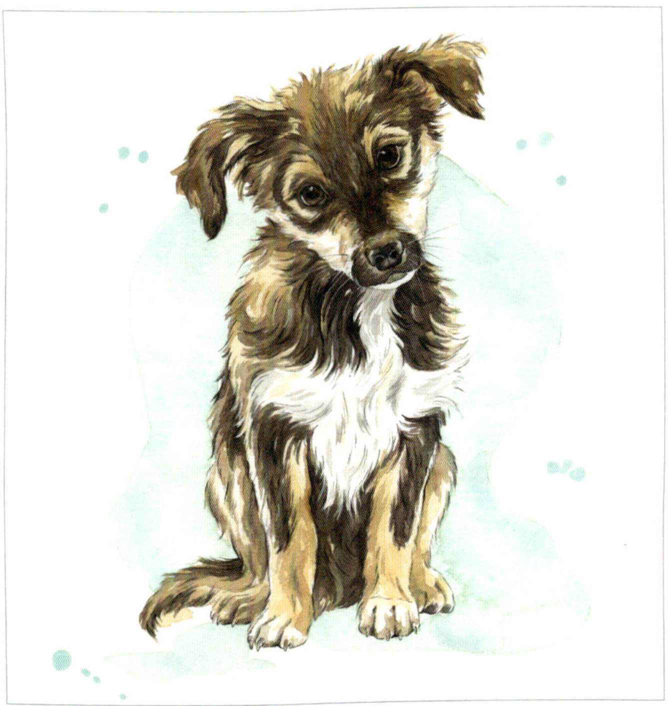

6 Die Details machen in diesem Bild besonders viel Spaß! Die großen Augen malen wir in mehreren Schichten: erst Umbra gebrannt, dann Paynesgrau für die Pupillen. Für die Nase ebenfalls Grau verwenden. Zeichne dann noch Haare mit dem schwarzen Fineliner und dem weißen Acryl- oder Gelstift – und zwar nicht zu wenige! Zuletzt noch Schnurrhaare ergänzen und fertig ist dein Welpe!

Inspiration

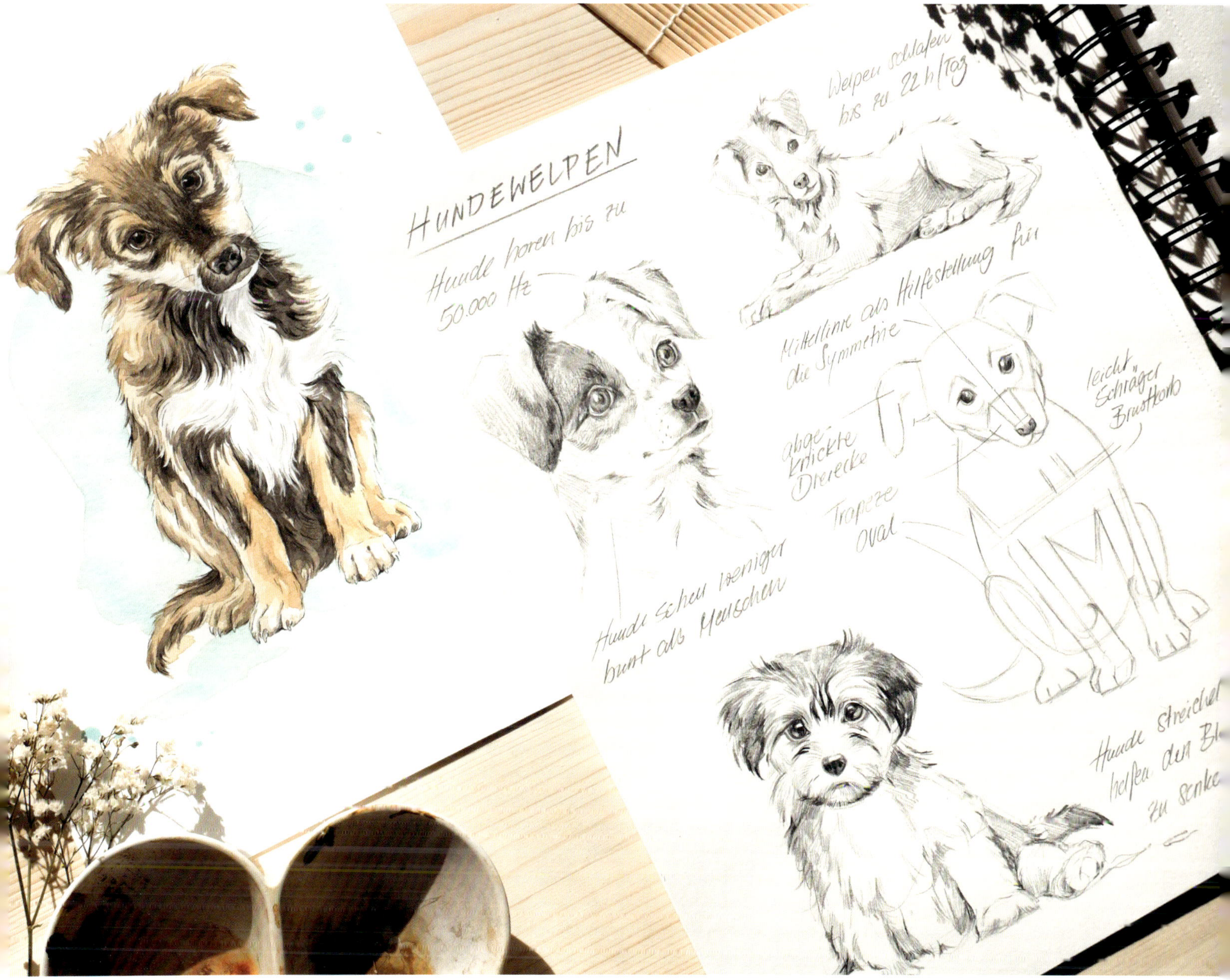

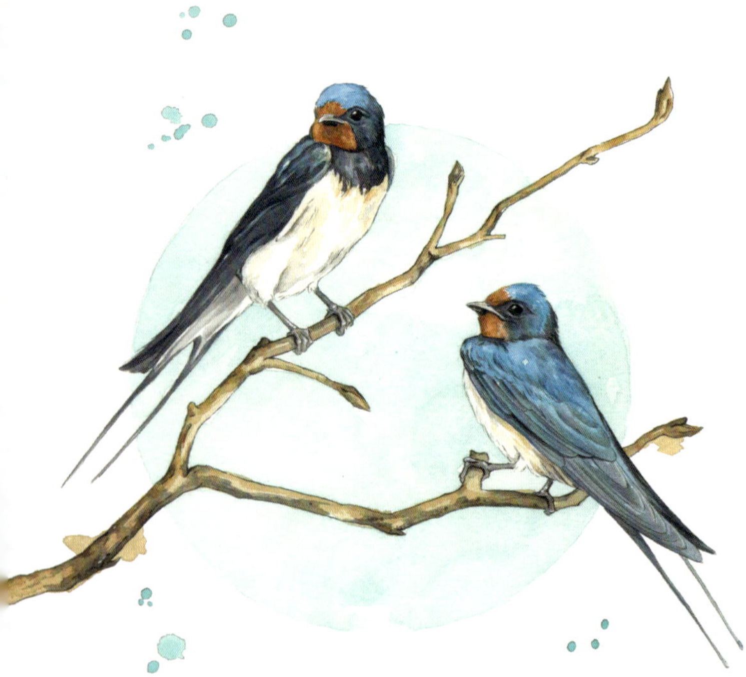

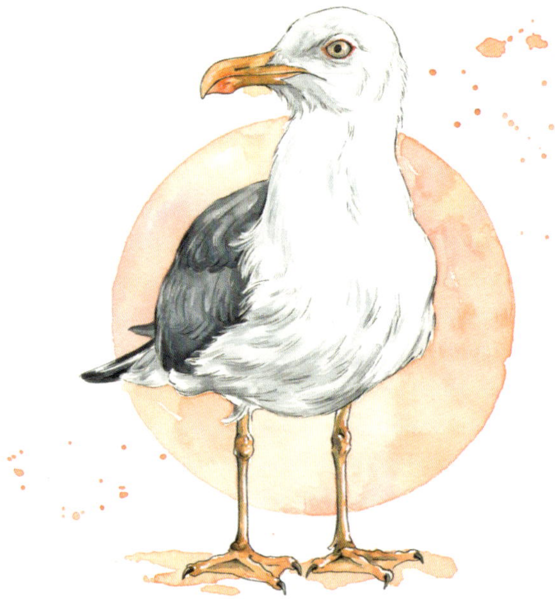

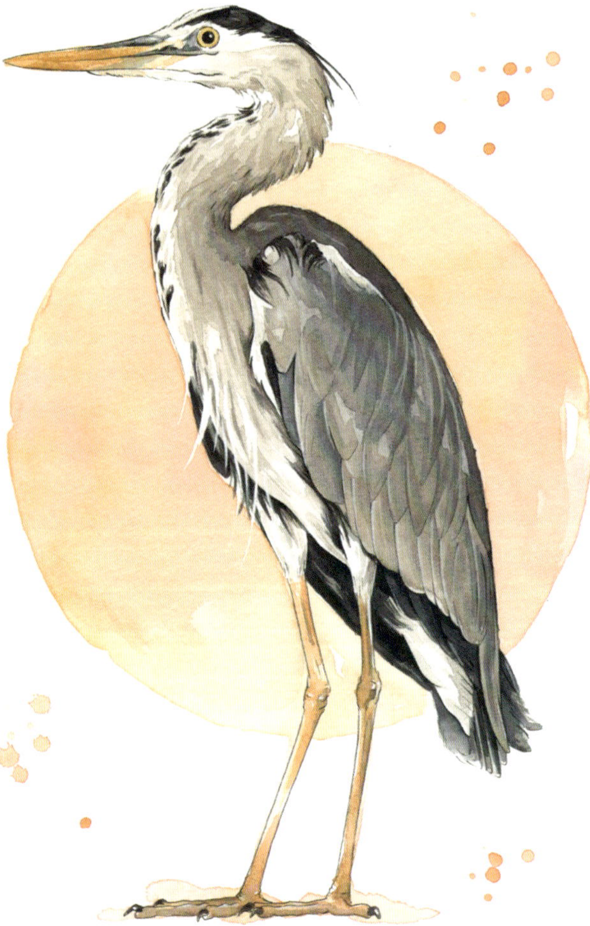

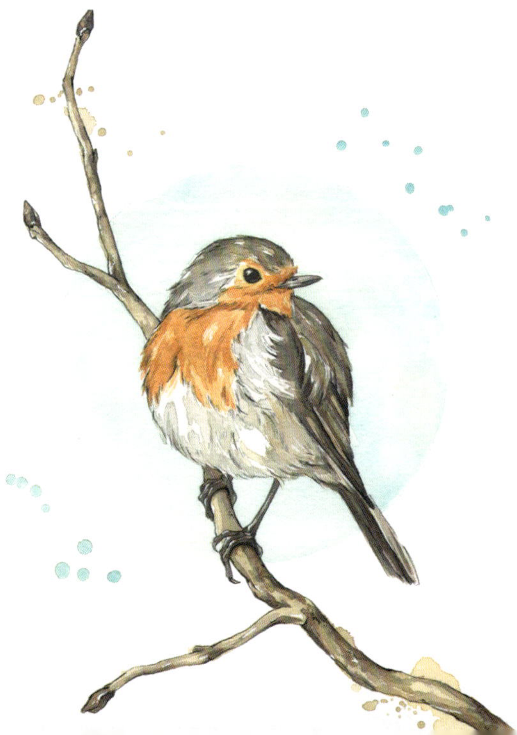

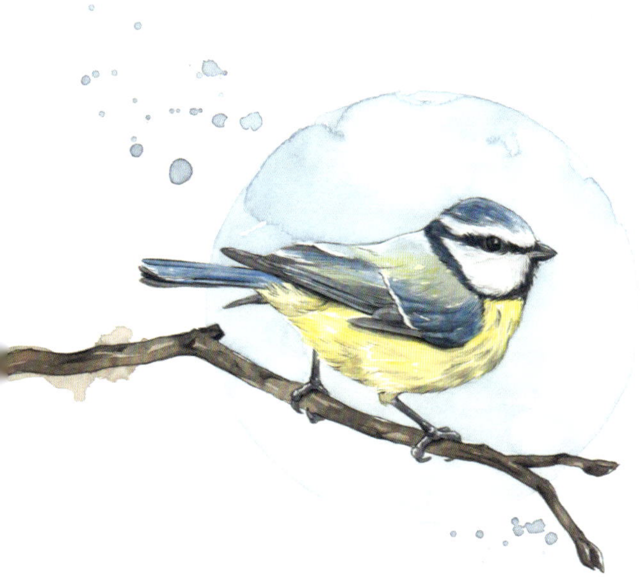

Was fliegt
DENN DA?

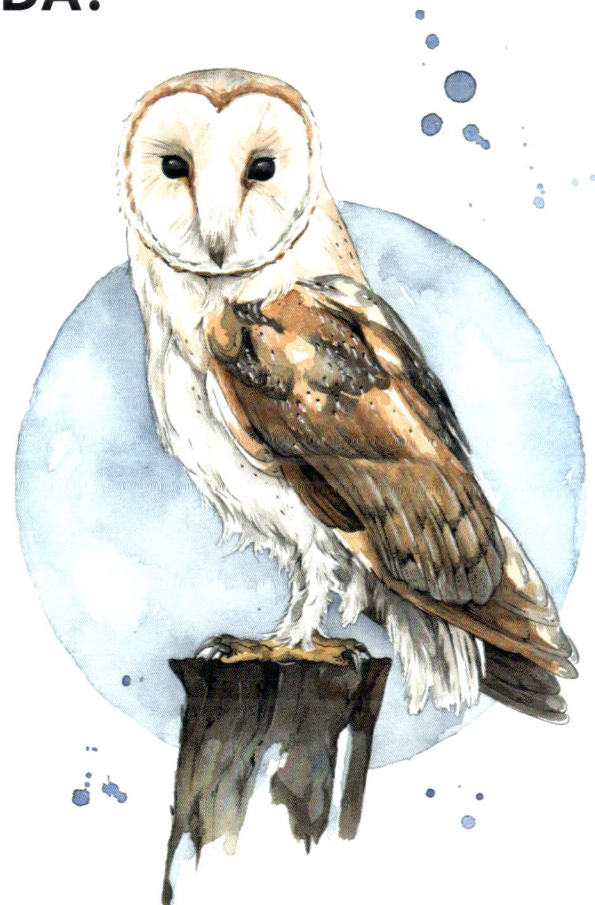

Möwe

Haltet eure Fischbrötchen fest, ihr Landratten! Hier kommt jemand, der bestimmt schon ein Auge darauf geworfen hat.

Möwen verkörpern für mich immer ein gewisses Urlaubsfeeling. Schlichtweg weil es sie dort, wo ich aufgewachsen bin, nicht gegeben hat. Hier in Hamburg dagegen gehören sie zum Stadtbild wie anderswo die Tauben und die Spatzen, und ich freue mich immer noch jedes Mal darüber, sie zu treffen. So manch ein argloser Hafenbesucher hat sicher schon den Verlust von Pommes oder Matjes an eine Möwe zu beklagen gehabt, aber dafür muss man diesen frechen Kollegen auch ein wenig Respekt zollen. Ein wenig grimmig, ein wenig gelangweilt und ein wenig trotzig kommen sie daher … und geben dabei super Motive ab!

Als ich nach einer längeren Pause zum ersten Mal wieder die Aquarellfarben hervorgekramt habe, war eine Möwe das erste Motiv, das ich spontan zu Papier brachte. Es hat mir so viel Spaß gemacht, dass ich seit dem Tag nicht mehr aufgehört habe, Tiere in Aquarell zu malen!

Daher liegt mir dieses Motiv sehr am Herzen, und ich hoffe, dass es euch genauso viel Spaß bringt! So, und nu' Butter bei die Fische, ähh Möwe.

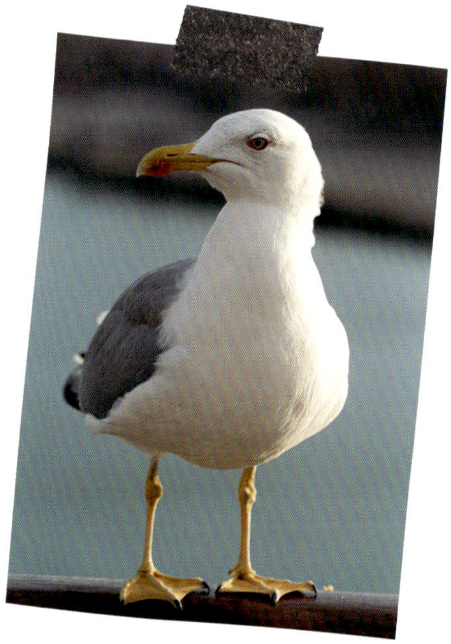

Farben

- **Kadmiumgelb hell**
- **Magenta**
- **Kadmiumrot hell**
- **Siena natur**
- **Indigo**
- **Paynesgrau**

- **Schwarzer wasserfester Fineliner (z. B. 005 oder 01)**
- **Weißer Gelstift oder Acrylmarker**
- **Nach Bedarf Buntstifte in Grau und Weiß**

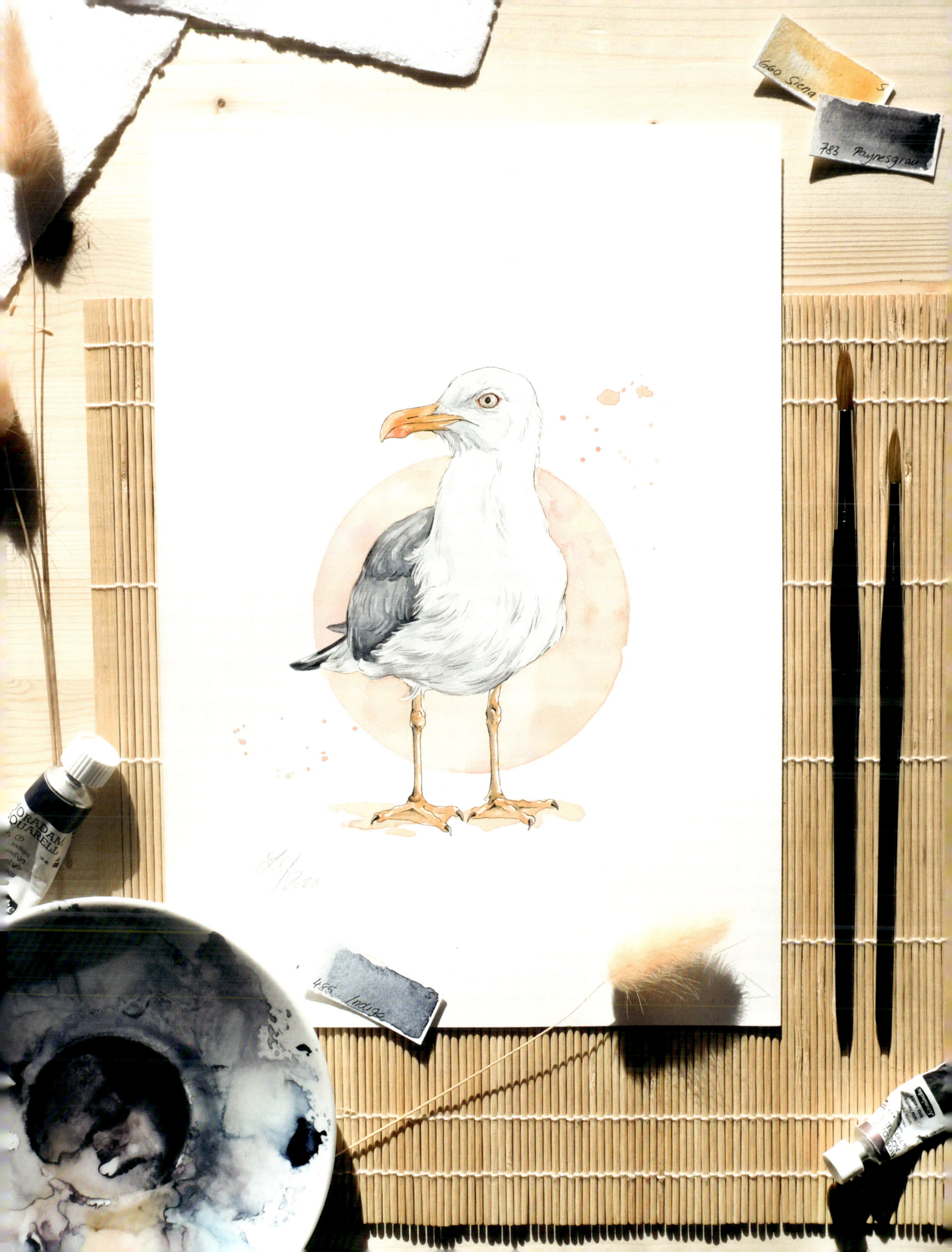
660 Siena
783 Paynesgrau
485 Indigo

Step by Step:

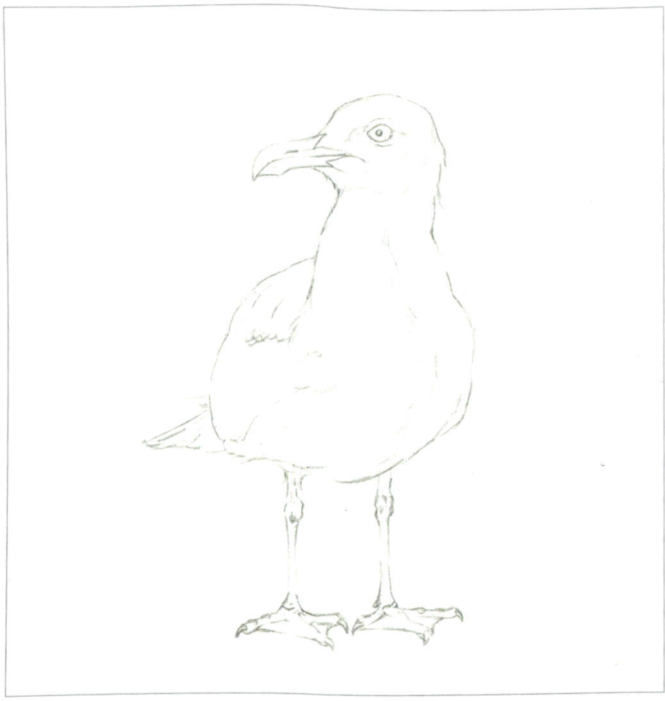

1 Möwen sind einfache Motive! Den Kopf und den Körper könnt ihr durch ein Oval vereinfacht vorzeichnen, dazwischen einen Zylinder als Hals. Der typische grimmige Blick entsteht, indem ihr die „Mundwinkel" am Schnabel nach unten zieht und die vordere obere Kante des Auges als leichte Schräge zeichnet und nicht rund.

Tipp

Die Füße lassen sich durch einen simplen Trick vereinfachen: Zeichne drei Striche in Richtung der Zehen und kleine Kreise an den Stellen der Gelenke!

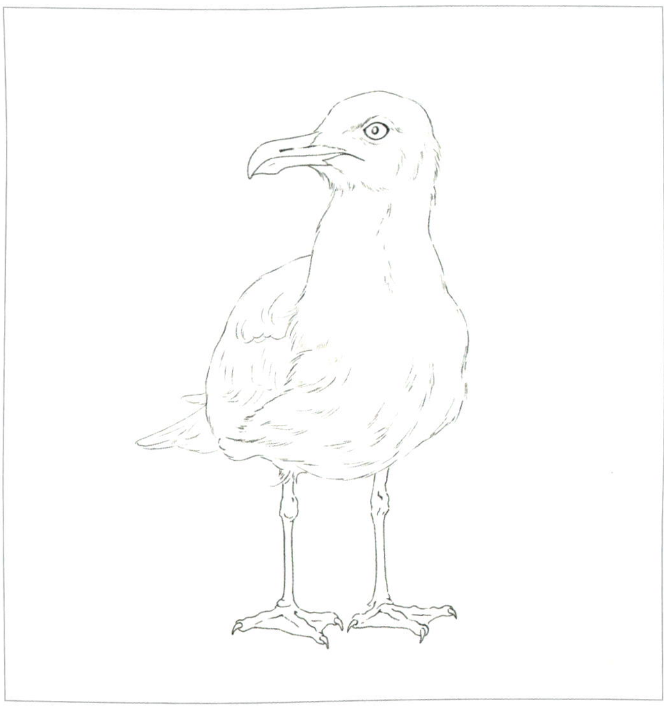

2 Ziehe mit einem dünnen Fineliner deine Zeichnung nach. Du kannst dich an den Federn etwas aufwärmen und dann mit ruhiger Hand den Schnabel und die Füße nachziehen. Die Schwanzfedern habe ich etwas länger gezeichnet, als sie auf dem Referenzfoto zu sehen sind.

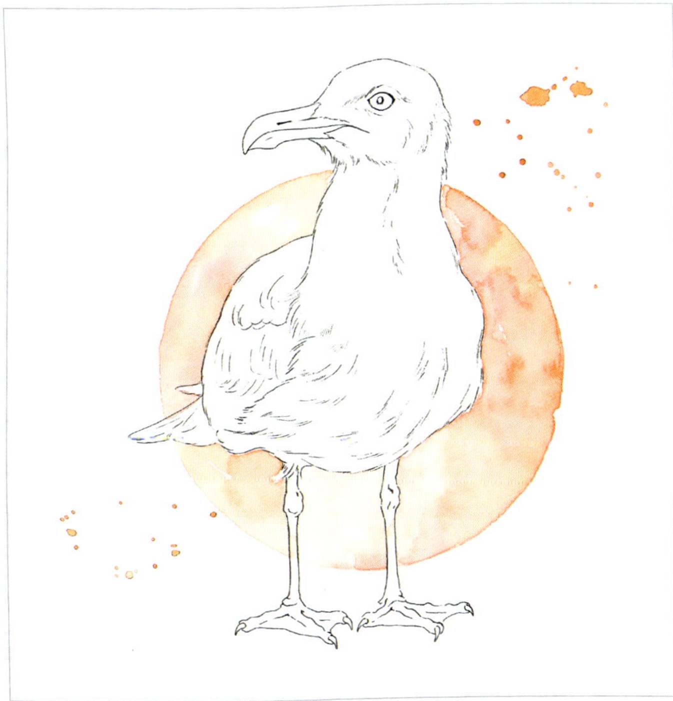

3 Da Möwen nach kühler Seeluft und Schietwetter aussehen, tut ihnen, wie ich finde, ein wenig Wärme ganz gut. Daher habe ich den Hintergrund in warmen Pfirsichtönen gehalten, die entfernt an einen Sonnenuntergang erinnern. Mixe dafür Magenta, Kadmiumgelb hell und Siena natur in unterschiedlichen Verhältnissen.

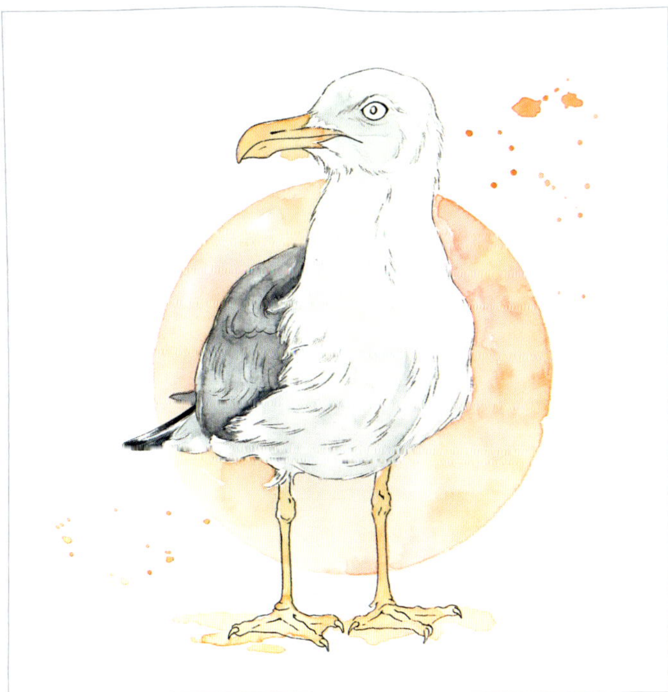

4 Für das Federkleid benötigen wir nur zwei Farben: Paynesgrau und Indigo. Eine sehr helle Schicht im Bereich der weißen Federn, die im Schatten liegen, und eine etwas dunklere im Bereich der Flügel und Schwanzfedern. Die Füße und der Schnabel werden mit einer Mischung aus Magenta und Gelb grundiert.

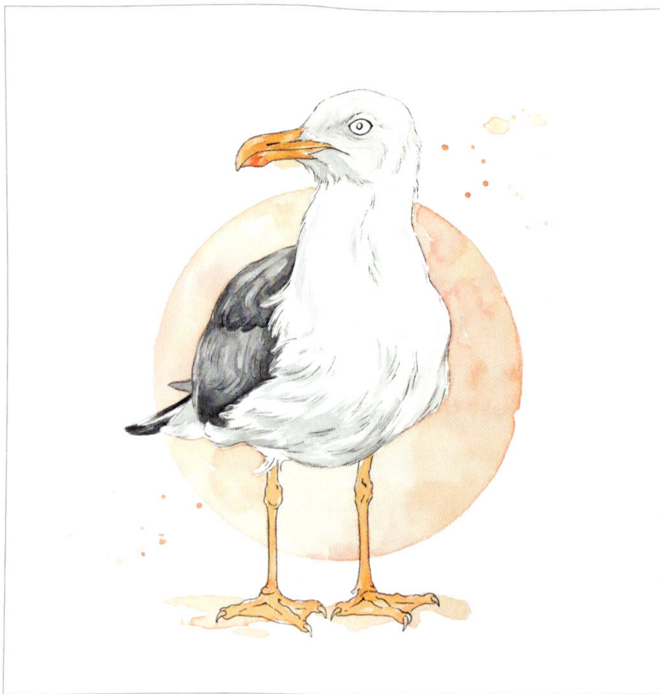

5 Für die zweite Schicht der Federn wiederholst du den vorherigen Schritt. Die weißen Federn sind unter dem Schnabel und am unteren Bauch noch etwas schattiger. Den Schnabel und die Füße kannst du mit Siena natur noch etwas kräftiger färben. Lass dann noch am unteren Schnabel einen kräftigen Klecks Kadmiumrot in die Farbe hineinlaufen!

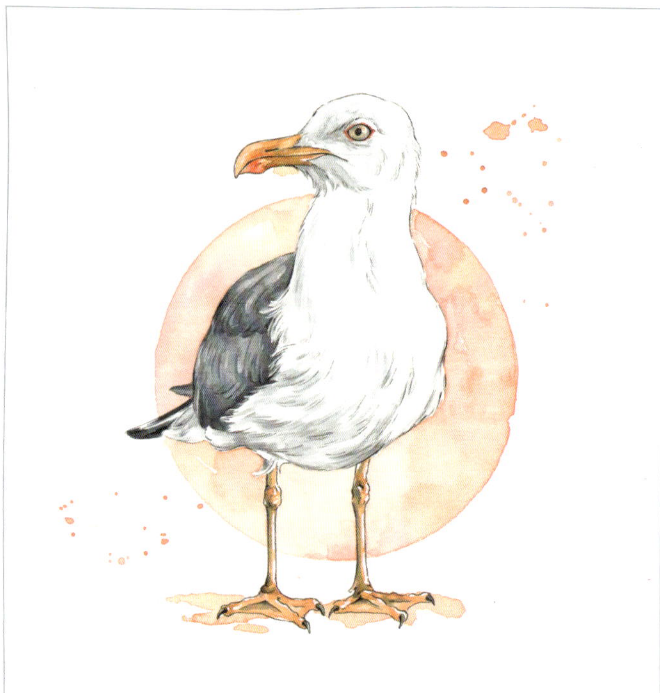

6 Ein paar letzte Details sorgen für das richtige Feintuning: Für das Auge kannst du helles Orange und Grau ineinanderlaufen lassen oder einfach ein wenig Plattendreck benutzen. Umrande es dann sehr fein mit Kadmiumrot. Mit einem weißen Acrylmarker oder Gelstift setzen wir Highlights an der rechten Seite der Beine und auf den Füßen. Ergänze nach Bedarf noch hier und da Details mit verschiedenen grauen und weißen Buntstiften.

Inspiration

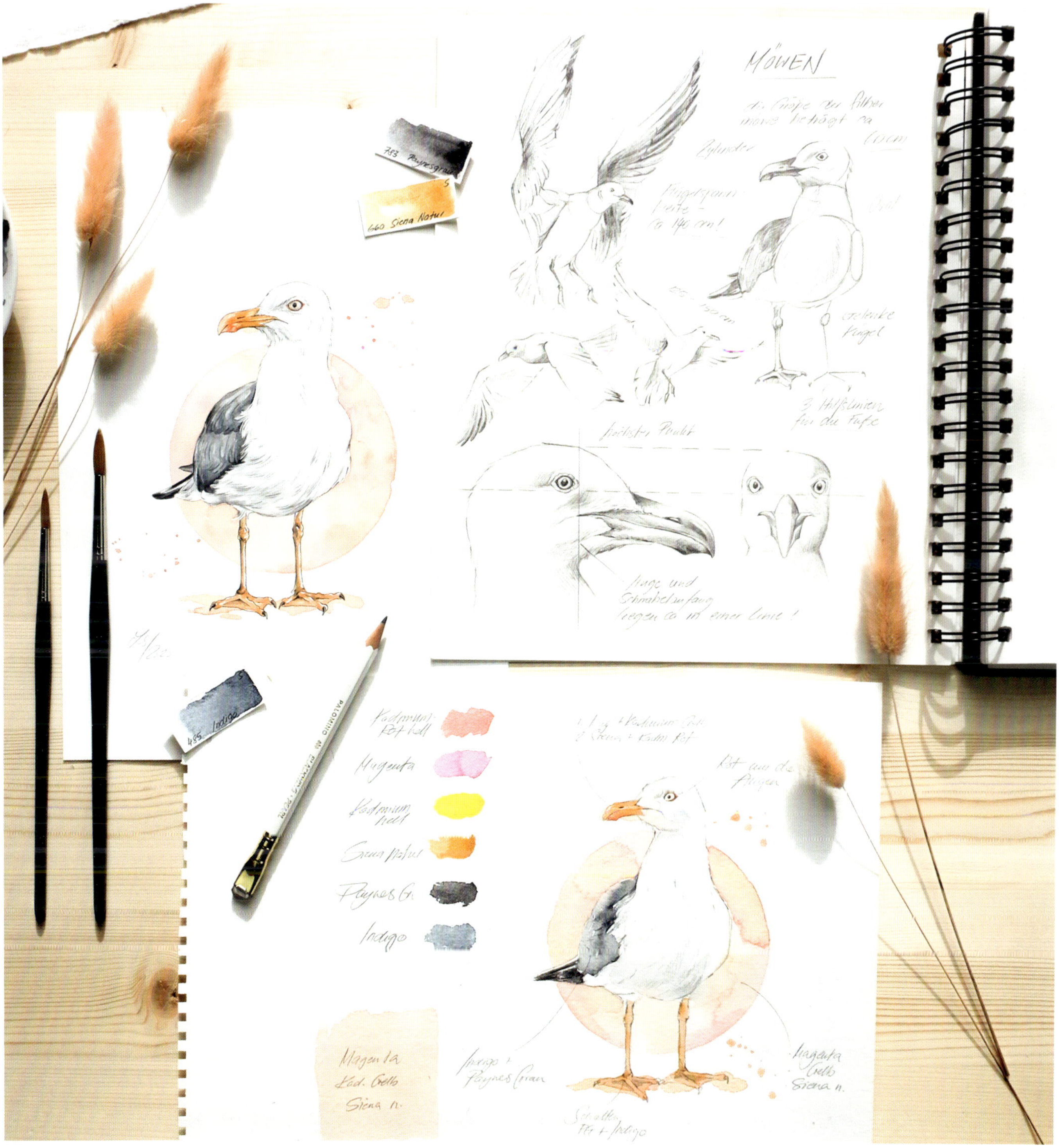

Graureiher

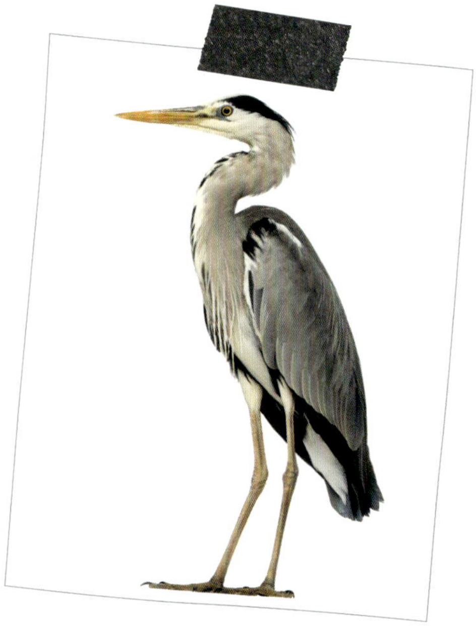

Ein wenig unscheinbar auf den ersten Blick – auf den zweiten jedoch ein richtiger Hit.

Graureiher, auch Fischreiher genannt, sind vielleicht nicht unbedingt in der Liste der beliebtesten oder coolsten Vögel vertreten, sie geben jedoch wahnsinnig schöne Motive ab! Vornehm und zurückhaltend, mit eleganter Körperhaltung und in sehr begrenzter Farbpalette gekleidet, sind sie richtig klassische Schönheiten.

Dass sie sich als Motive hervorragend eignen, sieht man auch, wenn man einmal auf Pinterest, Instagram und Co. nach Graureiher-Kunst sucht. Von klassisch bis modern ist dabei alles vertreten und macht Lust, sich selbst an einem dieser schönen Schreitvögel zu probieren.

Und das Beste daran: Dieses Motiv ist wirklich leicht! Wenig Aufwand – großes Ergebnis. Wenn doch nur alles so einfach wäre ...

Farben

Siena natur

Magenta

Neutraltinte

Indigo

Paynesgrau

- **Maskierflüssigkeit**
- **Schwarzer wasserfester Fineliner (z. B. 005 oder 01)**
- **Weißer Buntstift**
- **Nach Bedarf Buntstifte in Blau- und Brauntönen**

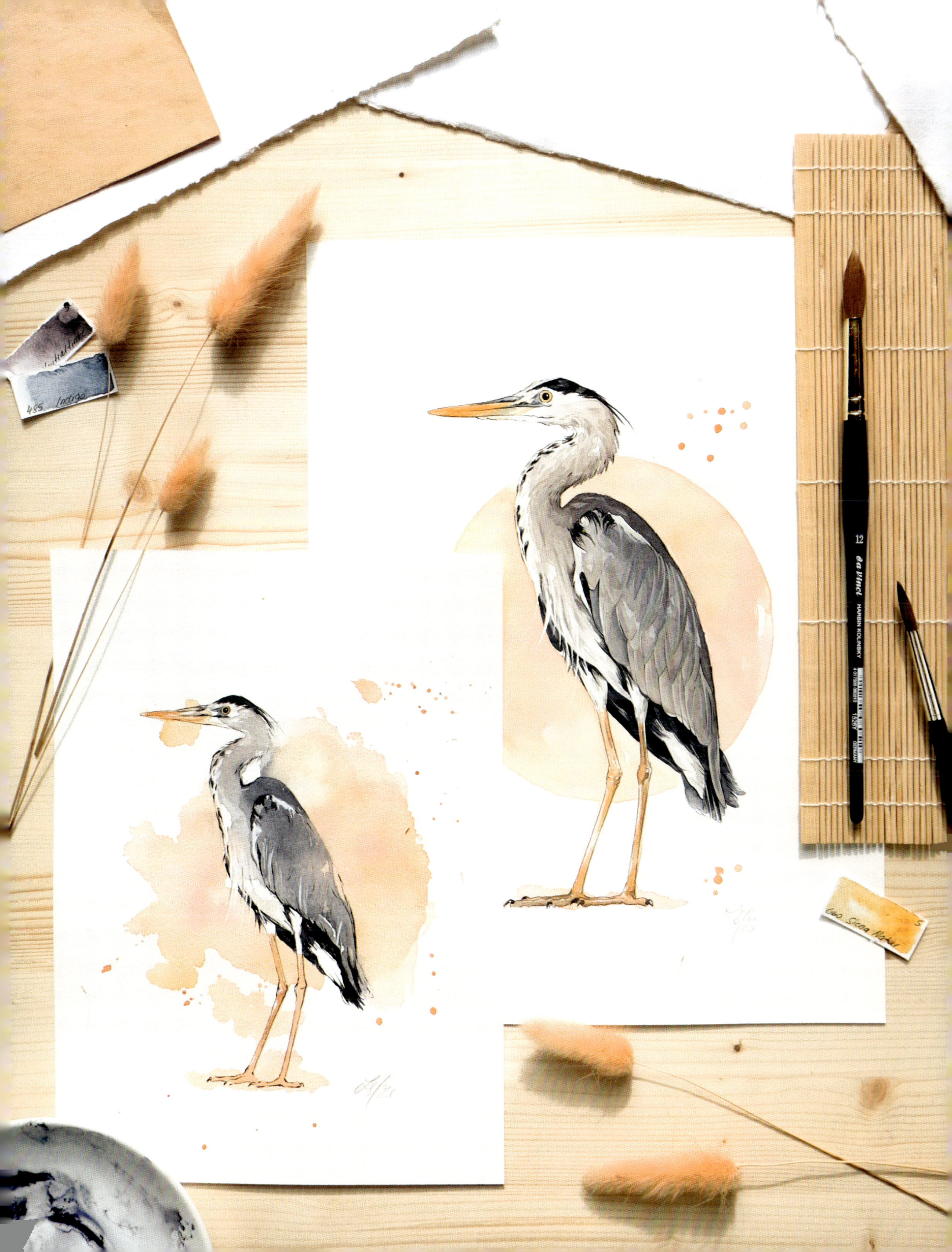
455 Indigo
12 da Vinci
HARBIN KOLINSKY

Step by Step:

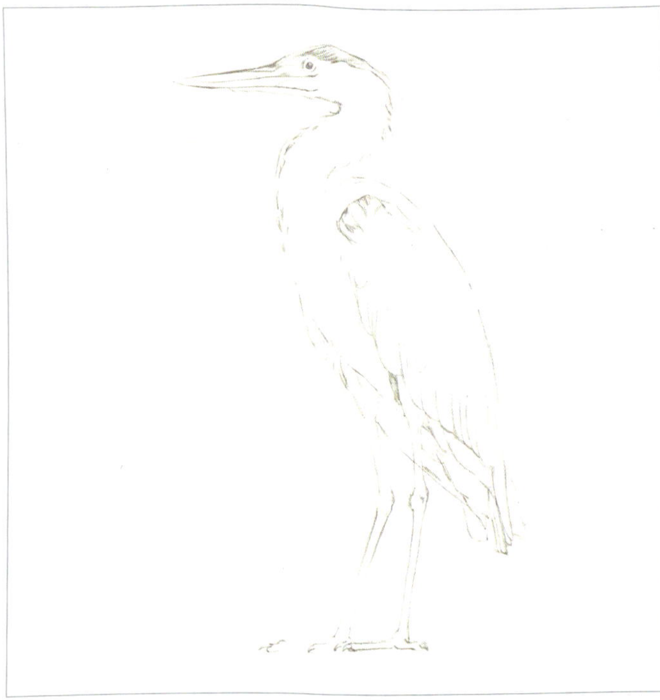

1 Die Skizze für den Körper kannst du mit einem umgekehrten Tropfen beginnen, dies ist die Grundform. Den Kopf und Hals kannst du mit einer Fragezeichenform vereinfachen. Der Schnabel verläuft waagerecht und wird anschließend durch eine Schräge unterhalb mit dem Hals verbunden.

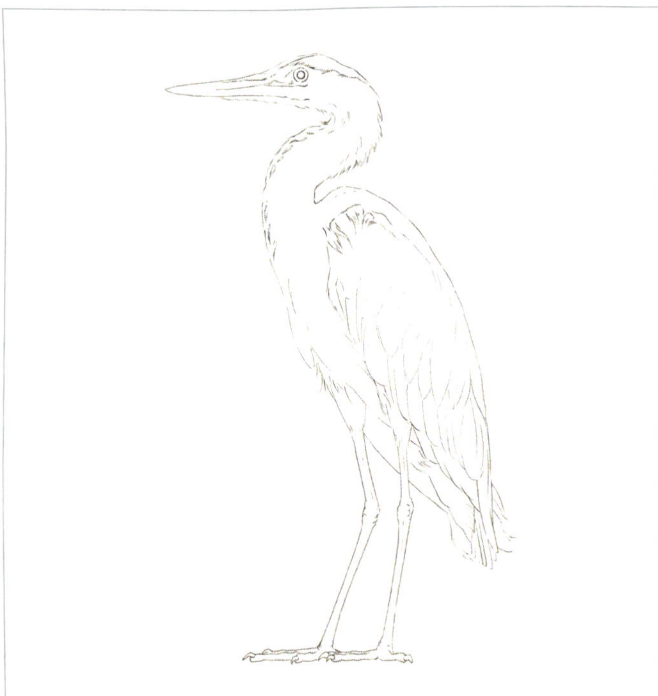

2 Mit dem Fineliner zeichnen wir die Federn sehr zart nach. Setz dabei den Stift immer wieder ab, sodass keine durchgehende Linie entsteht. Die Beine und den Schnabel etwas fester nachzeichnen. Anschließend blocken wir mit Maskierflüssigkeit die reinweißen Stellen im Federkleid.

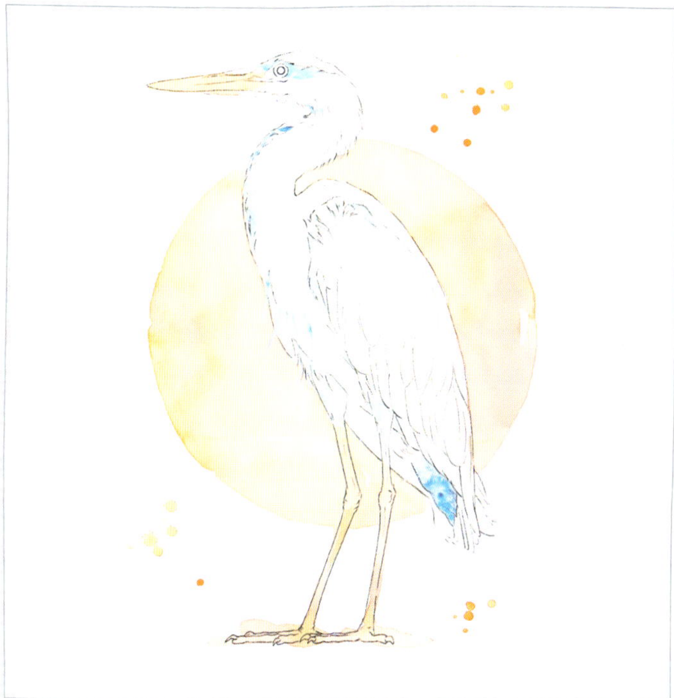

3 Zeichne sehr zart einen Kreis mit einem Zirkel oder mit einem anderen Hilfsmittel wie einer Schale oder einem Glas. Anschließend malen wir den Hintergrund mit Siena natur und Magenta. Die beiden Farben kannst du mischen, wie es dir beliebt, an manchen Stellen mehr Siena, an manchen mehr Magenta. Auch die Beine können in dieser Farbe grundiert werden.

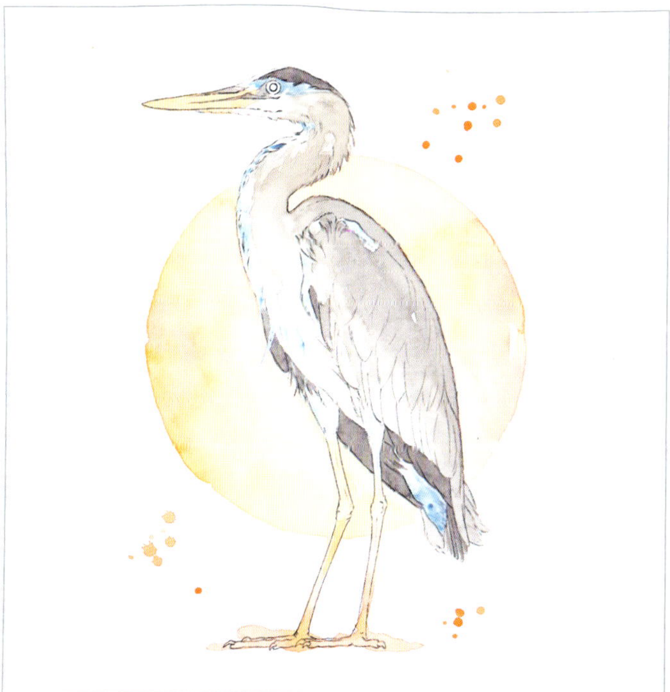

4 Mit einer wässrigen Mischung aus Neutraltinte mit wenig Siena natur grundieren wir jetzt großflächig den Körper. Anschließend mit einer Mischung von Neutraltinte und Indigo den Rücken und Flügelbereich etwas dunkler färben; dabei soll die Farbe gern in die noch feuchte erste Schicht hineinlaufen, sodass schöne Übergänge entstehen. Mit Indigo und Paynesgrau anschließend die dunklen Stellen an Kopf und unterhalb der Flügel grundieren.

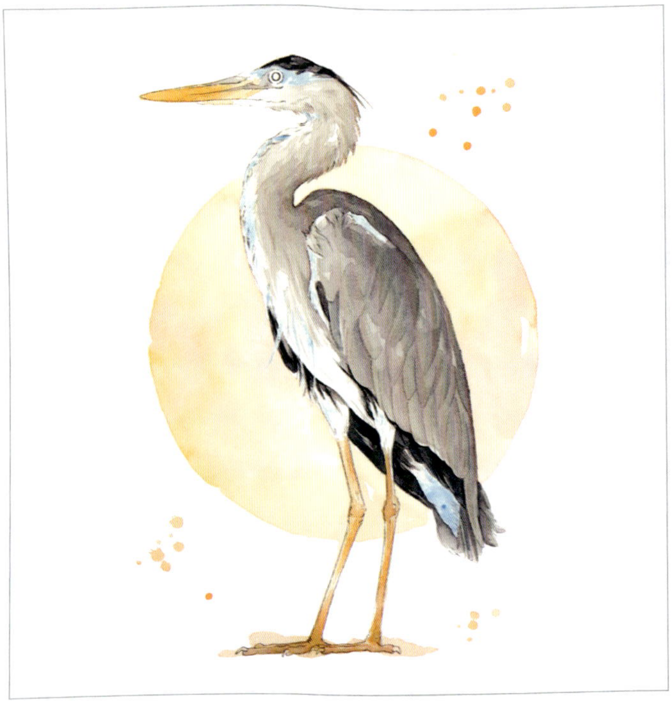

5 Benutze für den nächsten Schritt die gleichen Farben, aber in stärkeren Mischungen: Neutraltinte + Siena natur an Hals und unterer Flügelkante, Neutraltinte und Indigo an Rücken und im oberen Flügelbereich. Arbeite dabei nach und nach einzelne Federn heraus. Beine und Schnabel mit Siena natur und Magenta färben.

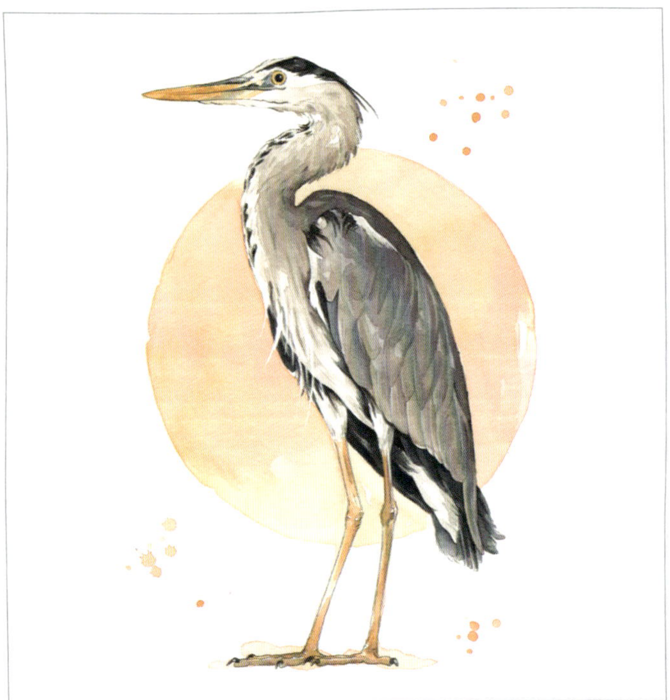

6 Rubbel vorsichtig die Maskierflüssigkeit ab, wenn die Farbe trocken ist, und ergänze die letzten Details. Zeichne mit einem spitzen weißen Buntstift feine dünne Linien an der oberen Flügelkante und an den Kanten der unteren Federreihe des Flügels. Male das Auge in Siena natur und umrande es gegebenenfalls noch etwas dunkler.

Tipp

Bei abschließender Betrachtung kam mir der Hintergrund etwas zu hell vor – ich habe also noch eine sehr dünne Schicht Orange aufgetragen wie in Schritt 3 beschrieben!

Exkurs: Variation des Graureihers

Ich liebe schnelle Aquarellskizzen! Allzu oft verliere ich mich jedoch – auch sehr gern – in Details. Hier möchte ich euch im Vergleich zu der detaillierten Illustration eine dieser schnellen Skizzen zeigen und euch ermutigen, es selbst einmal zu probieren. Es ist hilfreich, sich eines Motivs mehrfach anzunehmen, denn bei jedem Mal lernt man etwas Neues dazu. Welchen der beiden Vögel ich „gelungener" finde, kann ich nicht sagen. Es ist eine andere Herangehensweise, die von vorneherein auf ein anderes Ergebnis abzielt. Für die detaillierte Illustration habe ich ca. 3 Stunden gebraucht, für die schnelle Skizze maximal 1 Stunde. Maskierflüssigkeit habe ich übrigens bei dieser Übung absichtlich nicht benutzt, da es mir zu lange gedauert und mir zu konkrete Details geschaffen hätte.

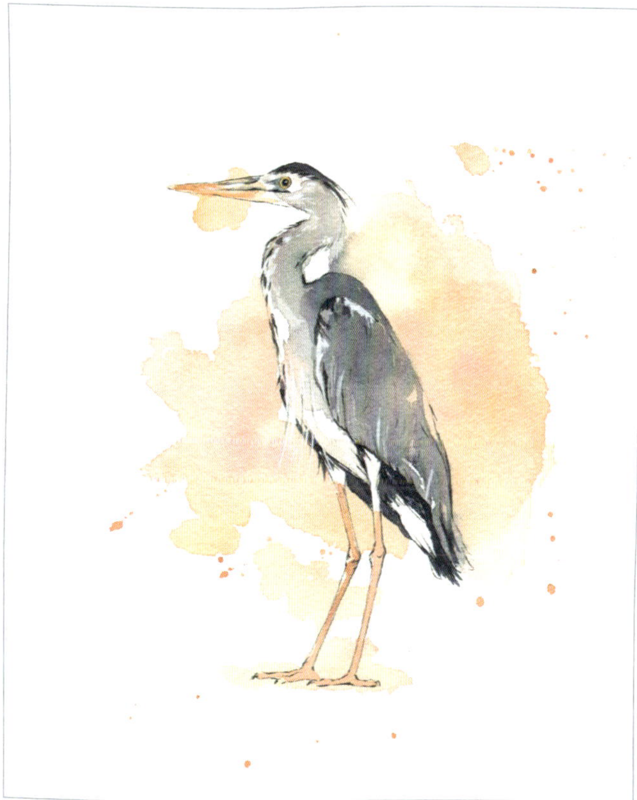

Tipp

Setz dir ein Zeitlimit, um dich nicht in Details zu verlieren, und leg frei drauf los! Ein wenig Druck tut ab und an ganz gut!

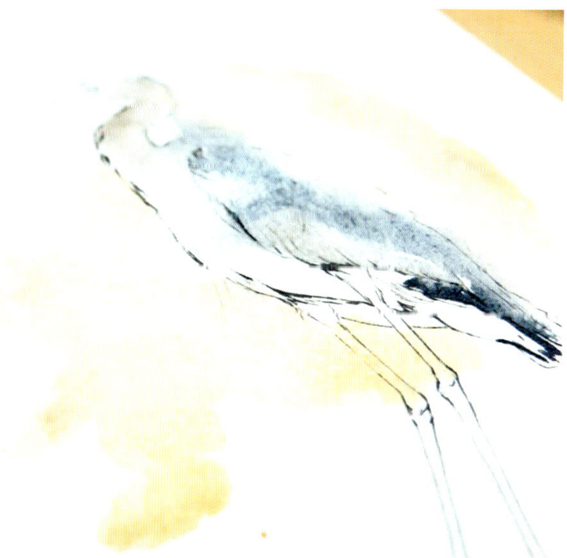

1 Ich habe das Papier im Bereich des Vogels und drum herum etwas befeuchtet. Anschließend lässt du die Farben völlig losgelöst und frei auf dem Papier laufen. Dabei dürfen und sollen Hintergrund und Vogel ineinanderlaufen. Schau den Farben zu, und tupfe hier und dort noch etwas mehr Farbe dazu oder nimm etwas Farbe ab. Mach dir nicht zu viele Gedanken um das Ergebnis.

2 Dort, wo du exakte Kanten setzen willst, z. B. der Rücken und die Beine, wartest du, bis das Papier wieder trocken ist. Dann kannst du die Farbe wieder auftragen. Ansonsten kannst du weiter die nun etwas dunkleren Farben ineinanderlaufen lassen.

3 Wenn das Papier trocken ist, folgen noch einige wenige Details mit weißen und schwarzen Stiften oder auch weißer Gouache, wenn du diese zur Hand hast – fertig!

Eule

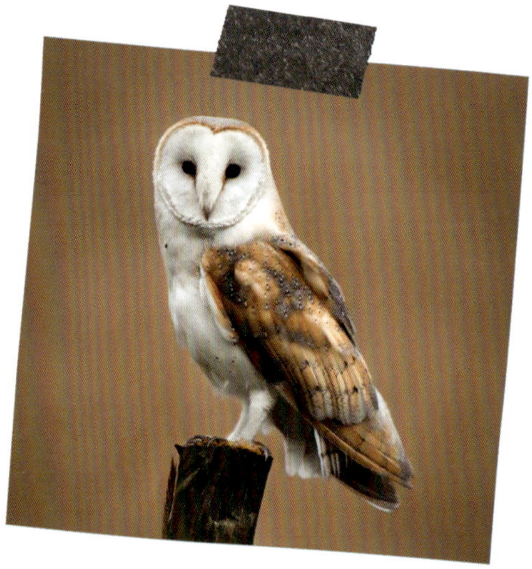

Wer eher zur Gruppe der Lerchen gehört, darf das nächste Kapitel gern überspringen. Für alle anderen: Willkommen im Club der Nachteulen.

Dieses Bild schreit ja förmlich danach, im Dunkeln gemalt zu werden. Wenn spät am Abend die Straßen stiller werden und die Lichter nach und nach ausgehen, finde ich es oft besonders gemütlich, noch am Tisch zu sitzen und zu malen. Dabei kann ich richtig abschalten und total im Bild versinken. So war es auch bei diesem hier.

Ich habe schon wahnsinnig viele Anfragen zu Eulen bekommen und möchte daher mal behaupten, dass sie sich größter Beliebtheit erfreuen. Kein Wunder, denn um kaum einen anderen Vogel ranken sich so viele Sagen, Mythen und Aberglauben.

Für die einen ein Symbol der Weisheit, mag ich sie einfach schlichtweg, weil ich selbst eine Nachteule bin. Hou-hooouu!

Farben

- **Heliocoelin**
- **Ultramarinblau**
- **Indigo**
- **Siena natur**
- **Siena gebrannt**
- **Umbra gebrannt**
- **Paynesgrau**

- **Maskierflüssigkeit**
- **Schwarzer wasserfester Fineliner (z. B. 005 oder 01)**
- **Weißer Buntstift**
- **Weißer Gelstift oder Acrylmarker**
- **Nach Bedarf Buntstifte in Blau- und Brauntönen**

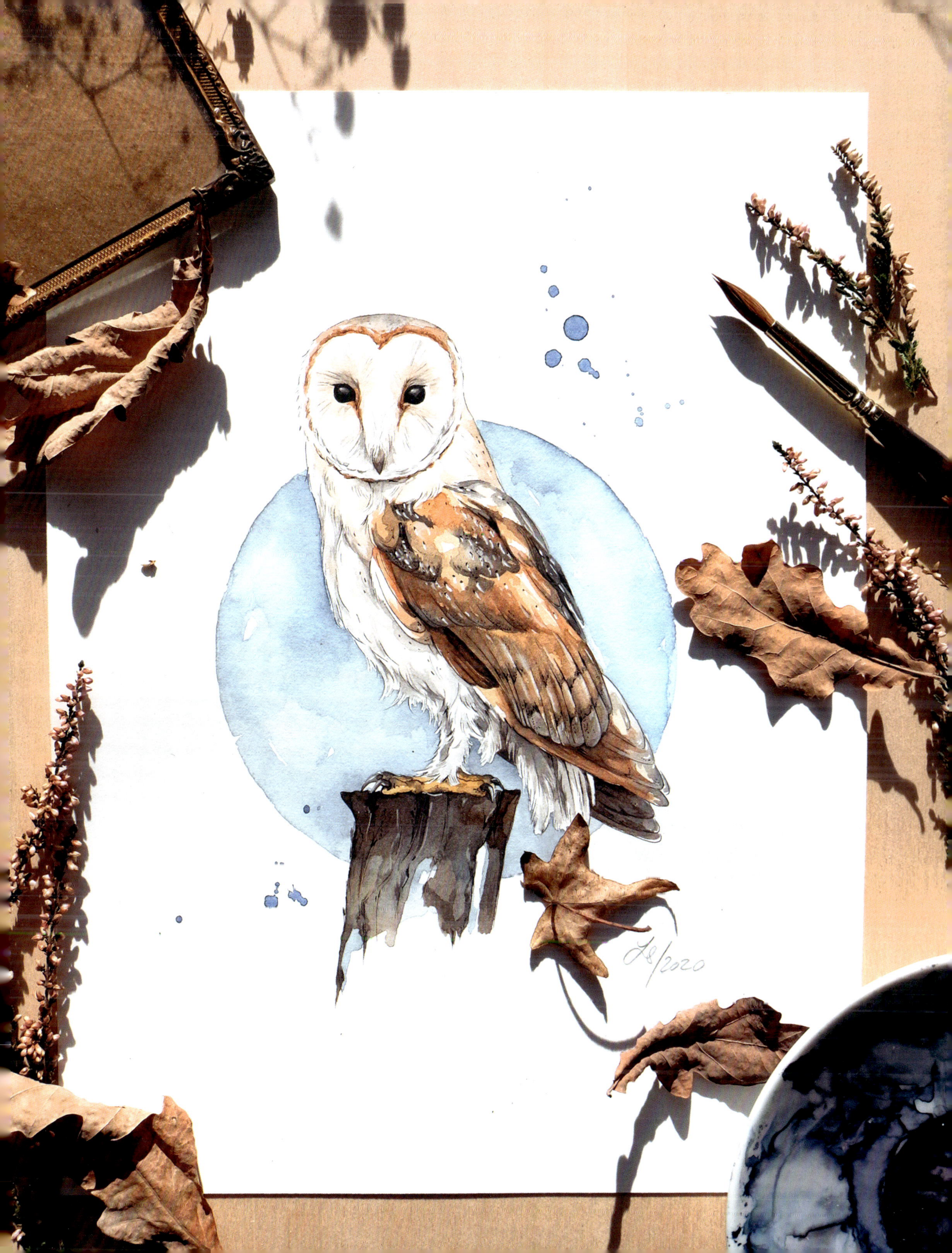

Step by Step:

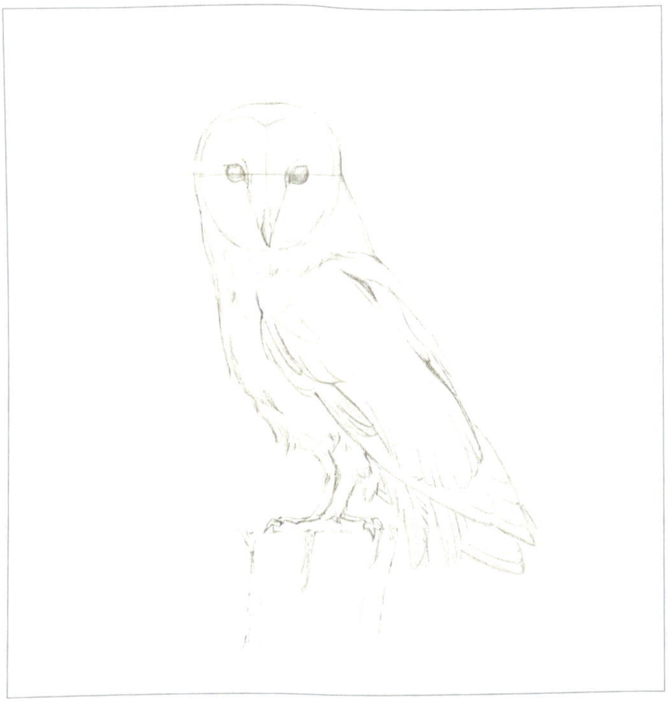

1 Der Kopf der Eule ist sehr einfach zu malen. Die Grundform triffst du am besten mit einem Herz in einem Kreis. Für Körper und Flügel kannst du die Form eines umgekehrten Tropfens vorzeichnen und diesen nach und nach in unterschiedliche Federpartien aufteilen.

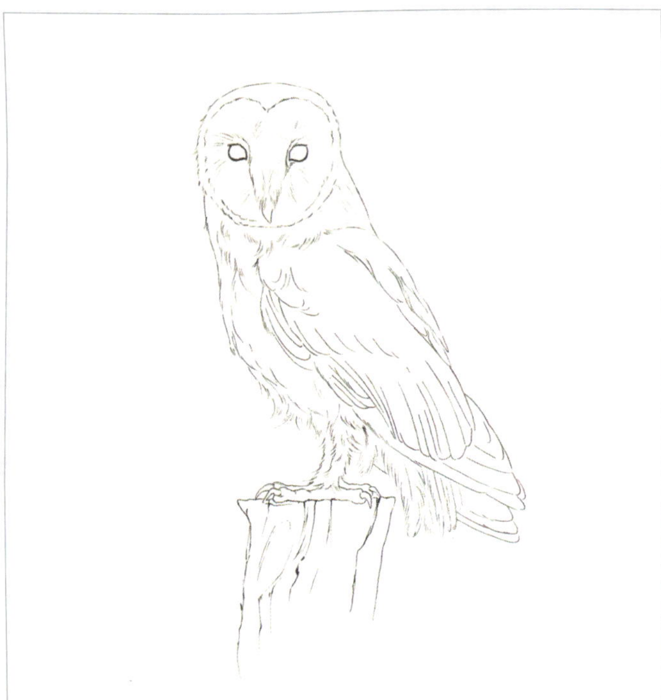

2 Mit dem wasserfesten Fineliner ziehst du nun die Zeichnung nach. Wenn du damit fertig bist, kannst du mit einem Zirkel oder anderem Hilfsmittel einen Kreis dünn vorzeichnen. Anschließend kannst du mit Maskierflüssigkeit die vordere Kante des weißen Bauchs schützen und dabei schon einzelne Federn herausarbeiten.

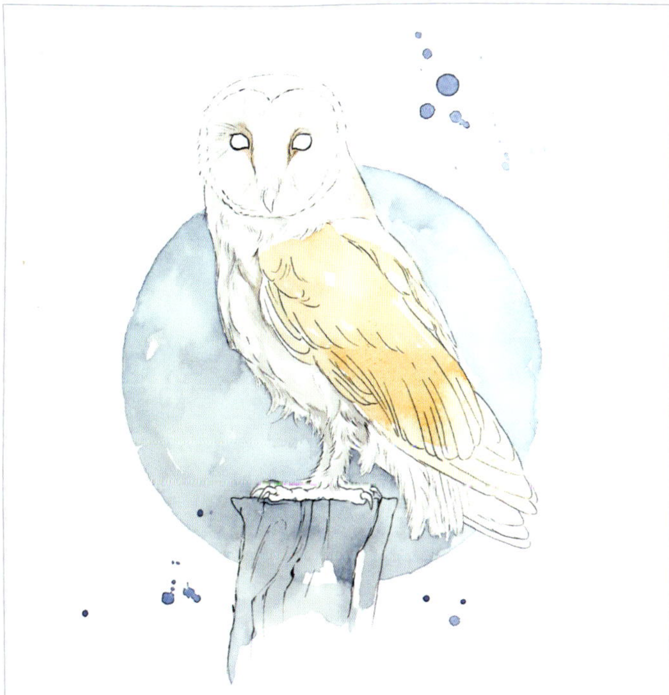

3 Den Hintergrund für dieses Bild habe ich mit einem etwas dunkleren Blau gemalt, damit er an einen Nachthimmel erinnert. Dafür habe ich Indigo mit kleinen Teilen Ultramarin und Heliocoelin gemischt. Erst wenn die Farbe komplett getrocknet ist, kannst du die Maskierflüssigkeit vorsichtig abrubbeln. Den Flügel mit beiden Sienatönen grundieren.

Tipp

Wenn du die Fläche des Kreises vorher mit klarem Wasser befeuchtest, verläuft die Farbe sehr schön. Es gibt außerdem tolle Effekte, wenn du hier und dort etwas intensivere Farbe hineintupfst oder mit einem klaren Pinsel wieder etwas Farbe aufnimmst.

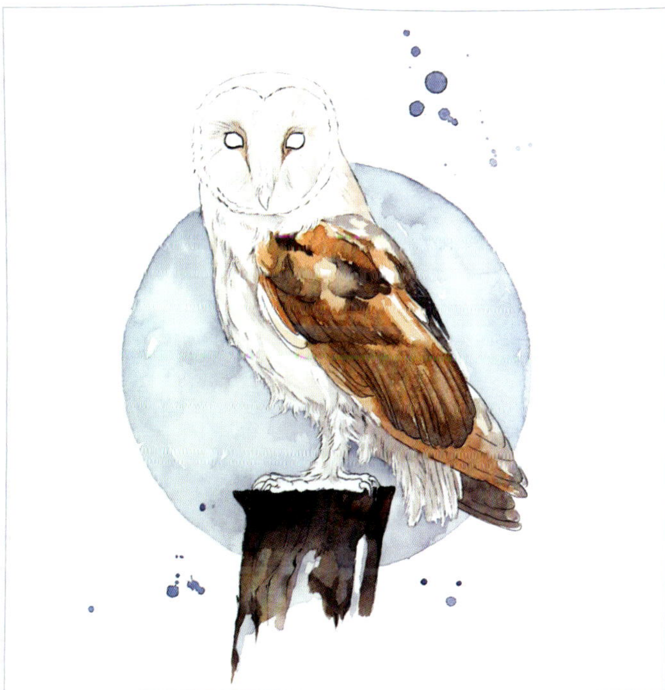

4 Die Farben der Flügelfedern gehen so schön ineinander über. Hier kannst du wunderbar Nass-in-Nass arbeiten! Beginne mit einer Mischung aus Siena natur und Siena gebrannt (s. Step 3). Lass dann erst etwas Siena gebrannt pur in die noch nasse Farbe hineinlaufen, dann Umbra gebrannt und zum Schluss Paynesgrau. Die Federn am Bauch leicht grau schattieren, den Stamm in Braun und Grau.

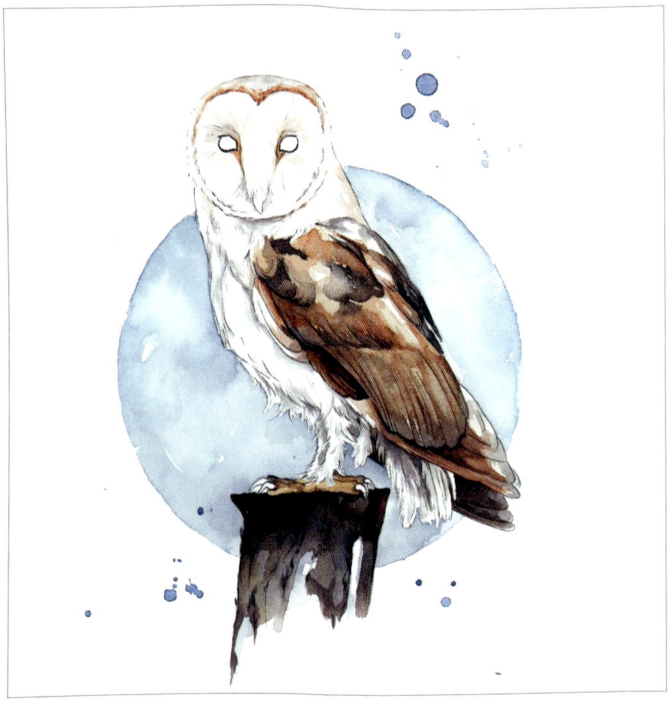

5 Im nächsten Schritt kannst du die einzelnen Stellen noch weiter mit den Brauntönen und Grau herausarbeiten, wie es dir gefällt. Die hellen Stellen können mit den Sienatönen weiter bearbeitet werden, z. B. um die Augen herum. Etwas intensiveres Siena gebrannt am oberen Gesichtsrand. Male außerdem die dunkelsten Stellen des Gefieders mit einer intensiven Schicht Umbra gebrannt und Paynesgrau. Durch die Schatten und Kontraste erhält das Bild mehr Tiefe.

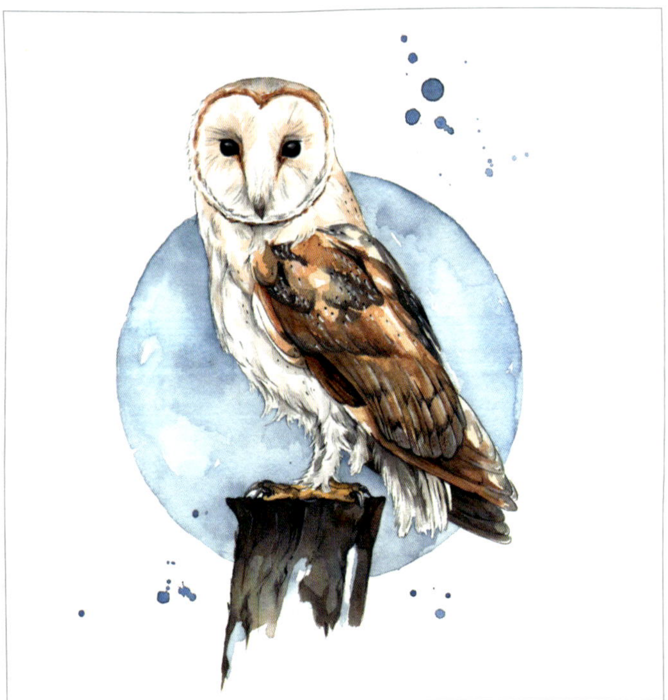

6 Die Details machen in diesem Bild besonders viel Spaß! Mit den weißen Stiften und dem schwarzen Fineliner zeichnen wir die kleinen schwarz-weißen Punkte auf die Federn. Mit grauen und braunen Buntstiften kannst du weitere Federn betonen. Die Augen und der Schnabel werden mit Paynesgrau gemalt. Tu dies aber unbedingt in mehreren Schichten, damit sie nicht zu platt wirken!

Inspiration

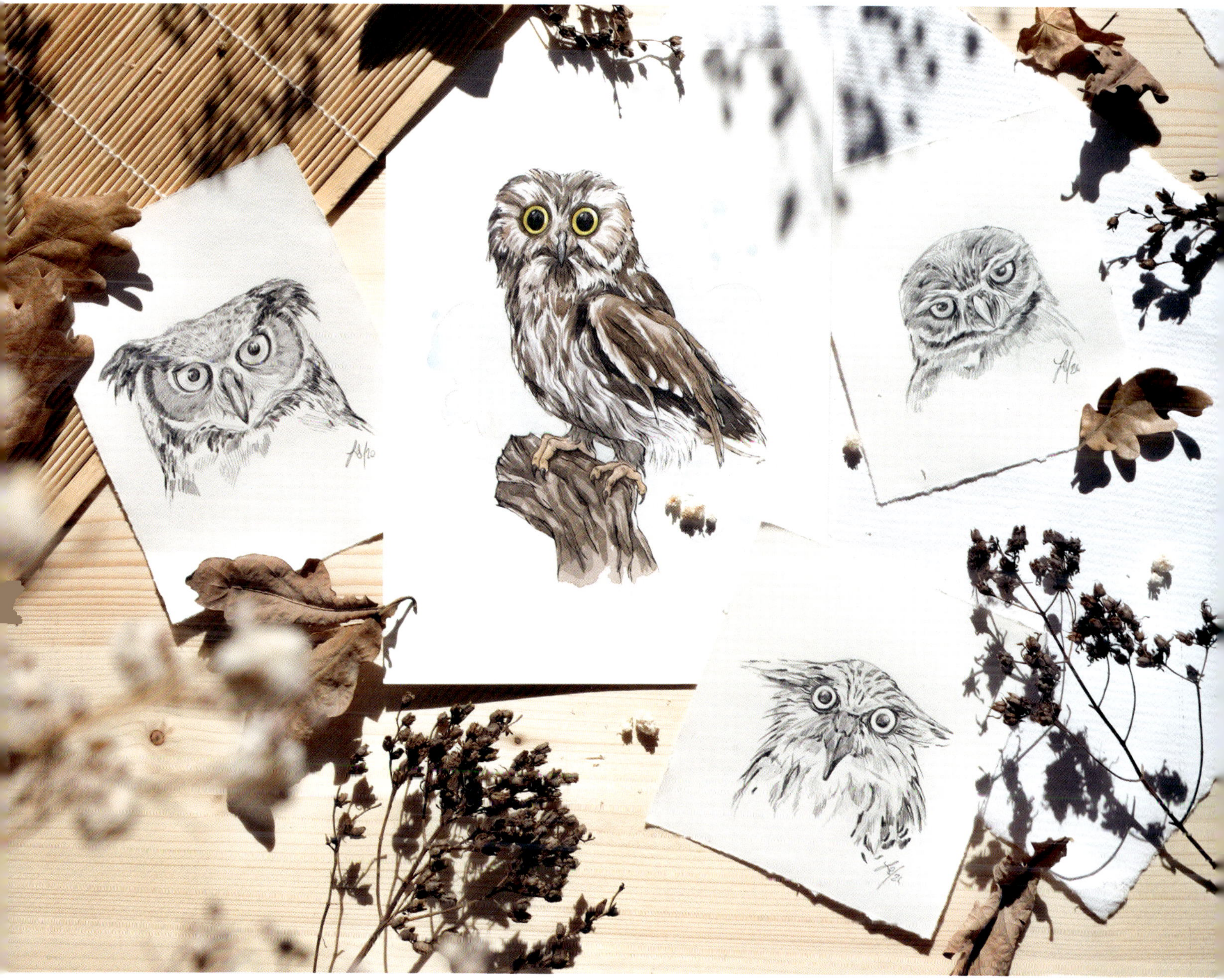

Blaumeise

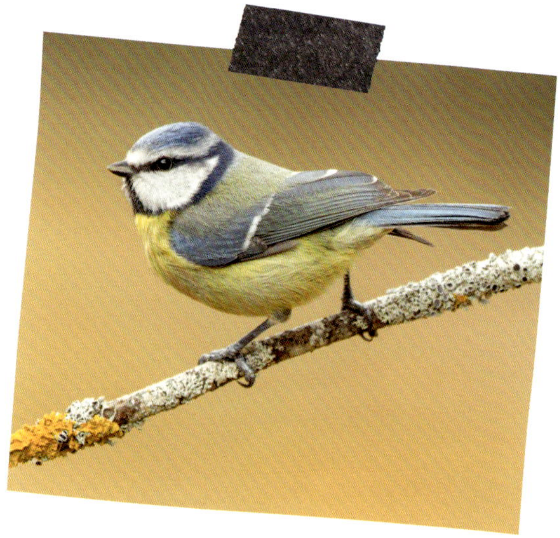

Bei mir piept's wohl! ... Und bei euch hoffentlich auch bald.

Blaumeisen sind in unseren Breitengraden häufig anzutreffen. Was uns jedoch nicht im Geringsten davon befreit, ihrer Niedlichkeit komplett zu verfallen. Wenn sie kopfüber am Meisenknödel hängen oder im Geäst ihre Kunststücke vorführen, muss man einfach amüsiert zuschauen.

Dieses süße Prachtexemplar hat sich für euch besonders herausgeputzt. Hier sieht man einmal sehr schön die ganzen kleinen Nuancen und changierenden Zwischentöne im Federkleid. Wer da keine Lust bekommt, zu den Aquarellfarben zu greifen, ... bei dem piept's aber wirklich!

Farben

- **Heliocoelin**
- **Indigo**
- **Kadmiumgelb hell**
- **Neutraltinte**
- **Umbra gebrannt**
- **Paynesgrau**

- **Maskierflüssigkeit**
- **Schwarzer wasserfester Fineliner (z. B. 005 oder 01)**
- **Weißer Gelstift oder Acrylmarker oder weißer Buntstift**

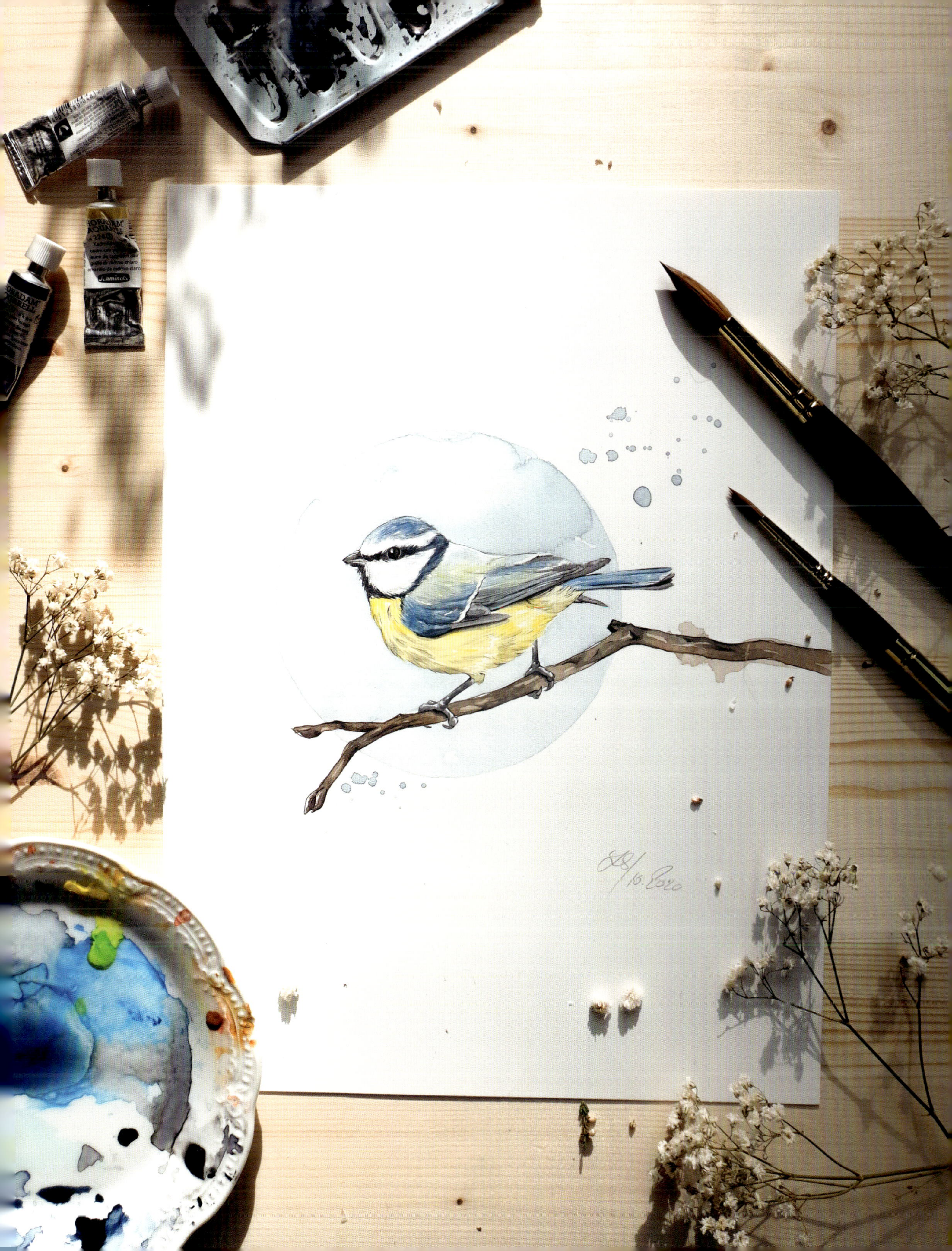

Step by Step:

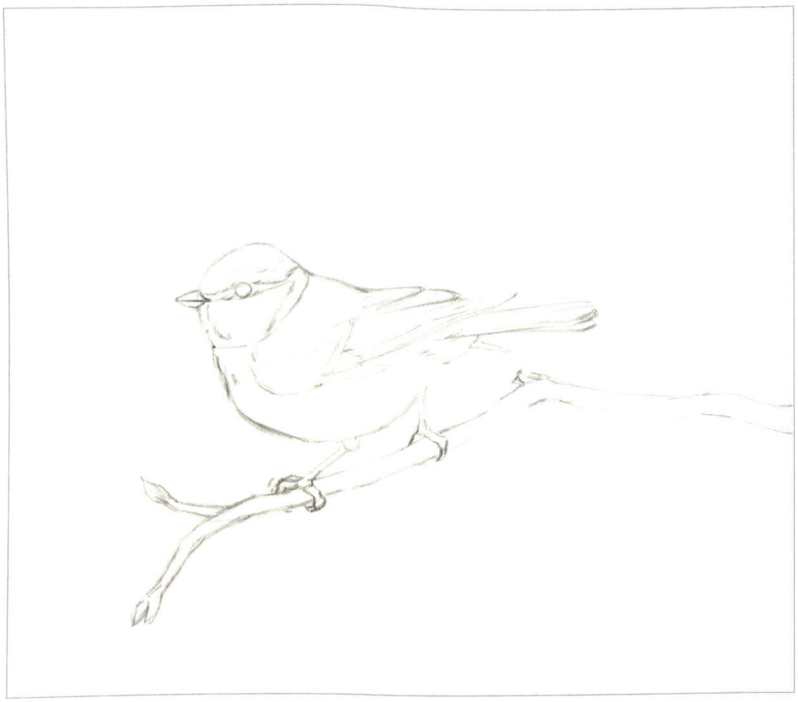

1 Den Körper der Meise kannst du mit einer Tropfenform vereinfachen. Zeichne die untere Flügellinie ungefähr in der Mitte dieses Tropfens. Die Augen sitzen etwa in der Mitte des Kopfes. Den Zweig habe ich leicht abgeändert und vorne in zwei Knospen enden lassen.

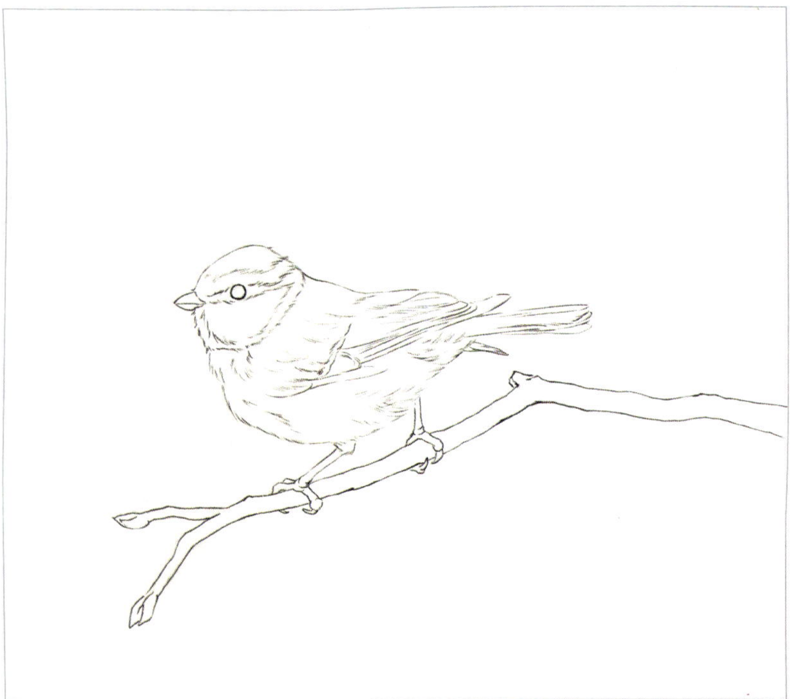

2 Zeichne nun sehr zart mit dem Fineliner die Federn nach. An einigen Stellen, wie unter dem Schnabel, dürfen sie ruhig etwas abstehen. Den Zweig habe ich etwas kräftiger gezeichnet – hier muss nicht so genau gearbeitet werden. Zeichne noch sehr vorsichtig mit einem Zirkel oder einem anderen Hilfsmittel einen Kreis in den Hintergrund.

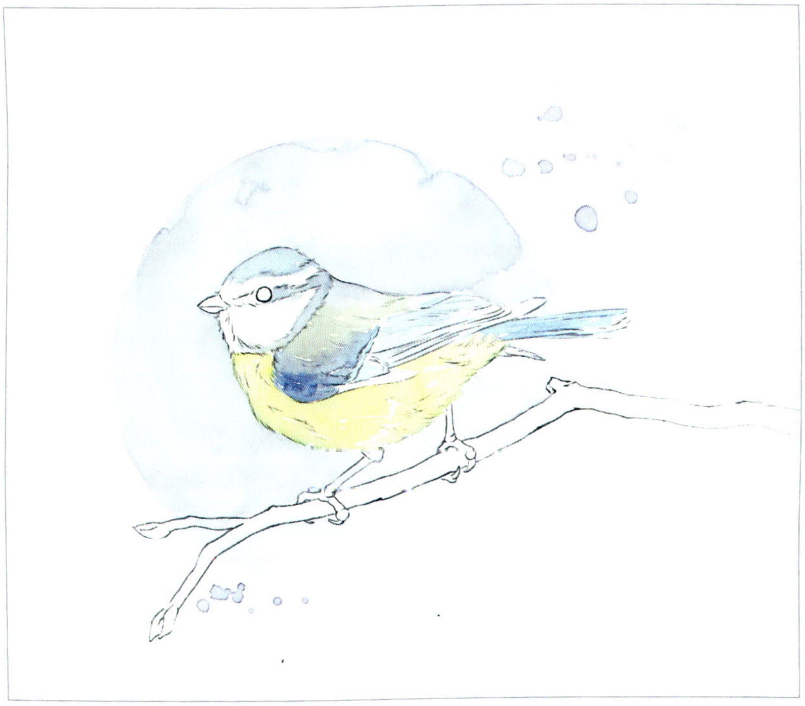

3 Den kleinen weißen Streifen auf dem Flügel blockieren wir mit Maskierflüssigkeit. Anschließend wird der Hintergrund mit einer sehr wässrigen Mischung aus Indigo mit wenig Heliocoelin gemalt. Diese beiden Farben auch für die Flügel und den Kopf benutzen, am Schwanz mehr Heliocoelin. Mit Kadmiumgelb den Bauch grundieren und ein wenig über den oberen Flügelbereich geben.

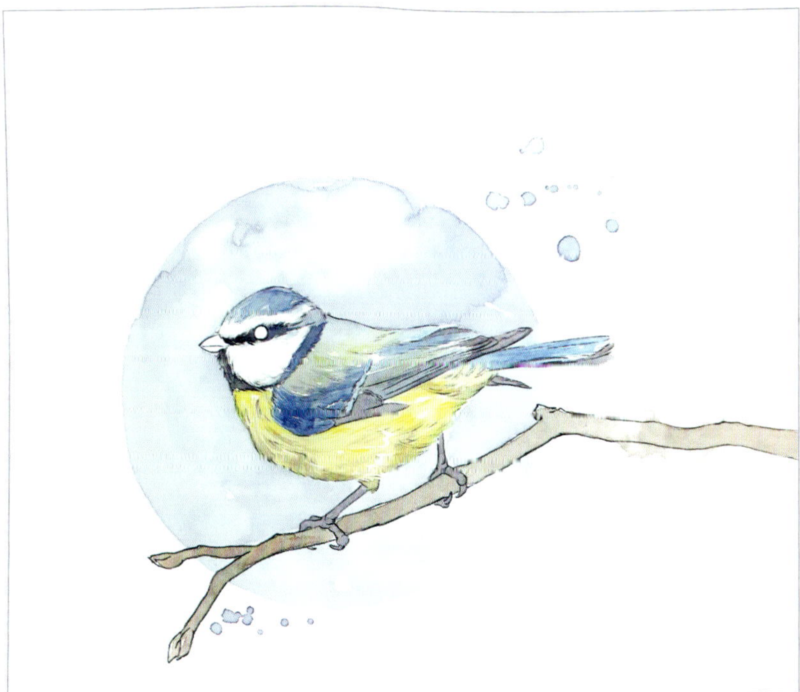

4 Mit den Blautönen und Gelb weitere Schichten auftragen, dabei kräftiger mit der Farbe und kleiner mit den Pinselstrichen werden. An den Spitzen und Unterkanten der Flügel Neutraltinte verwenden, ebenso für die Schatten am Bauch. Das Gesicht wird mit Paynes Grau und Indigo gemalt. Den Ast grundieren wir mit Umbra gebrannt – gib hier gern noch etwas Indigo dazu.

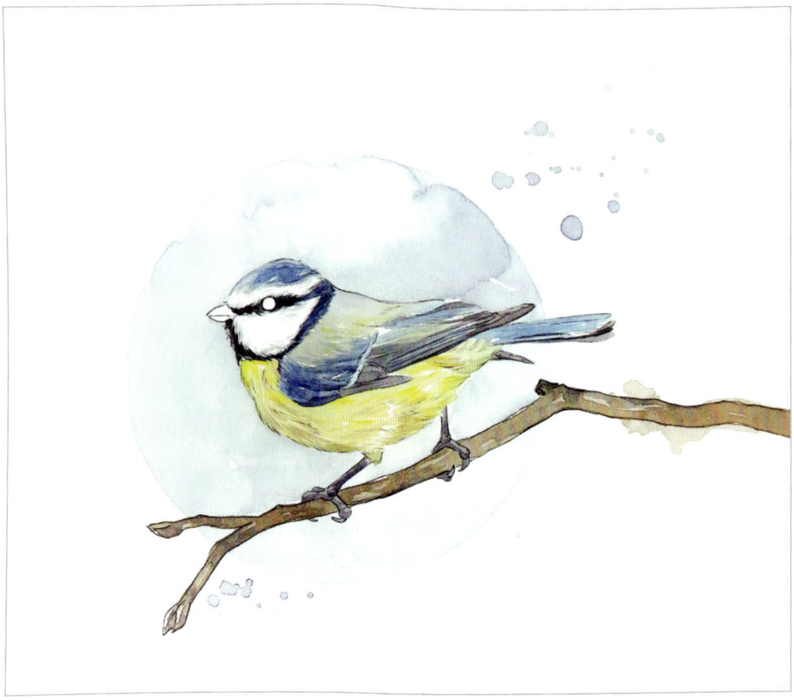

5 Nun bearbeiten wir die dunklen Bereiche weiter. Dazu beide Blautöne im Wechsel benutzen und auch mehr Neutraltinte. Die Füße werden in zwei bis drei Schichten mit Indigo und Neutraltinte gemalt. Der Ast kann mit Umbra gebrannt nochmals abgedunkelt werden, ein wenig pures Indigo oder Neutraltinte in die nasse Farbe getupft, macht sich auch sehr gut.

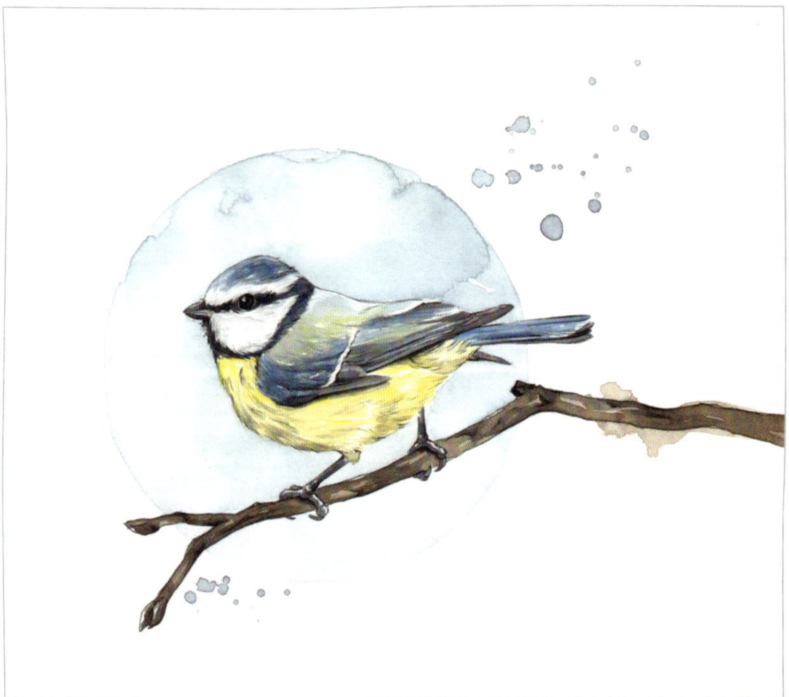

6 Male zuletzt die Augen und den Schnabel mit Paynes Grau in zwei Schichten. Mit einem weißen Buntstift und weißen Acryl- oder Gelmarker können noch ein paar Highlights gesetzt werden: auf dem Rücken, in den Flügelfedern und auf den Krallen. Wenn du möchtest, kannst du noch Details mit Buntstiften ergänzen.

Inspiration

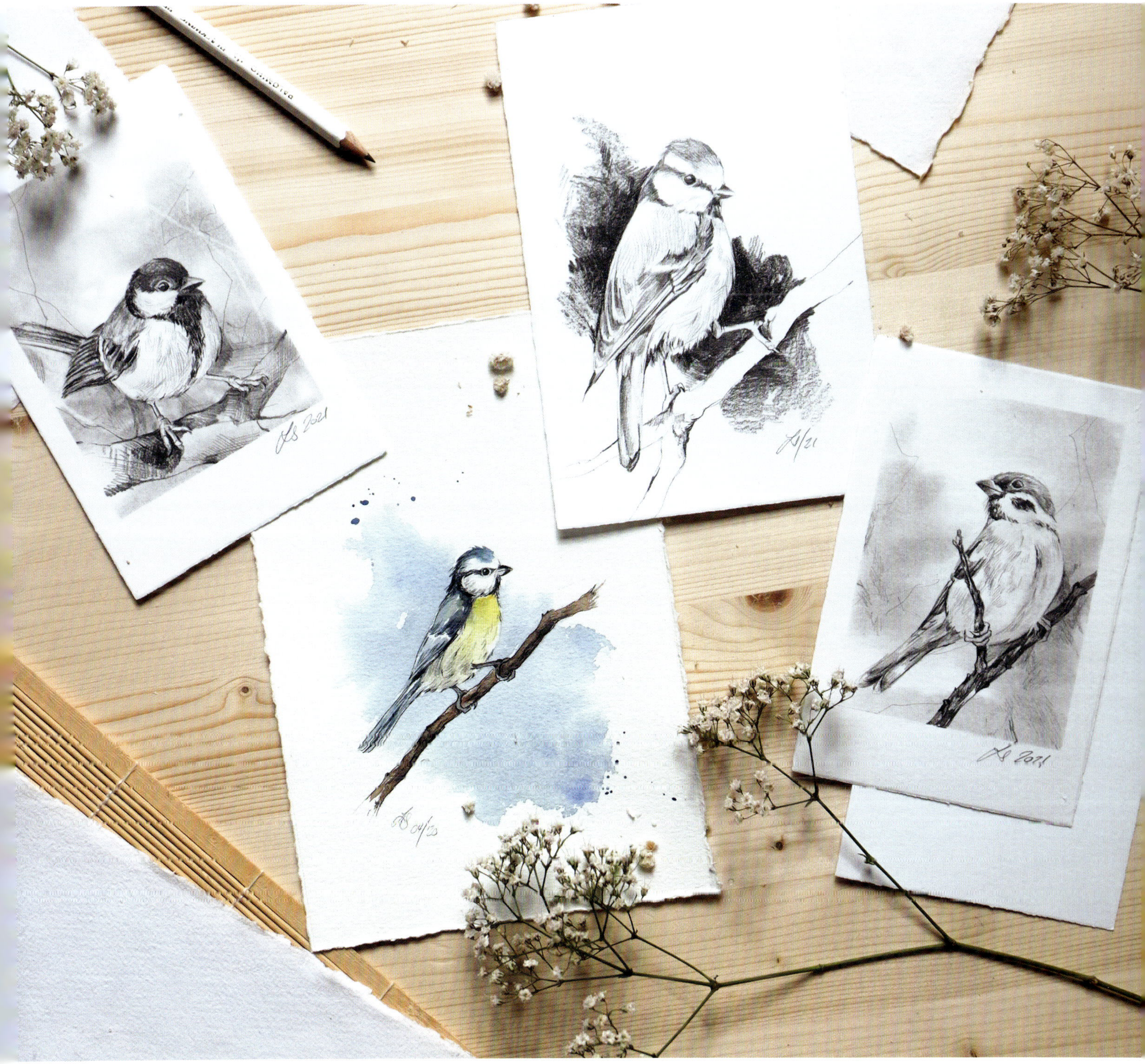

Rotkehlchen

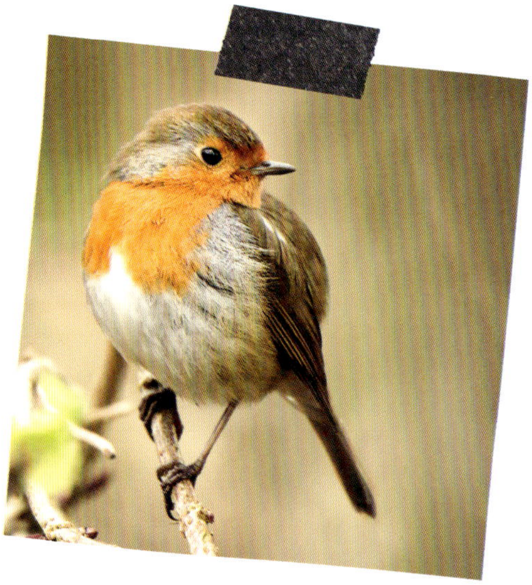

Rotkehlchen haben eine Eigenschaft, um die ich sie beneide: Je dicker sie werden, desto niedlicher sind sie!

Ich habe bereits einige Rotkehlchen gemalt und muss sagen, dass sie definitiv zu meinen Lieblingsmotiven gehören! Wenn sie aufgeplustert wie eine kleine Kugel ihre rote Brust präsentieren, mit Knopfaugen und Minischnabel, ist es schwer, nicht schwach zu werden.

Daher habe ich für euch ein solches Exemplar zum Malen herausgesucht. Und das Beste daran ist: Es ist wirklich überhaupt nicht schwer! Durch die kugelige Form eignet sich das Rotkehlchen auch für Anfänger hervorragend als Motiv, trotz der umfangreichen Farbpalette.

Schau dir das Rotkehlchen genau an, bevor du loslegst. In welche Richtung laufen die Federn, wo liegen sie glatt an, und wo stehen sie etwas fluffiger ab? Am Bauch sind die Federn sehr zart und fein, während die Flügel in Farbe und Kontur viel stärker sind.

Farben

- **Siena natur**
- **Chromorange**
- **Siena gebrannt**
- **Umbra gebrannt**
- **Sepiabraun**
- **Neutraltinte**
- **Indigo**
- **Paynesgrau**
- **Kobalttürkis**

- **Schwarzer wasserfester Fineliner (z. B. 005 oder 01)**
- **Weißer Gelstift oder Acrylmarker**

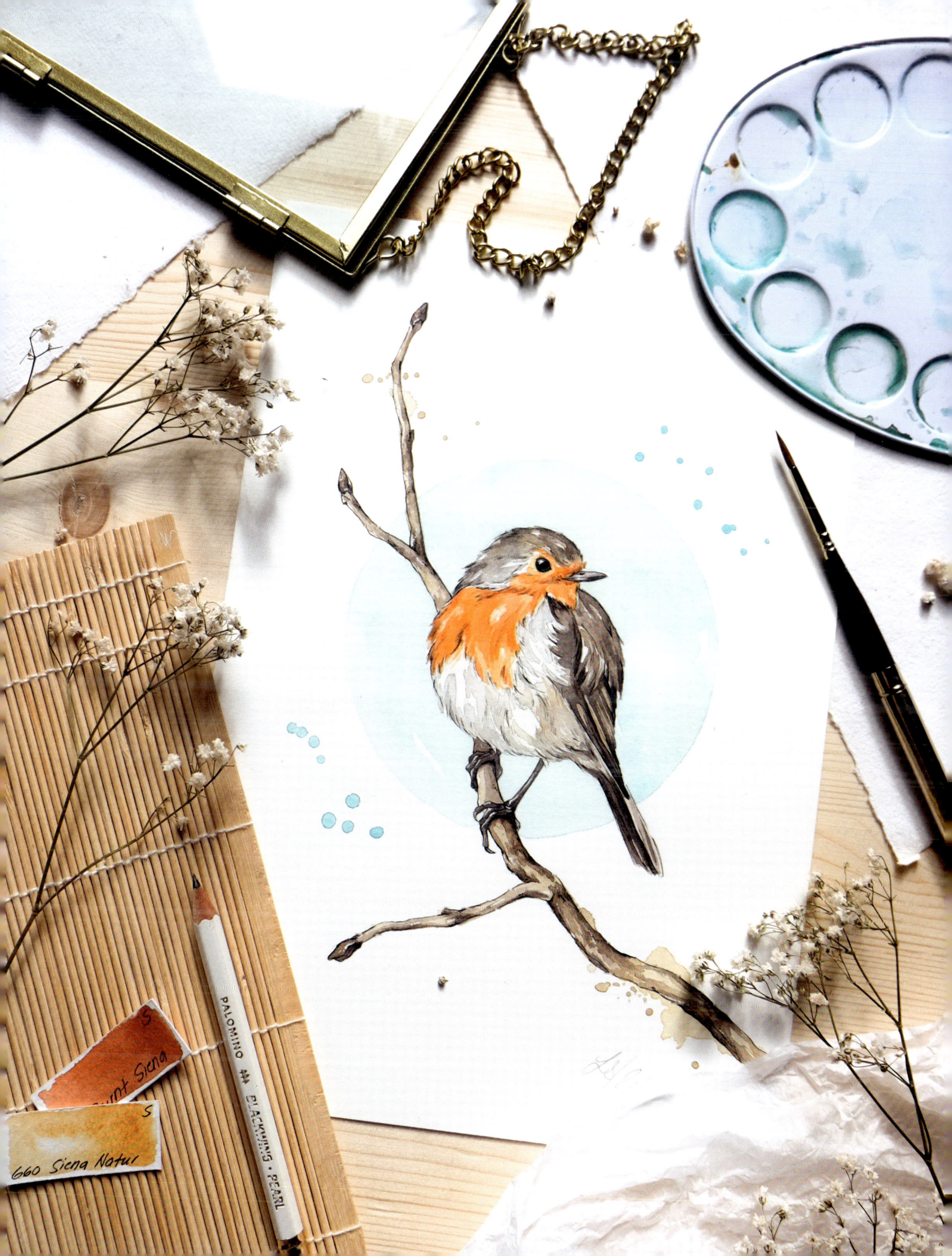
660 Siena Natur
PALOMINO
BLACKWING • PEARL

Step by Step:

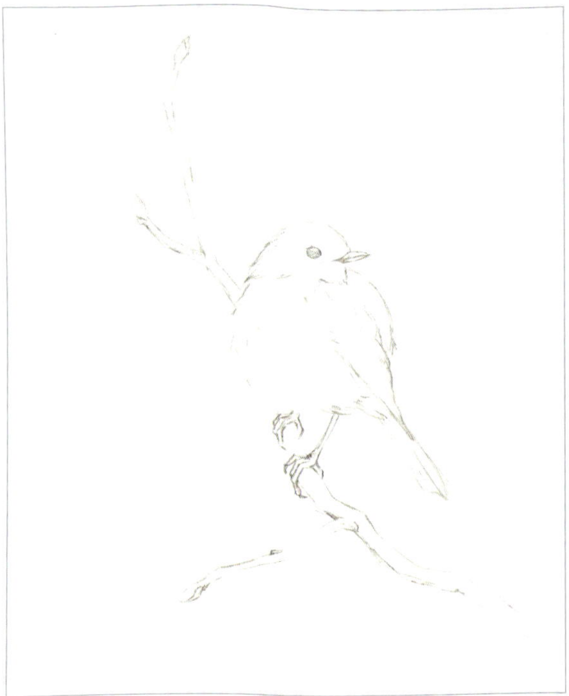

1 Die Skizze beginnen wir mit einem Kreis und einem Oval. Der Kreis ist der Körper, ein schmales Oval am oberen Teil dient uns als Grundlage für den Kopf. Dabei schneidet das Oval etwas in den Kreis ein. Die untere Flügellinie sitzt knapp über der Mitte des Kreises. Da mir der Ast auf dem Foto nicht hundertprozentig gefällt, erfinde ich mir einen neuen. Hier sind keine Grenzen gesetzt, mal ihn einfach so, wie er dir gefällt, es gibt dabei kein richtig oder falsch.

Tipp

Ein zarter Zweig passt besonders gut zu einem zarten Vogel. Ein dickerer Ast könnte dem kleinen Piepmatz sonst die Show stehlen.

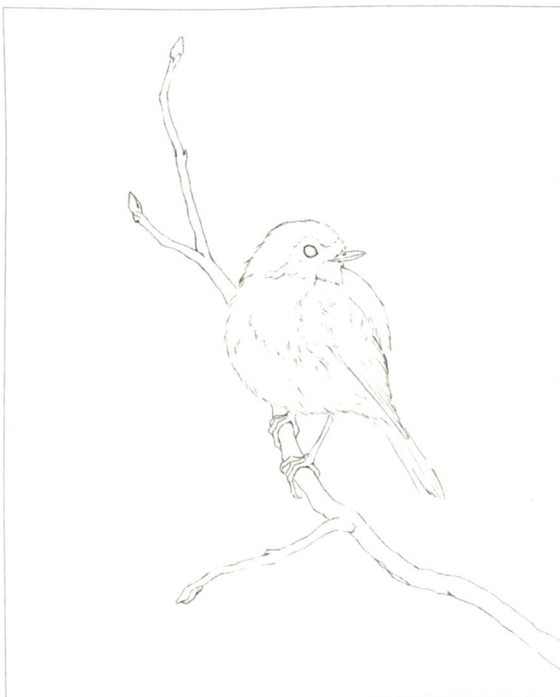

2 Mit einem sehr dünnen Fineliner (Größe 005) könnt ihr nun die Zeichnung nachziehen. Gerade bei Vögeln arbeite ich zu Anfang noch vorsichtig und ohne starke Kontur. Du musst nicht Feder für Feder genau zeichnen, weder an Schwanz und Flügeln, noch am Körper. Ich versuche, durch viele kleine Striche die Federn und ihre jeweils unterschiedlichen Richtungen anzudeuten.

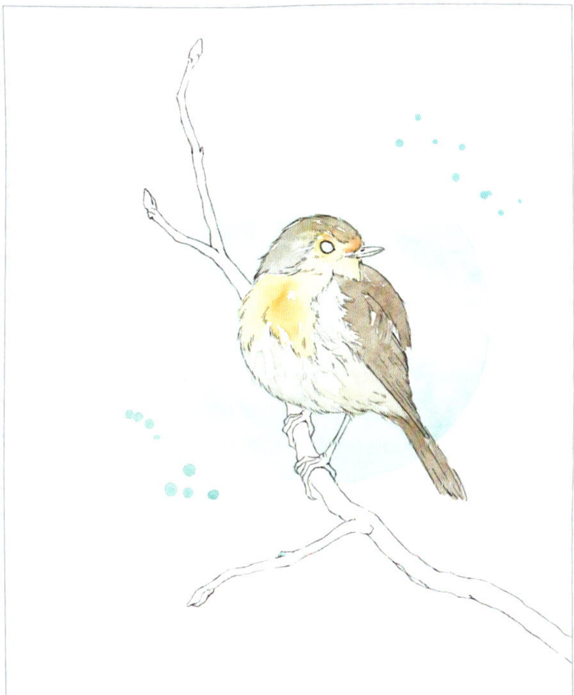

3 Die erste Farbschicht: Mit einer Mischung aus Kobalttürkis, Preußischblau und Siena natur legen wir einen Kreis im Hintergrund an, Nass-auf-Trocken – natürlich kannst du aber auch andere Blautöne benutzen. Am Bauch des Vogels lassen wir Indigo, Umbra gebrannt und Neutraltinte leicht und zart ineinanderlaufen. Kopf und Flügel erhalten eine stärkere Mischung aus mehr Umbra, Neutraltinte und Sepia. Den Kopf und die rote Brust grundieren wir mit beiden Sienatönen.

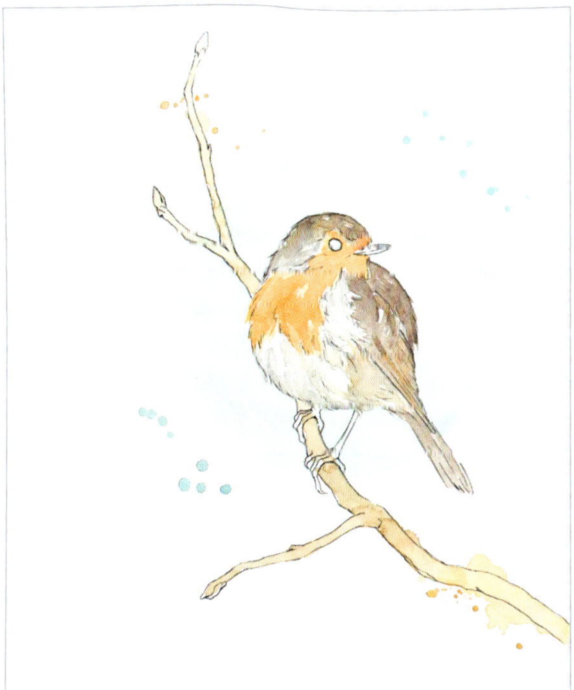

4 Mitteltöne: Den Ast grundieren wir mit hellen Brauntönen. An den Flügeln kann man im Foto feine goldene Streifen erkennen; für diese gehen wir mit etwas Siena natur über die Stelle. Der Rücken und Kopf werden mit einem Mix aus Umbra und Neutraltinte gemalt. Am Bauch können stellenweise etwas Siena natur und andere Farben benutzt werden. Für die Brust wird das leuchtende Chromorange mit etwas Siena natur gemixt.

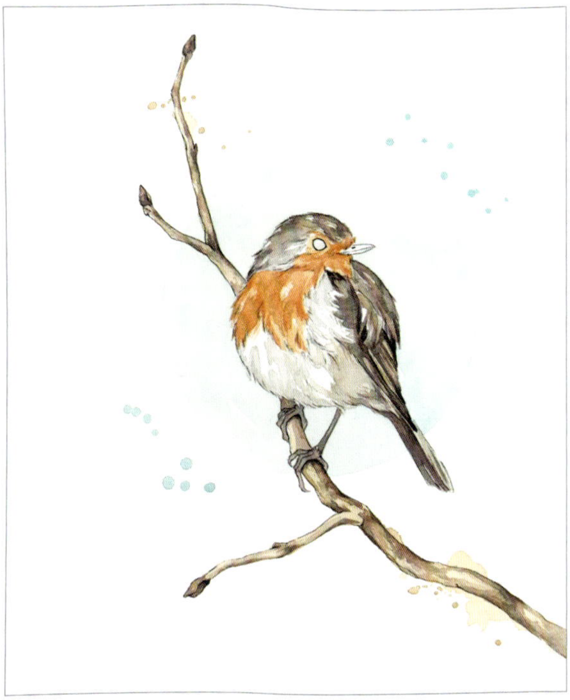

5 Dunkelheiten: Nun bringen wir etwas mehr Tiefe ins Gefieder. Mit Indigo, Neutraltinte, Umbra gebrannt und Sepiabraun werden vorsichtig die dunklen Bereiche des Vogels angelegt. Die Brust wird mit Chromorange und Siena gebrannt noch etwas röter gemalt. Die Krallen grundieren wir mit Neutraltinte und wenig Umbra. Auch der Ast erhält mit mittleren und dunklen Brauntönen mehr Tiefe.

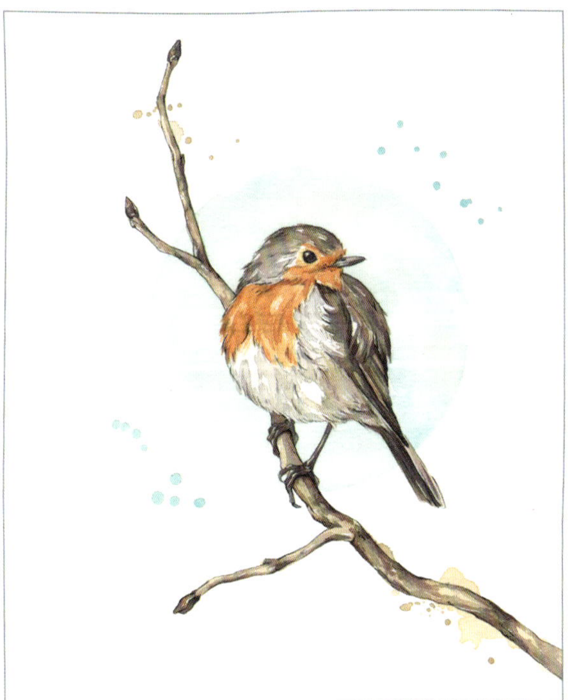

6 Feinarbeit: Im letzten Schritt kümmern wir uns um die Details. Den Schnabel und das Auge in Paynesgrau vorsichtig ausmalen und dabei einen Lichtreflex weiß lassen. Mit einem sehr feinen Pinsel können noch dunklere Stellen im Gefieder angelegt werden. Zu guter Letzt werden mit Fineliner und weißem Stift noch kleine Details und Striche gezeichnet; z. B. Lichtreflexe auf den Krallen und etwas Textur auf dem Zweig.

Inspiration

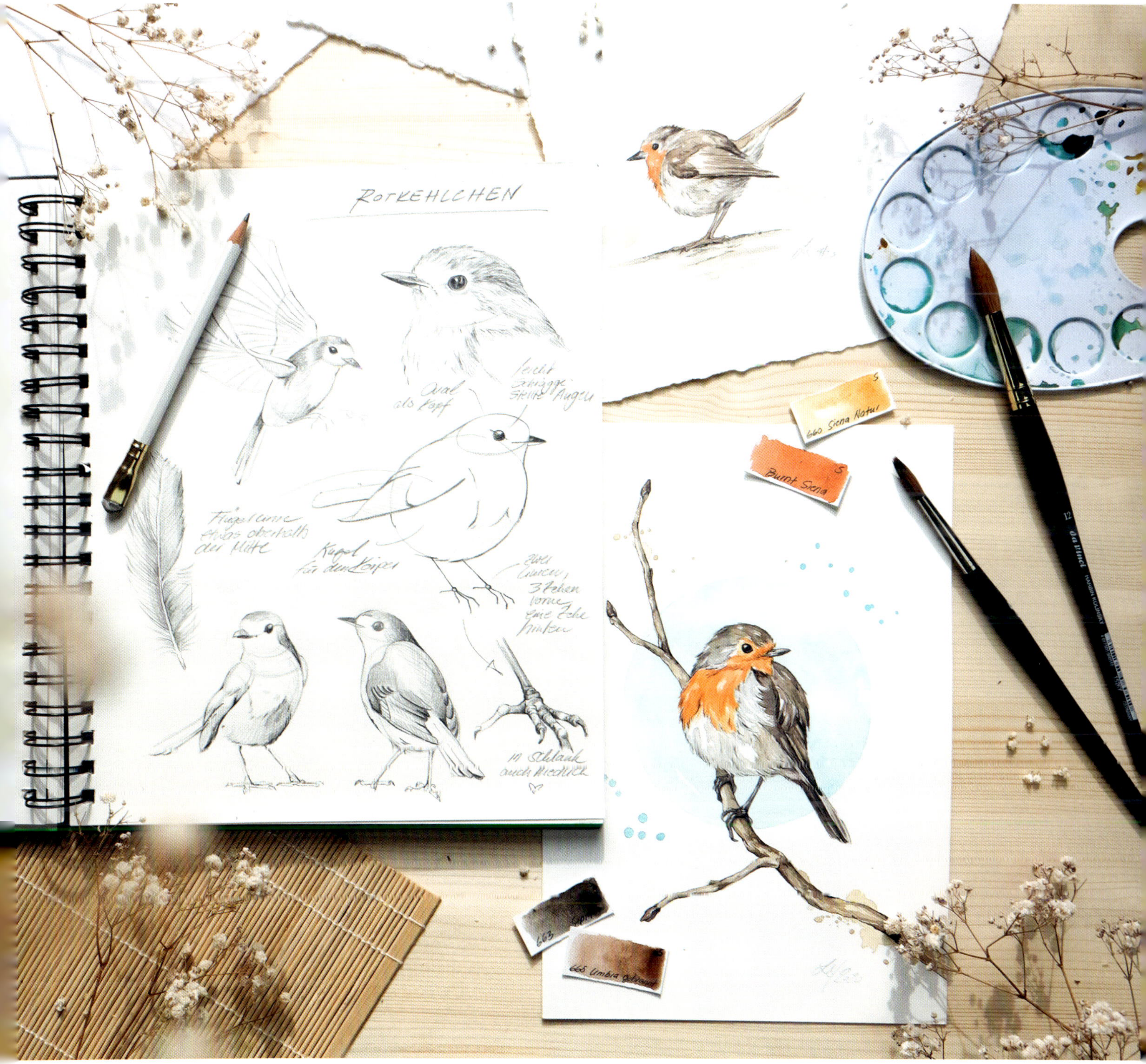

Schwalben

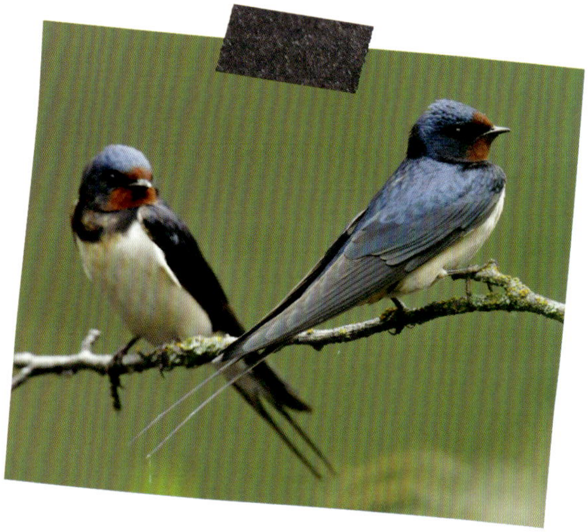

Eine Schwalbe macht zwar noch keinen Sommer – aber dafür ein superschönes Bild!

Falls du demnächst auf einer Hochzeit eingeladen sein solltest, kannst du jetzt schon mal mit dem Geschenk anfangen! Da Schwalben ein Symbol für die Liebe darstellen, musste ich natürlich zwei malen. An dem Foto gefällt mir, dass ich den Vogelkörper aus zwei unterschiedlichen Richtungen sehen kann, was das Bild viel interessanter macht als z. B. zwei Vögel, die in der gleichen Pose in die gleiche Richtung schauen. Allerdings bin ich mit der Anordnung nicht hundertprozentig zufrieden. Ich habe die Vögel also etwas versetzt und auf einen gegabelten Zweig platziert, so gefällt es mir kompositorisch besser und ist einfacher zu malen.

Da zwei Vögel zu malen jedoch natürlich mehr Aufwand bedeutet, ist dieses Bild nicht ganz einfach und gegebenenfalls etwas zeitaufwändiger. Male doch stattdessen einfach erst mal nur einen Vogel, wenn du es dir etwas einfacher machen möchtest.

Der Zweite kommt bestimmt nach einiger Zeit hinterhergeflattert, schließlich sind sie doch ein Paar, oder?

Farben

- **Siena natur**
- **Siena gebrannt**
- **Kobalttürkis**
- **Heliocoelin**
- **Indigo**
- **Neutraltinte**
- **Paynesgrau**

- **Maskierflüssigkeit**
- **Schwarzer wasserfester Fineliner (z. B. 005 oder 01)**
- **Weißer Buntstift**
- **Nach Bedarf Buntstifte in Blau- und Brauntönen**

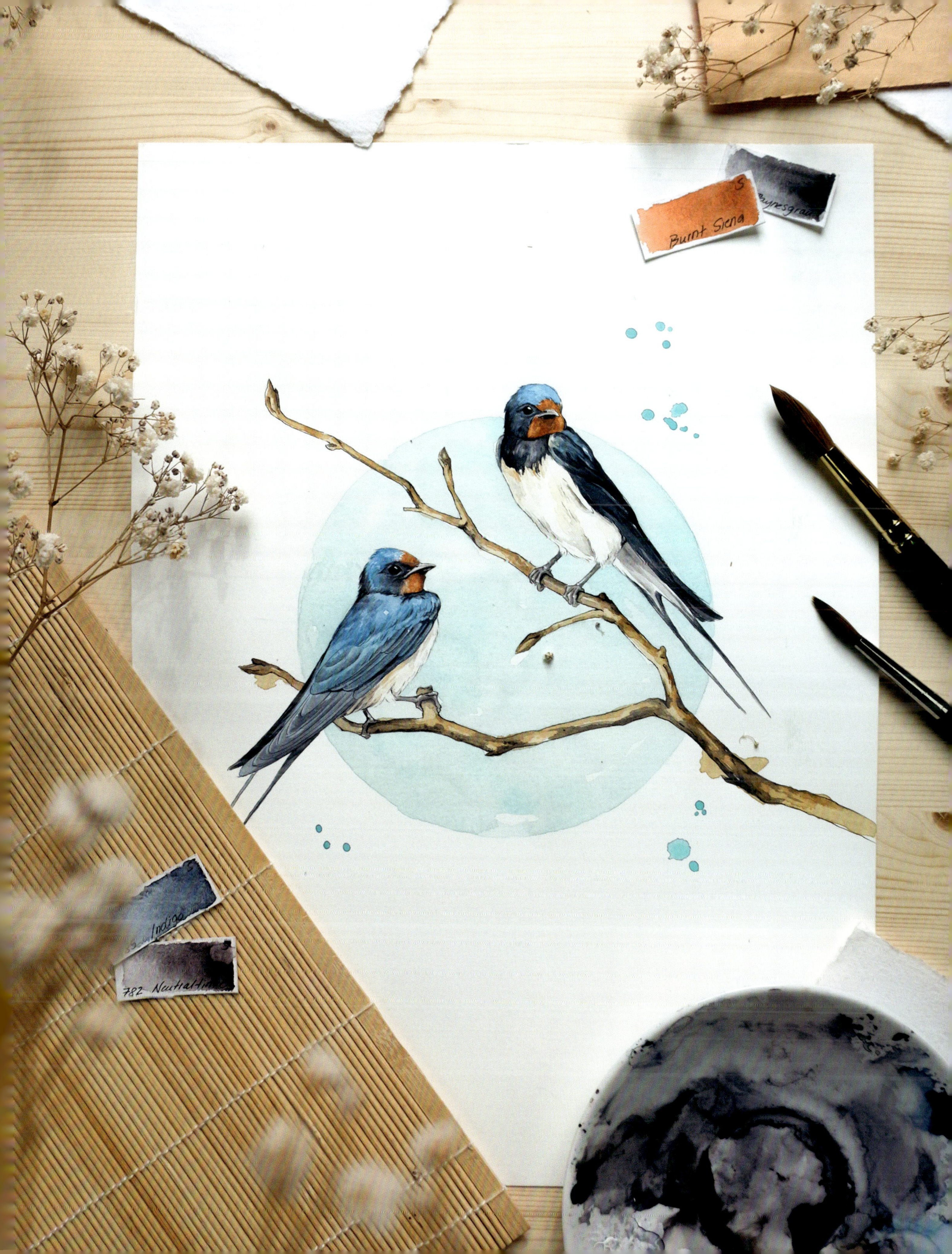
Burnt Siena
Indigo

Step by Step:

1 Überlege dir, wie du die beiden Vögel anordnen möchtest; hierfür eignet sich eine kleine Skizze. Du kannst sie natürlich auch genauso zeichnen, wie auf dem Foto abgebildet. Achte darauf, dass du die Vögel gleich groß zeichnest. Zeichne auch einen Kreis als Hintergrund, wenn du möchtest.

Tipp

Ich wollte vermeiden, dass ein Ast vor dem Vogelkörper verläuft oder sie sich gegenseitig überdecken, so wie auf dem Foto. So wird der Malprozess an dieser Stelle nicht unnötig verkompliziert.

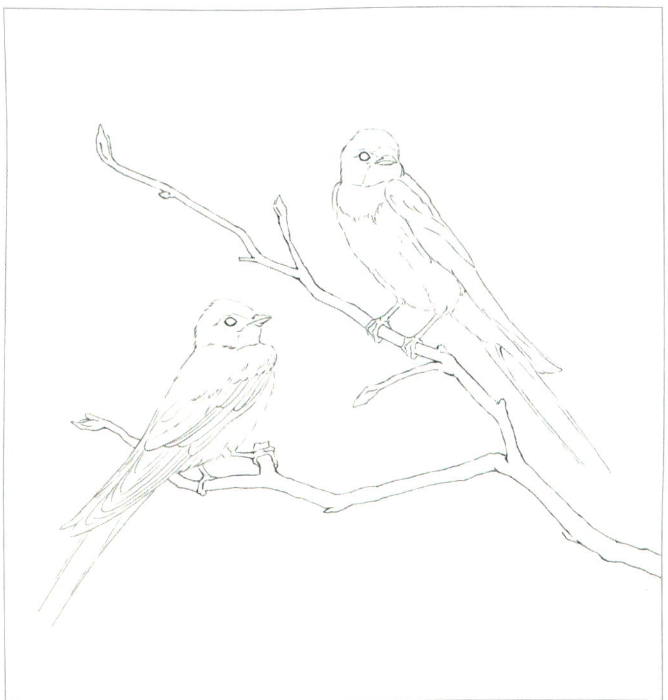

2 Mit einem dünnen Fineliner nun vorsichtig die Zeichnung nachziehen. Zeichne keine durchgehenden Linien, sondern versuche, den Stift immer wieder abzusetzen. Anschließend auf die Ränder der weißen Bäuche Maskierflüssigkeit auftragen, sodass an dieser Stelle keine Hintergrundfarbe in den Bauch hineinläuft.

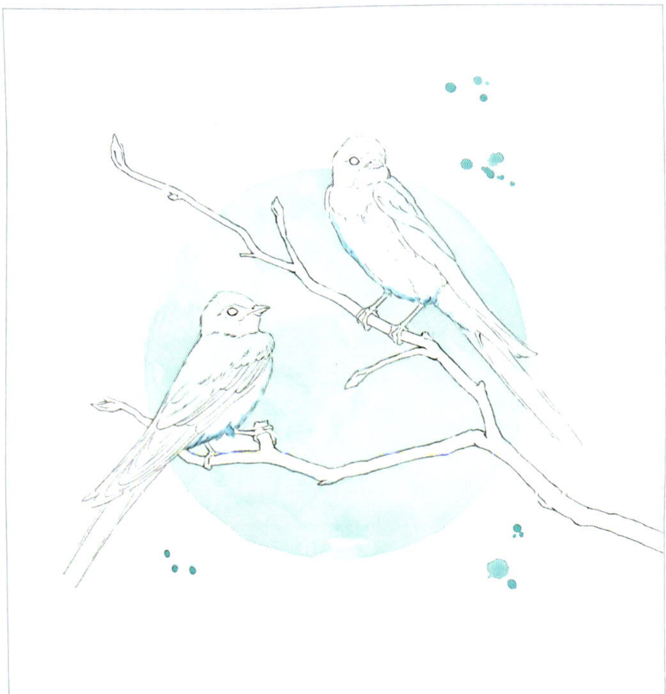

3 Den Hintergrund habe ich mit einer Mischung von Kobalttürkis mit ein klein wenig Siena natur und Indigo gemalt. Da die Fläche relativ groß ist, habe ich sie vorher mit klarem Wasser etwas befeuchtet, sodass die Farbe besser verläuft. Ein wenig Farbe darf dabei ruhig in die Stellen der Federn hineinlaufen, die später blau werden sollen.

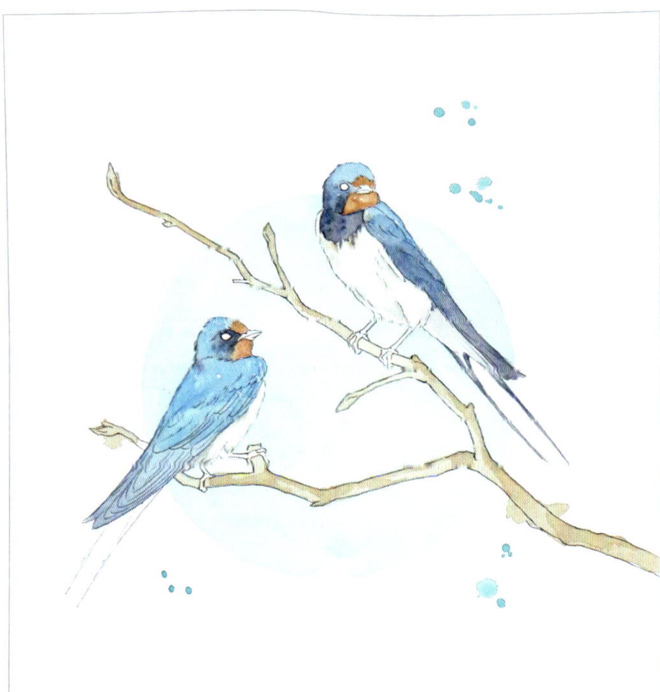

4 Heliocoelin, Indigo und Neutraltinte sind die Hauptfarben der nächsten Schicht. Gib ein wenig Indigo zu dem Heliocoelin und trage es großzügig auf die Flügel und Köpfe auf. Du kannst auch noch ein wenig Kobalttürkis dazugeben, wenn du möchtest. Lass dann an den dunkleren Stellen etwas Neutraltinte in die Farbe laufen. Der untere Flügelbereich ist etwas weniger blau als der obere. Die Kehlen mit beiden Sienatönen grundieren, ebenso den Ast.

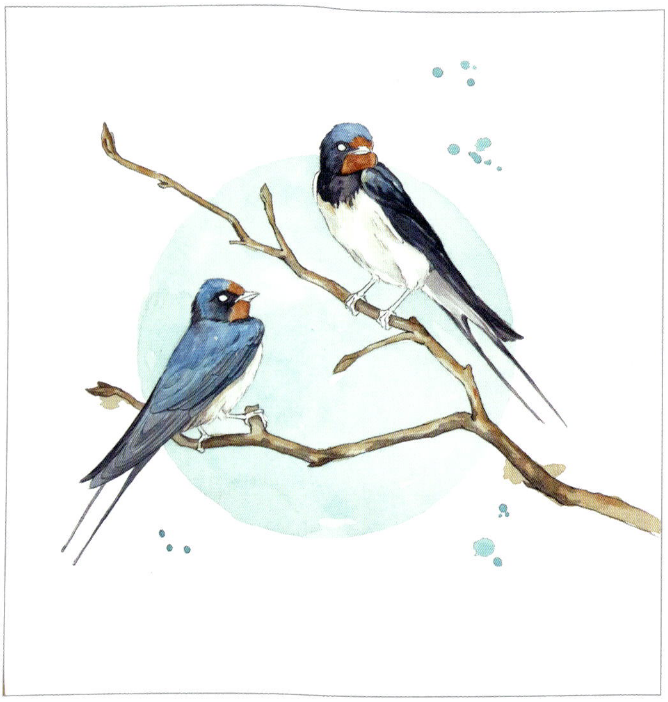

5 In der nächsten Schicht benutzen wir die gleichen Farben, jedoch mit mehr Pigment. Trag die Farbe dabei mit kleineren Pinselstrichen auf und arbeite einzelne Federn heraus. Lass immer ein wenig der darunterliegenden Schicht stehen. Den Ast habe ich mit den Sienatönen und Neutraltinte weiter ausgearbeitet.

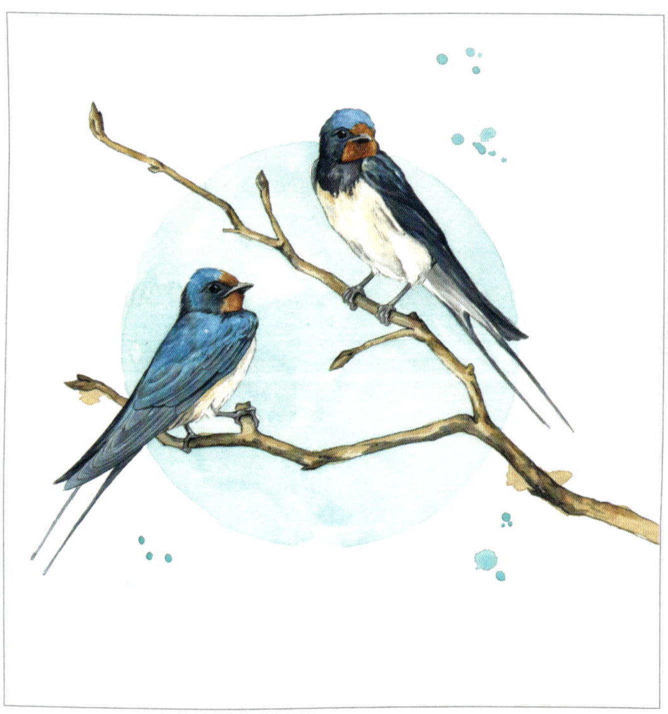

6 Im letzten Schritt den unteren Teil des Schnabels und die Augen mit Paynes Grau kräftig dunkel färben. Die Füße können mit Neutraltinte gemalt werden. Setz unbedingt eine dunkle Schattenkante an die Stelle, wo die Krallen den Ast berühren. Ergänze anschließend mit dem weißen Buntstift feine, dünne Linien und Highlights auf den Federn und Krallen.

Inspiration

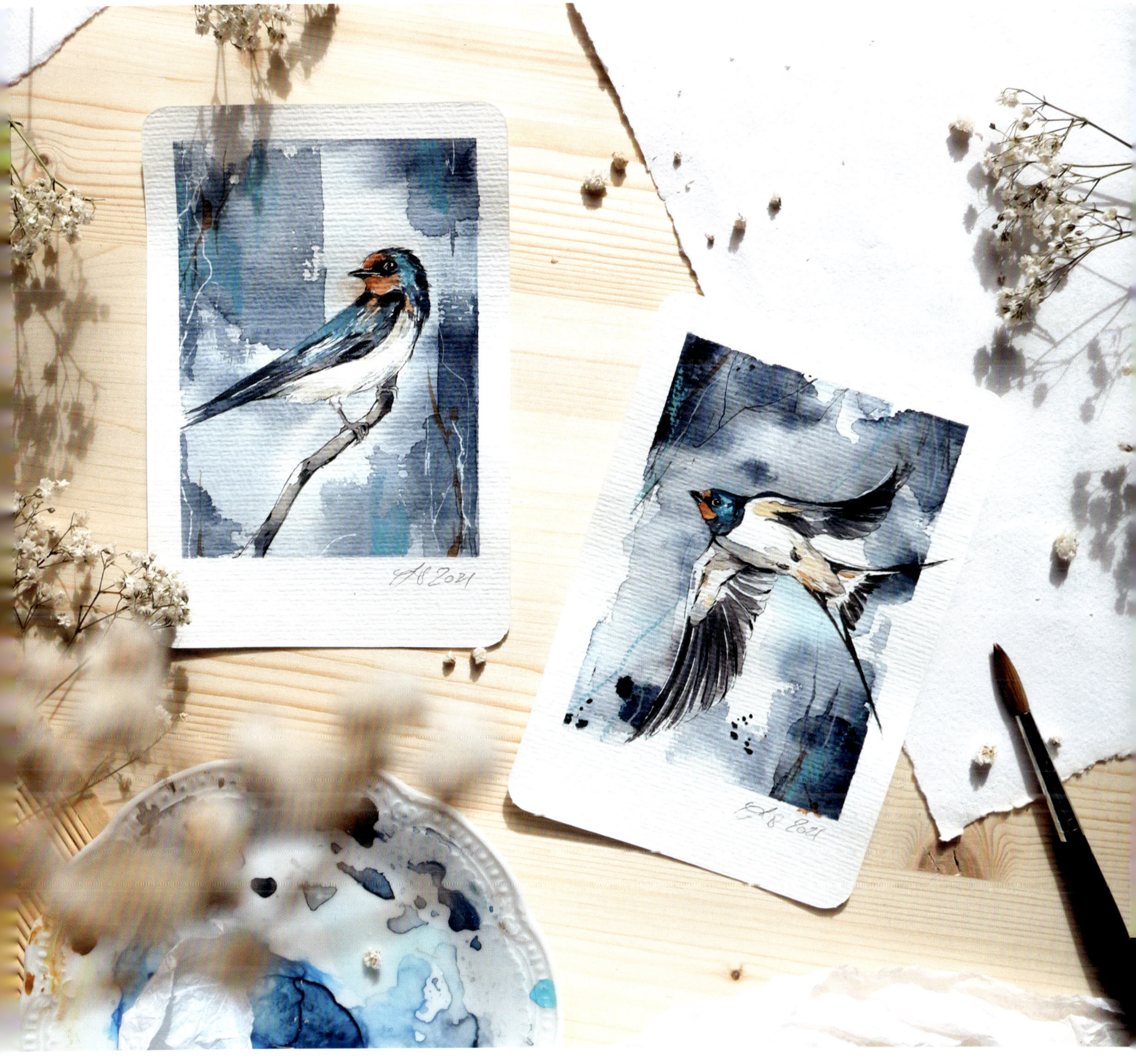

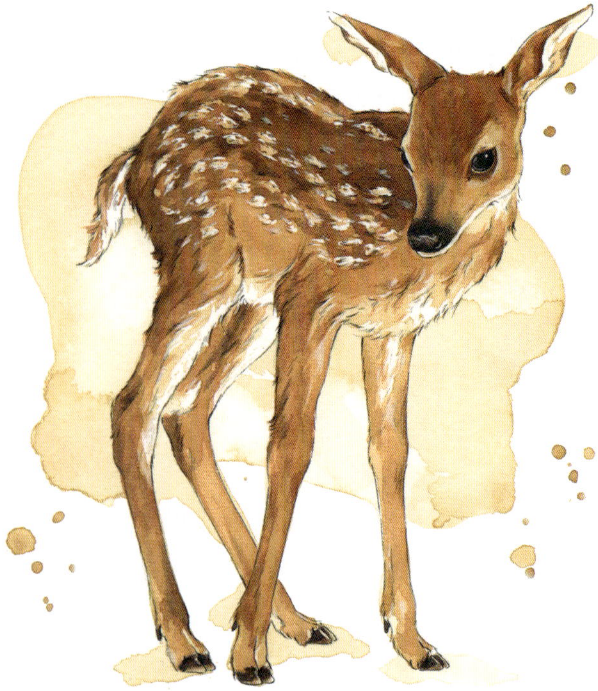

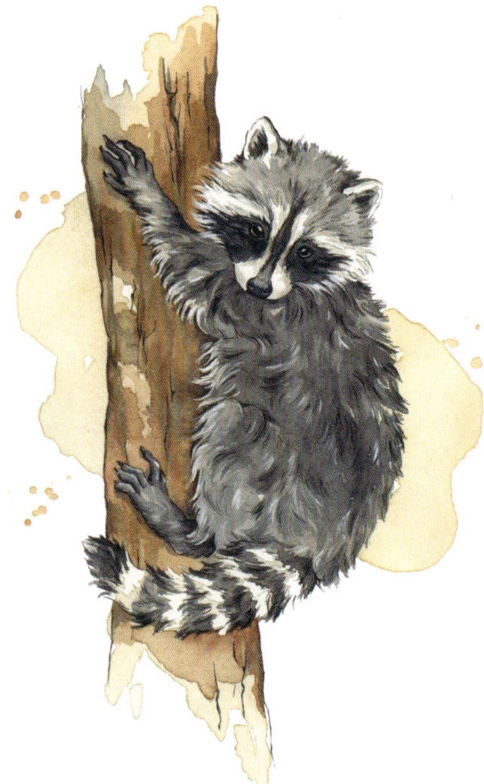

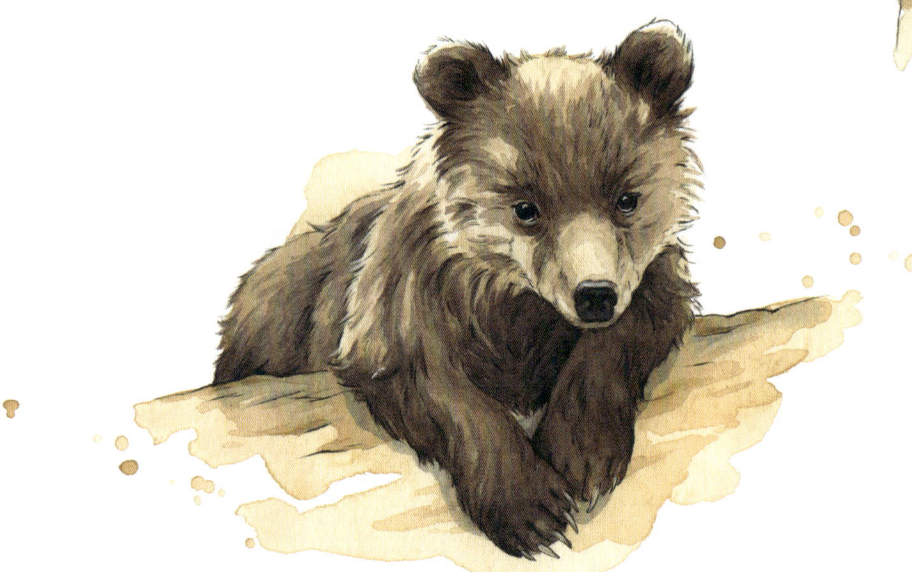

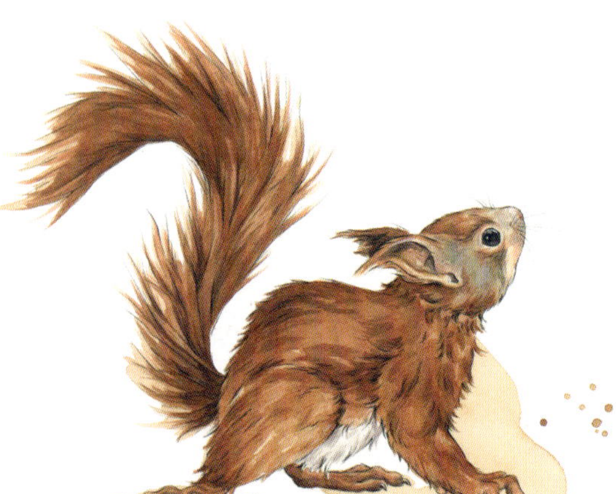

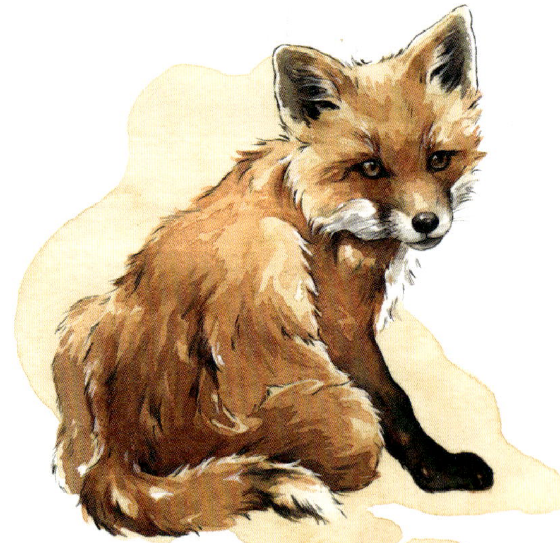

Tiere des Waldes

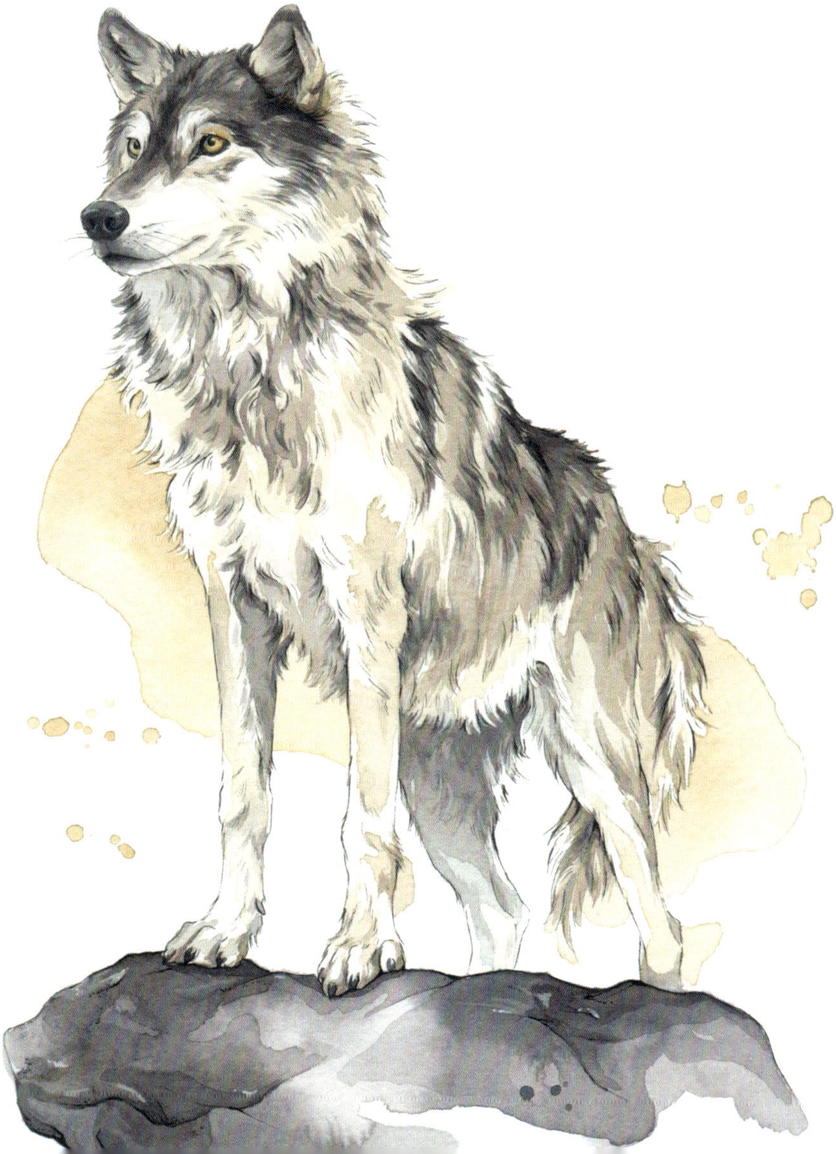

Bär

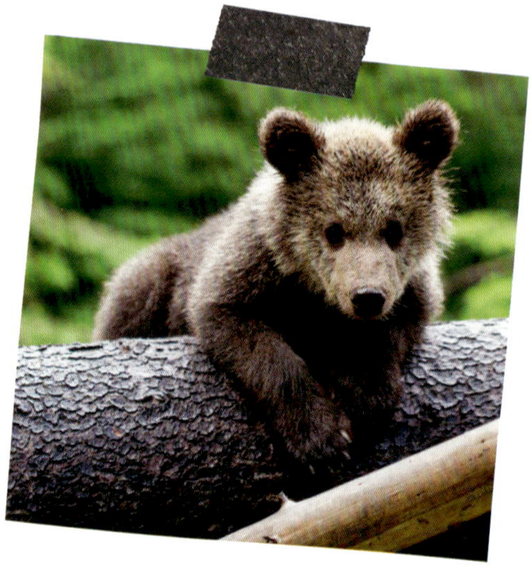

Schnapp dir Pinsel und Farbe und dann: Probier's mal mit Gemütlichkeit!

Dieser kleine Teddy hat zwar nicht mal annähernd die Größe von Balu, aber bei ein wenig Gemütlichkeit kann er uns sicher genauso gut behilflich sein. Denn hier muss sich niemand verbiegen: Der Kleine eignet sich als super Anfängermotiv oder als schnelle Übung für Fortgeschrittene. Durch den frontalen Blick müssen wir uns nicht mit schwierigen Kopfverdrehungen oder Perspektiven quälen. Außerdem sehen wir nur zwei Pfoten, was das Ganze quasi nur halb so schwer macht. Praktisch, oder?

Farben

Siena natur

Siena gebrannt

Umbra gebrannt

Neutraltinte

Sepia

Paynesgrau

- **Schwarzer wasserfester Fineliner (z. B. 005 oder 01)**
- **Weißer Gelstift oder Acrylmarker**

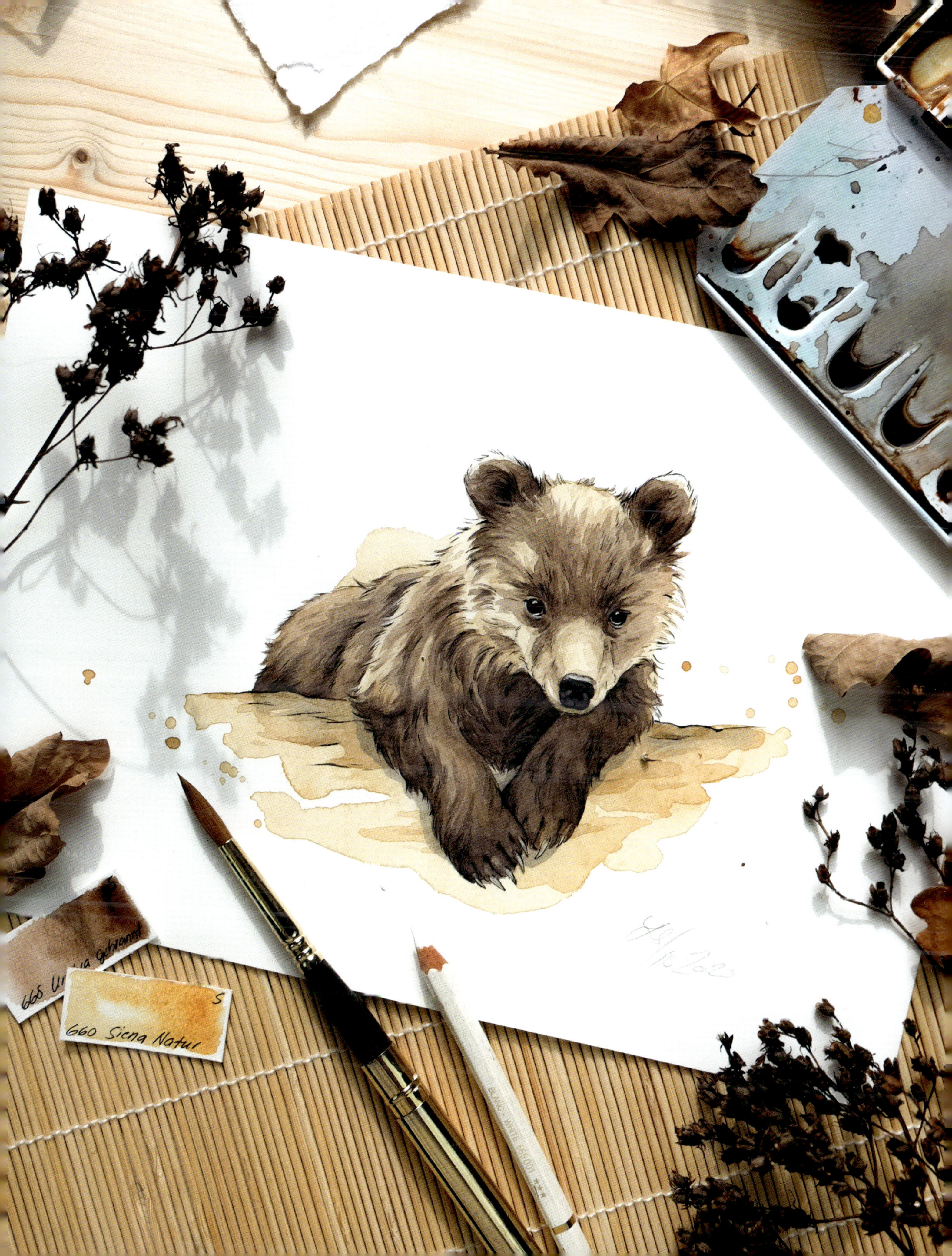
660 Siena Natur

Step by Step:

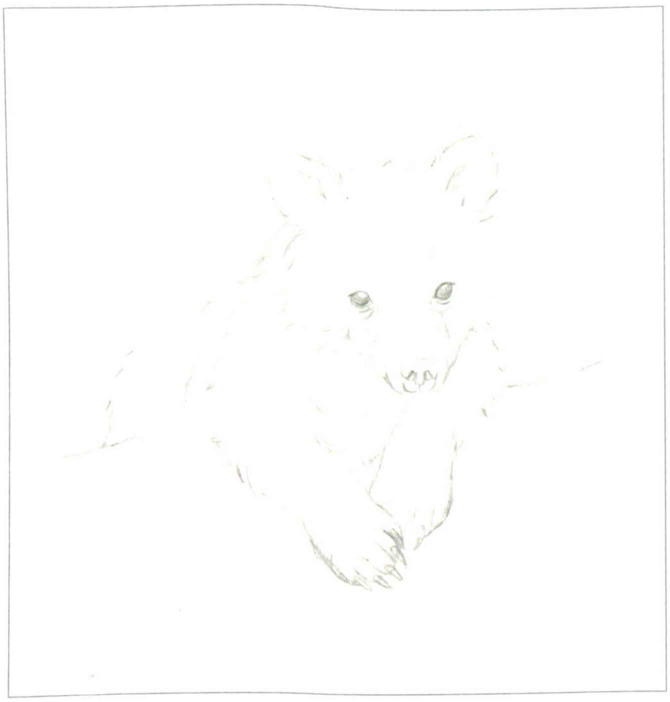

1 Der Kopf des kleinen Bären sieht wirklich aus wie ein Teddy. Du kannst ihn durch einen Kreis und ein Trapez für die Schnauze vereinfachen. Die Plüschohren dürfen natürlich nicht fehlen, genauso wenig wie die kleinen Knopfaugen. Die Pfoten sind durch ihre runde Form ebenfalls sehr einfach zu zeichnen.

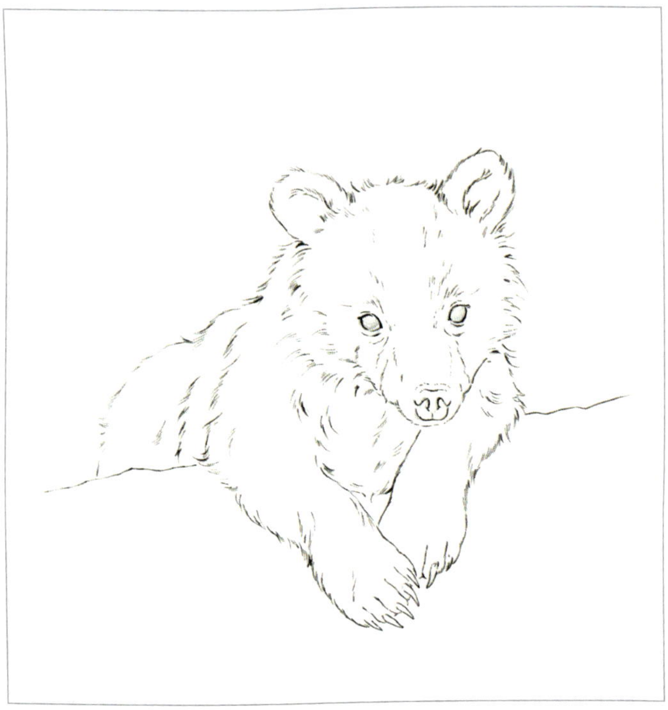

2 Mit dem wasserfesten Fineliner zeichnen wir die Skizze nach. Den Baum habe ich durch jeweils einen Strich links und rechts nur angedeutet. Ob du ihn lieber ganz zeichnen möchtest, liegt ganz bei dir.

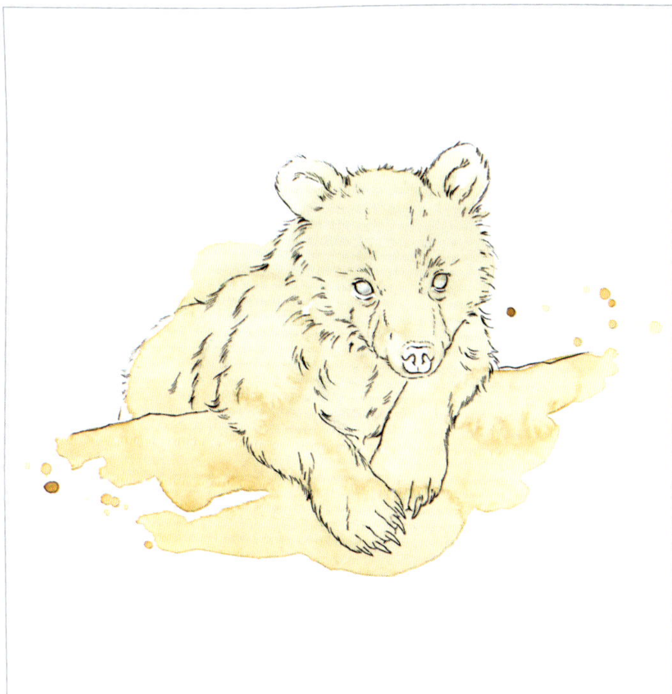

3 Die Farbe des Baumstamms in der Vorlage ist mir ein wenig zu dunkel; daher malen wir ihn etwas heller, um zwischen dem Baum und dem dunklen Fell des Bären mehr Kontrast zu schaffen. Die erste Farbschicht malen wir mit einer Mischung aus Siena natur mit wenig Siena gebrannt und Paynesgrau. Sie ist gleichzeitig die erste Schicht des Baumes und des Bären.

Tipps

Kontraste machen ein Bild lebendiger. Wenn dir etwas an deiner Vorlage nicht gefällt, ändere es einfach nach deinen Bedürfnissen!

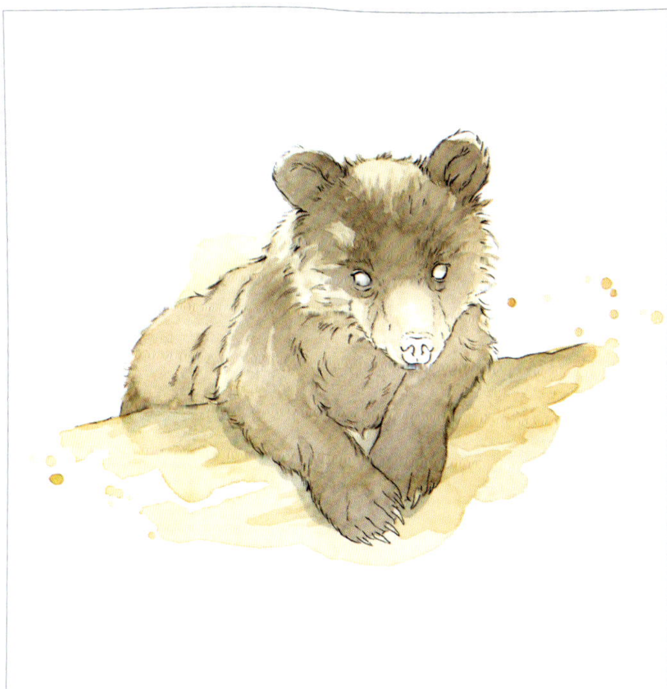

4 Die Mitteltöne sind in diesem Bild bereits sehr dunkel. Zuerst bekommt der Baum etwas mehr Farbe, z. B. mit Siena natur, Siena gebrannt und Paynesgrau. Danach bekommt das Fell mit einer Mischung aus Umbra gebrannt und Neutraltinte seine typische braune Farbe. Den Kopf habe ich in zwei Schichten gemalt. Mit Paynesgrau malen wir kleine Schattenkanten an die Unterseite der Arme.

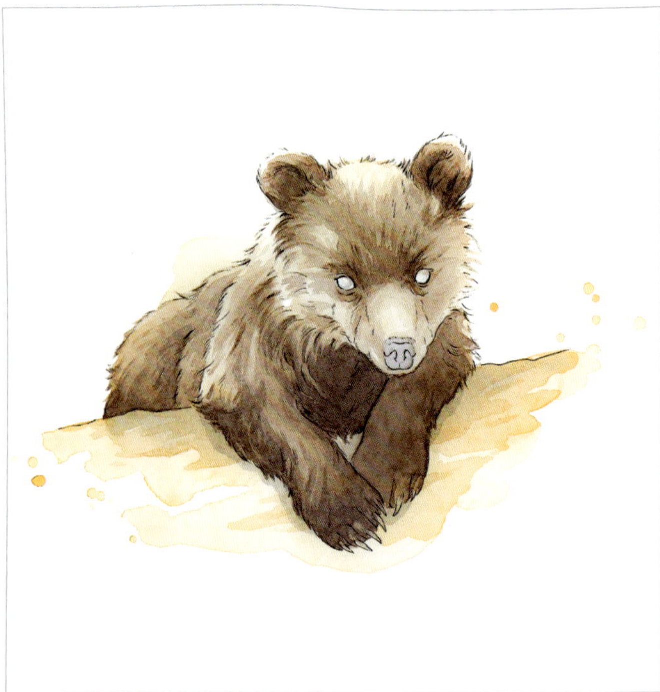

5 In den nächsten Schichten bringen wir mehr Dunkelheit ins Bild. Die Fellfarbe kann weiterhin mit Umbra gebrannt und Neutraltinte gemischt werden, das Verhältnis kannst du variieren, wie es dir gefällt. Versuche immer, einige Stellen der unteren Schicht freizulassen, wenn du eine neue anlegst, sodass die hellen Stellen am Ende noch durchscheinen.

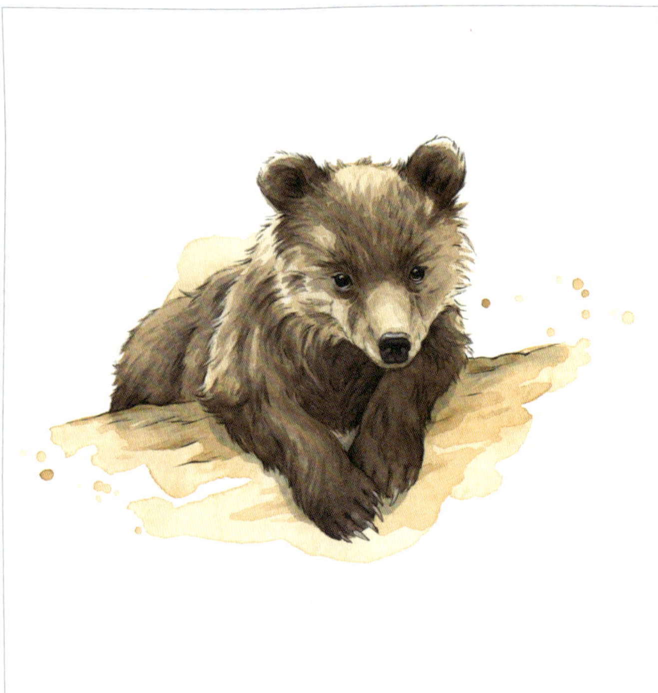

6 Im letzten Schritt kommen die Details. Nase und Augen malen wir mit Paynesgrau. Auch das Fell kann noch dunkle Kontraste erhalten, vor allem im Bereich der Brust und Ohren. Mit einem weißen, braunen und schwarzen Buntstift kannst du noch vereinzelte Haare dazuzeichnen.

Inspiration

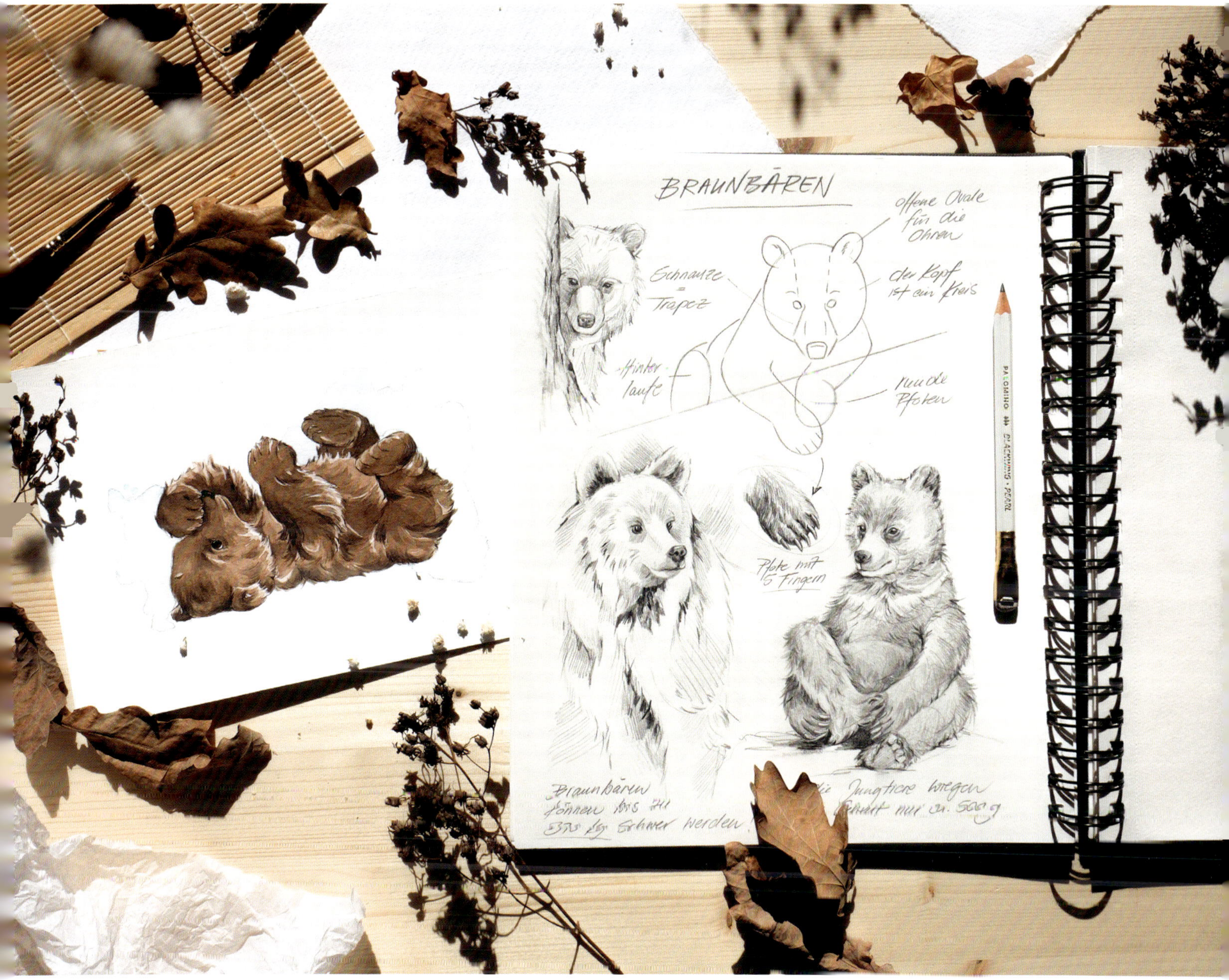

Fuchs

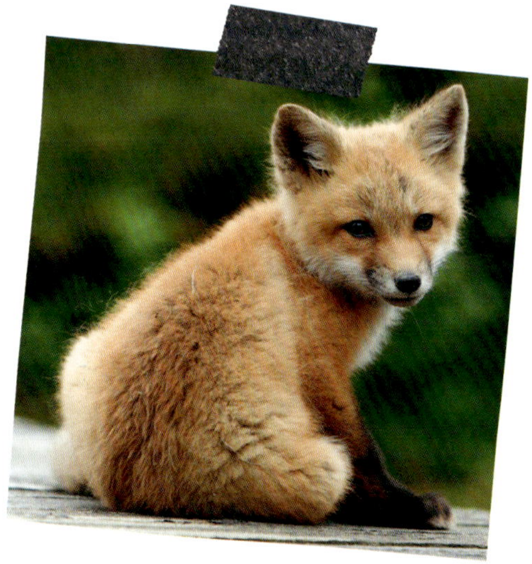

Füchse sind bekanntlich zwar keine Rudeltiere, aber eines steht fest: Man kann nie genug davon malen!

... Zumindest geht es mir so. Und jeder, der sich schon einmal auf meine Instagram-Seite verirrt hat, weiß, dass ich es ernst damit meine. Sie geben tolle Motive ab, und es macht mir immer wieder Spaß, Füchse zu malen. Dabei sind mir die erwachsenen Füchse genauso lieb wie die Jungtiere. Für euch habe ich aber einen niedlichen kleinen Babyfuchs ausgesucht. Gern geschehen.

Leider sitzt der Kleine anscheinend auf seinem Schwanz. Da ein Fuchsbild ohne buschigen Fuchsschwanz aber nur halb so schön ist, greifen wir hier noch einmal in die Trickkiste. Schließlich sind wir ja Schlaufüchse.

Farben

- **Siena natur**
- **Siena gebrannt**
- **Kastanienbraun**
- **Sepia**
- **Paynesgrau**

- **Maskierflüssigkeit**
- **Schwarzer wasserfester Fineliner (z. B. 005 oder 01)**
- **Weißer Gelstift oder Acrylmarker**

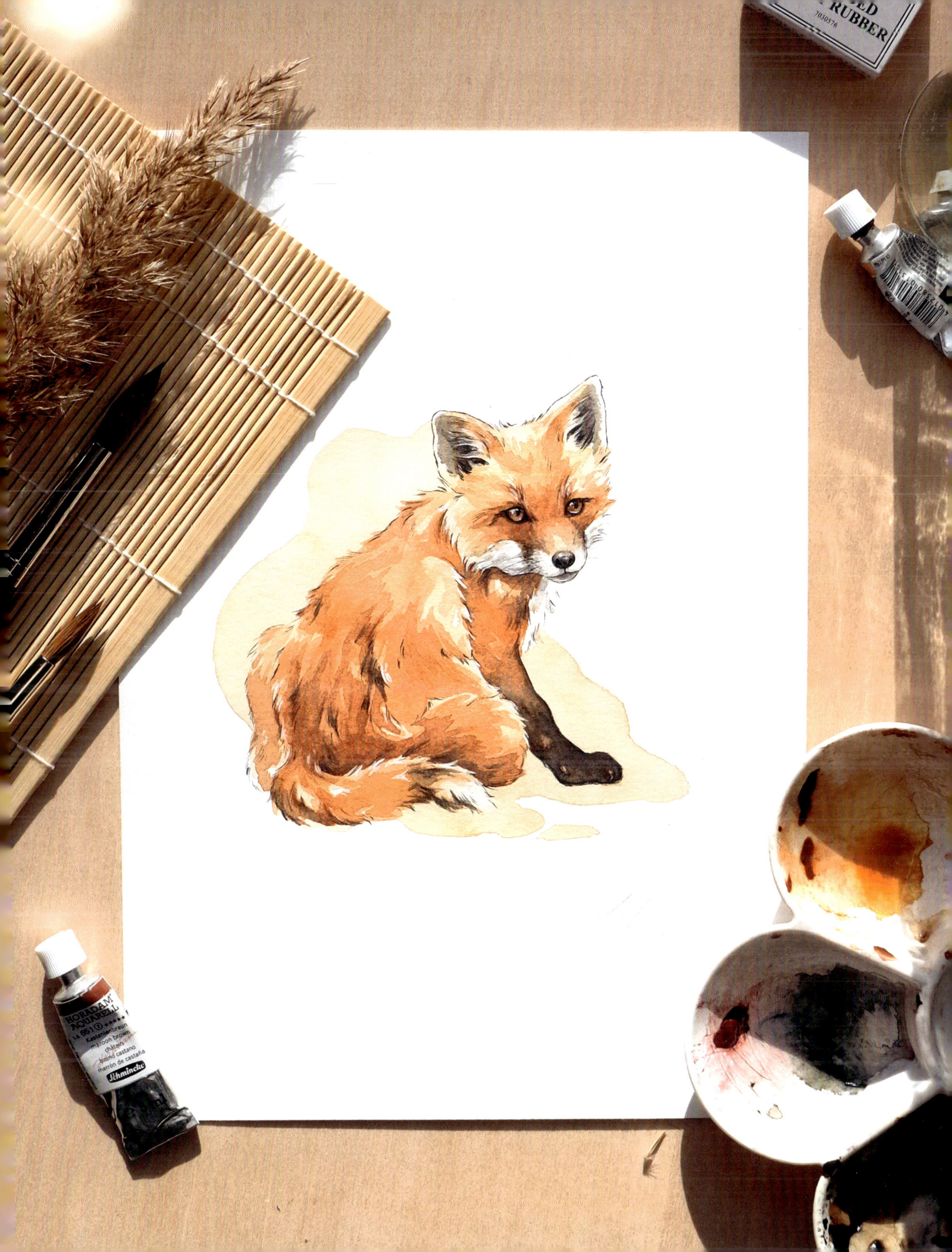
RUBBER
HORADAM AQUARELL
Schmincke

Step by Step:

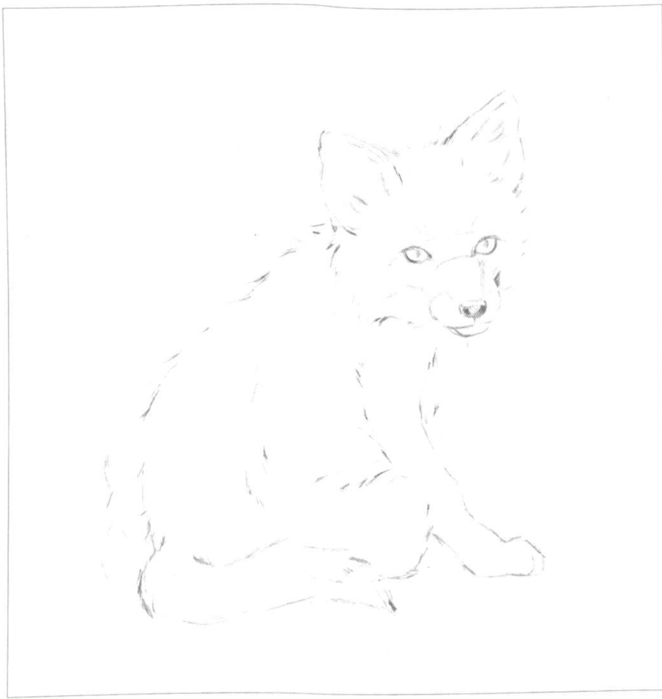

1 Das Komplizierteste an diesem Bild ist der Kopf. Zeichne als Grundform ein sehr dickes Oval, ungefähr auf der Mittellinie sitzen die Augen. Direkt darunter fängt die Schnauze an, die auch durch ein Oval vereinfacht werden kann. Noch einfacher wird es, wenn du dir Hilfslinien zeichnest, da der Kopf leicht schräg geneigt ist.

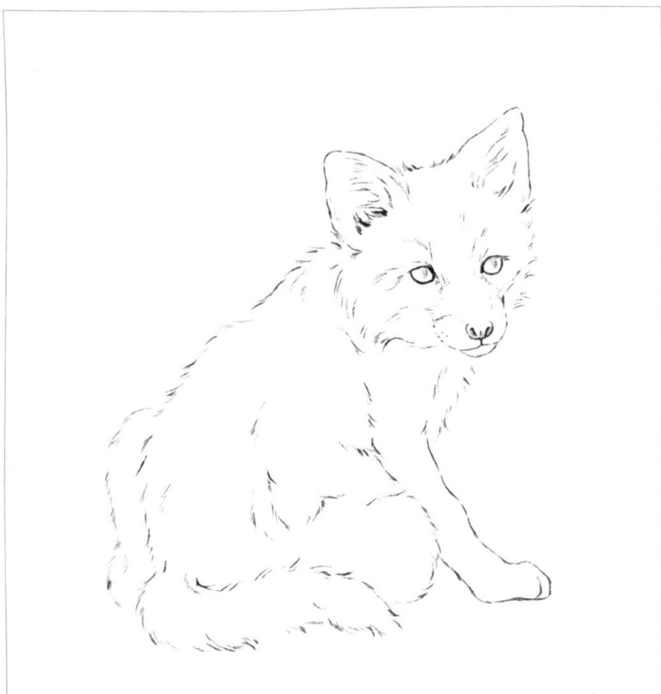

2 Das Fell zeichnen wir mit vielen kleinen Strichen, die in verschiedene Richtungen zeigen, – so wird es schön flauschig. Die Striche müssen keine geschlossene Kontur bilden! Lass ruhig einige Stellen frei. Anschließend wird Maskierflüssigkeit auf Wangen und Brust aufgetragen.

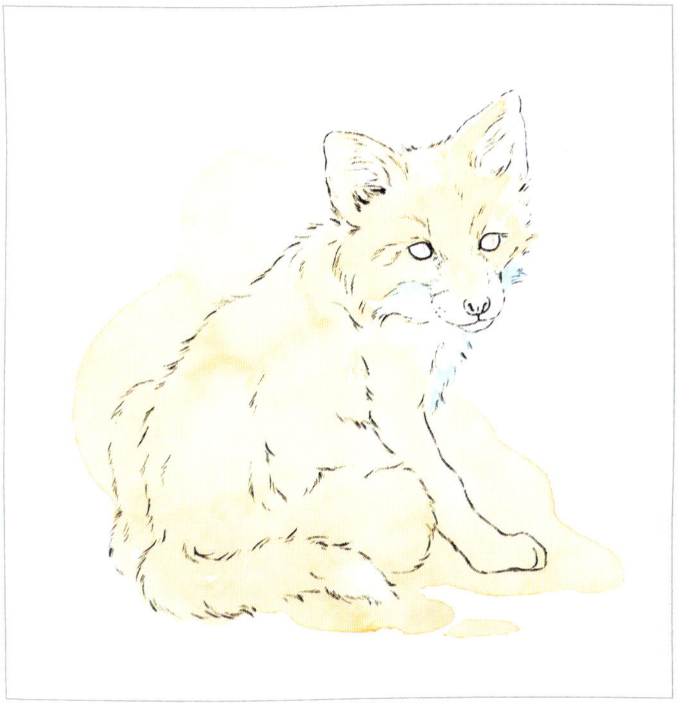

3 Die erste Schicht Farbe bildet Hintergrund und Grundierung für das Fell. Wir tragen sie großflächig über das gesamte Motiv auf. Dafür wird Siena natur mit Siena gebrannt und wenig Sepia gemischt. Den Bereich der Schnauze und Schwanzspitze dabei unbedingt aussparen; wenn du dir unsicher bist, trag auch hier vorher Maskierflüssigkeit auf.

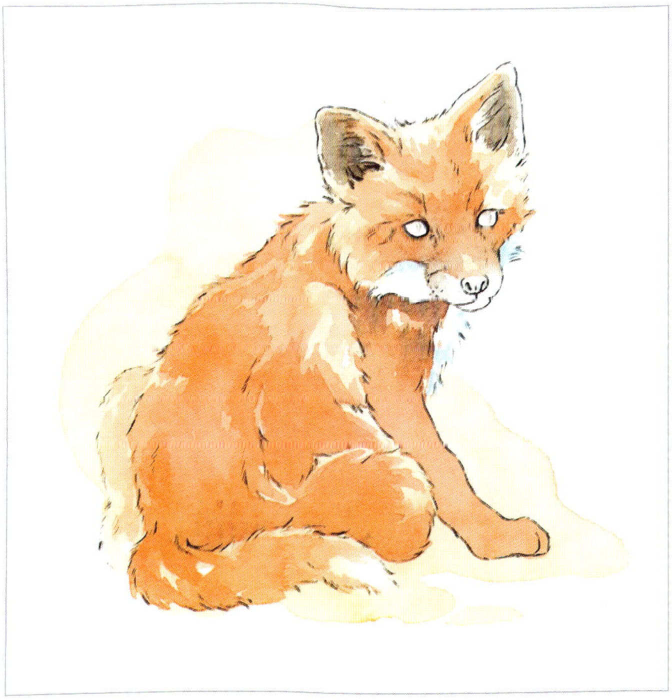

4 Mit Siena gebrannt und Kastanienbraun das Fell großzügig rot färben. Lass einige Stellen frei, an denen die erste Schicht noch durchscheinen soll. Mit Sepia und Paynes Grau können bereits dunkle Bereiche angelegt werden, unter dem Kinn und an den Ohren. Dabei gern Nass-in-Nass die Farbe ineinanderlaufen lassen. Die Schnauze mit Grau grundieren.

Tipp

Die Mitteltöne (Schritt 4) kannst du ruhig in 2 Schichten oder mehr herstellen, so wird dein Bild noch feinteiliger aufgebaut. Arbeite in so vielen Schichten, wie du magst.

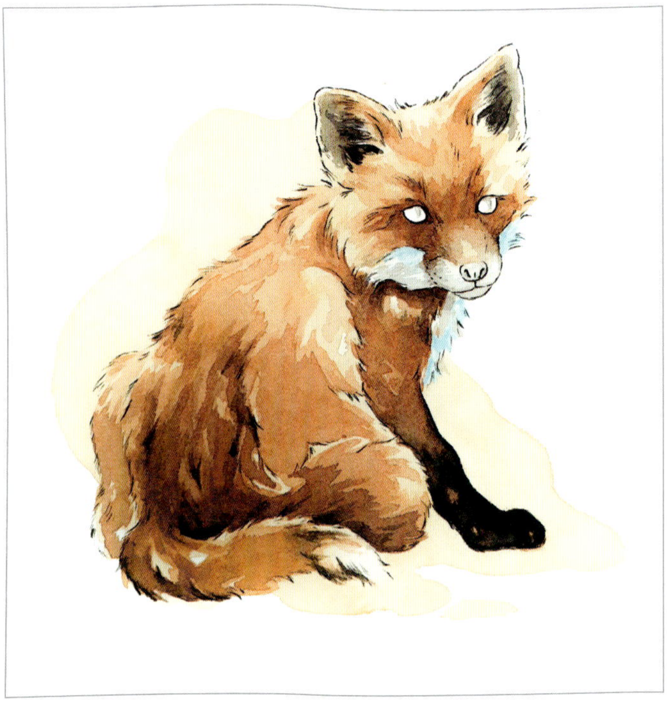

5 Mit den beiden roten und den beiden dunklen Farben nun das Fell dunkler färben, vor allem das Gesicht, den unteren Rücken und die vordere Pfote mit Brust. Nutz die Farben pur oder gemischt und werde dabei schrittweise immer dunkler. Mit Paynesgrau die Pfote färben und dabei nach oben hin auslaufen lassen, der rote Ton scheint dabei schön durch. Schnauze und Ohren ebenfalls in Paynesgrau malen.

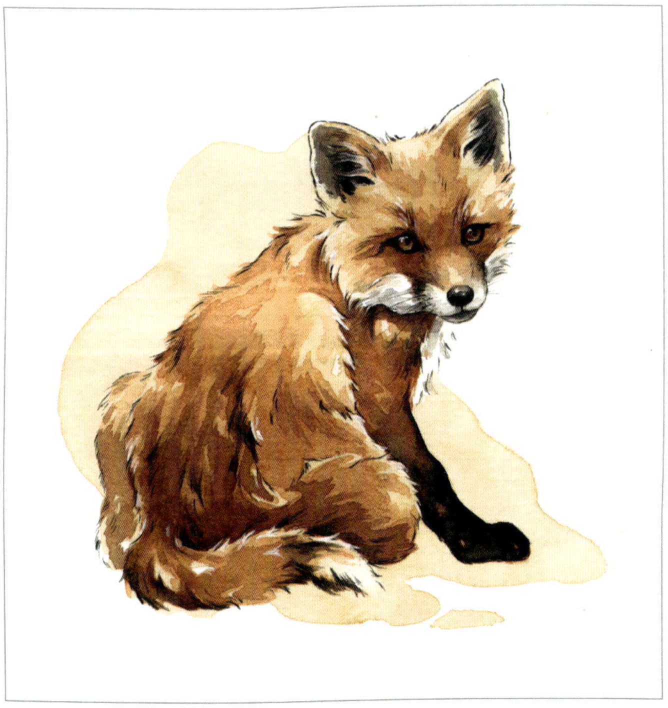

6 Mit einem kleinen Pinsel nun Augen, Nase und letzte dunkle Feinheiten im Fell ergänzen. Die Augen mit rotbraun grundieren und anschließend dunkel umranden. Nase und Schnauze mit Paynesgrau weiter bearbeiten. Mit dem Fineliner weitere Striche ergänzen, falls gewünscht, und Schnurrhaare zeichnen. Zum Schluss mit dem weißen Stift kleine Highlights in den Augen und einzelne Striche im Fell ergänzen.

Exkurs: Variation des Fuchses

Dass ich liebend gern Füchse male, hatte ich bereits erwähnt? Daher gibt es zu diesem Lieblingsmotiv noch eine kleine Variante. Nicht jedem gefallen diese etwas schnelleren, lockeren Übungen, und das ist auch völlig okay. Ich allerdings liebe sie! Auch wenn ich mich immer wieder dazu zwingen muss, nicht zu sehr in die Details abzudriften, bin ich doch am Ende mit dem Ergebnis meist zufrieden und erstaunt, wie wenig Zeit man in ein kleines Aquarell eigentlich investieren muss.

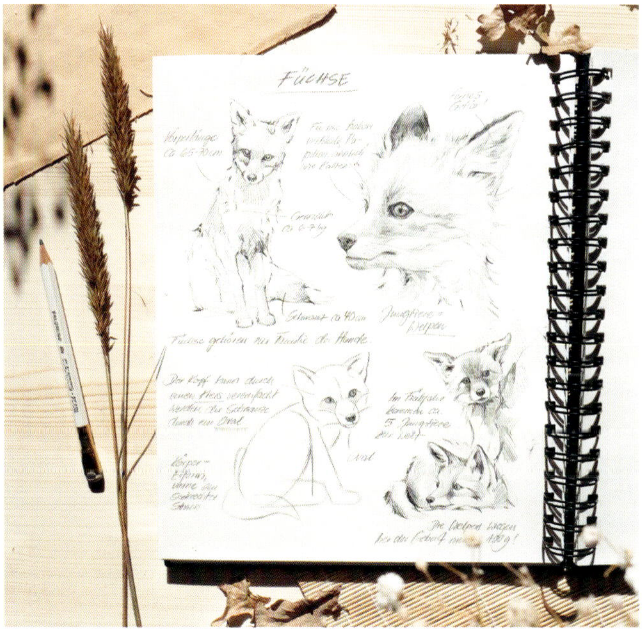

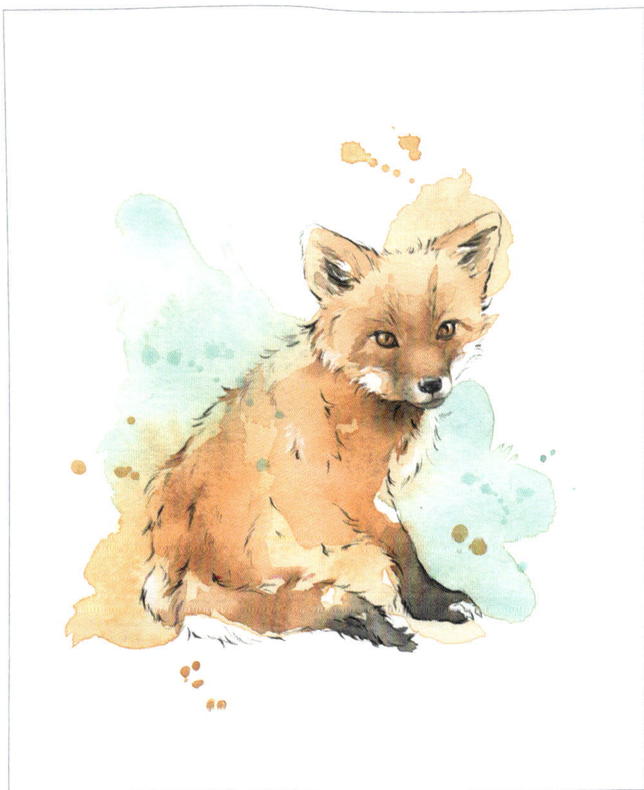

1 Den Hintergrund habe ich mit sehr viel Wasser und sehr locker großflächig verteilt. Benutze für den Fuchs die gleichen Farben wie in der ersten Anleitung – Siena natur, Siena gebrannt und für den Hintergrund zusätzlich noch Kobalttürkis. Lass die Farben nass ineinanderlaufen, sodass schöne Übergänge und Effekte entstehen! Kümmere Dich nicht zu sehr um die Outlines.

2 Das Papier darf gern noch stellenweise nass sein, wenn du die nächste Schicht aus den Sienatönen und ggf. Kastanienbraun aufträgst. Gib dann noch Paynes Grau dazu, solang die zweite Schicht noch nicht getrocknet ist! An Pfote, Schwanzspitze und unter der Schnauze soll das Grau gern in die rote Farbe laufen.

3 Für den letzten Schritt sollte das Blatt wieder trocken sein. Die Augen und Nase werden vorsichtig ausgemalt – hier darf man ruhig akkurat bleiben. Ich habe noch einige kleine weiße Haare am Gesicht und auf dem Rücken ergänzt – ein kleines Detail, das aber viel ausmacht. Zu guter Letzt haben sich noch ein paar Kleckse auf das Bild verirrt und fertig ist die Fuchsvariante.

Eichhörnchen

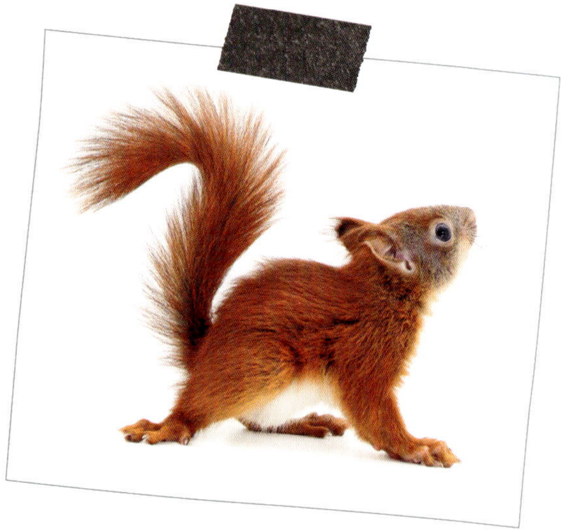

So fleißig … so flauschig … so viele umgebuddelte Beete!

Sie graben unsere Töpfe um, verstecken kiloweise Nüsse im Boden und sind der Schreck jedes Vogelhausbesitzers. Aber niemand könnte ihnen dafür je ernsthaft böse sein, denn dafür sind sie einfach viel zu niedlich: Eichhörnchen.

Durch die Verkäufe meiner Prints ist mir erst bewusst geworden, wie groß die Fangemeinde unserer kleinen roten Gartenfreunde überhaupt ist. Und dabei braucht man nicht einmal einen Garten im Grünen. Selbst mitten in der Stadt reicht meist schon der Blick aus dem Fenster, um sich an den kleinen Akrobaten zu erfreuen.

Auf unserer Terrasse kommt uns regelmäßig ein Eichhörnchen besuchen und hat dabei auch einiges zu erledigen. Wenn der Frühling dann kommt, werde ich wohl die Bäumchen, die es gepflanzt hat, einfach wieder umsetzen und dabei in mich hineinschmunzeln.

Ich habe für euch verschiedene Eichhörnchen-Varianten probiert und mich dann für dieses Motiv entschieden: ein Jungtier, das frech nach oben schaut. Einfach putzig.

Farben

- **Siena natur**
- **Siena gebrannt**
- **Kastanienbraun**
- **Umbra gebrannt**
- **Caput Mortuum**
- **Paynesgrau**
- **Neutraltinte**

- **Maskierflüssigkeit**
- **Schwarzer wasserfester Fineliner (z. B. 005 oder 01)**
- **Weißer Gelstift oder Acrylmarker**
- **Nach Bedarf Buntstifte in Weiß, Grau oder Braun**

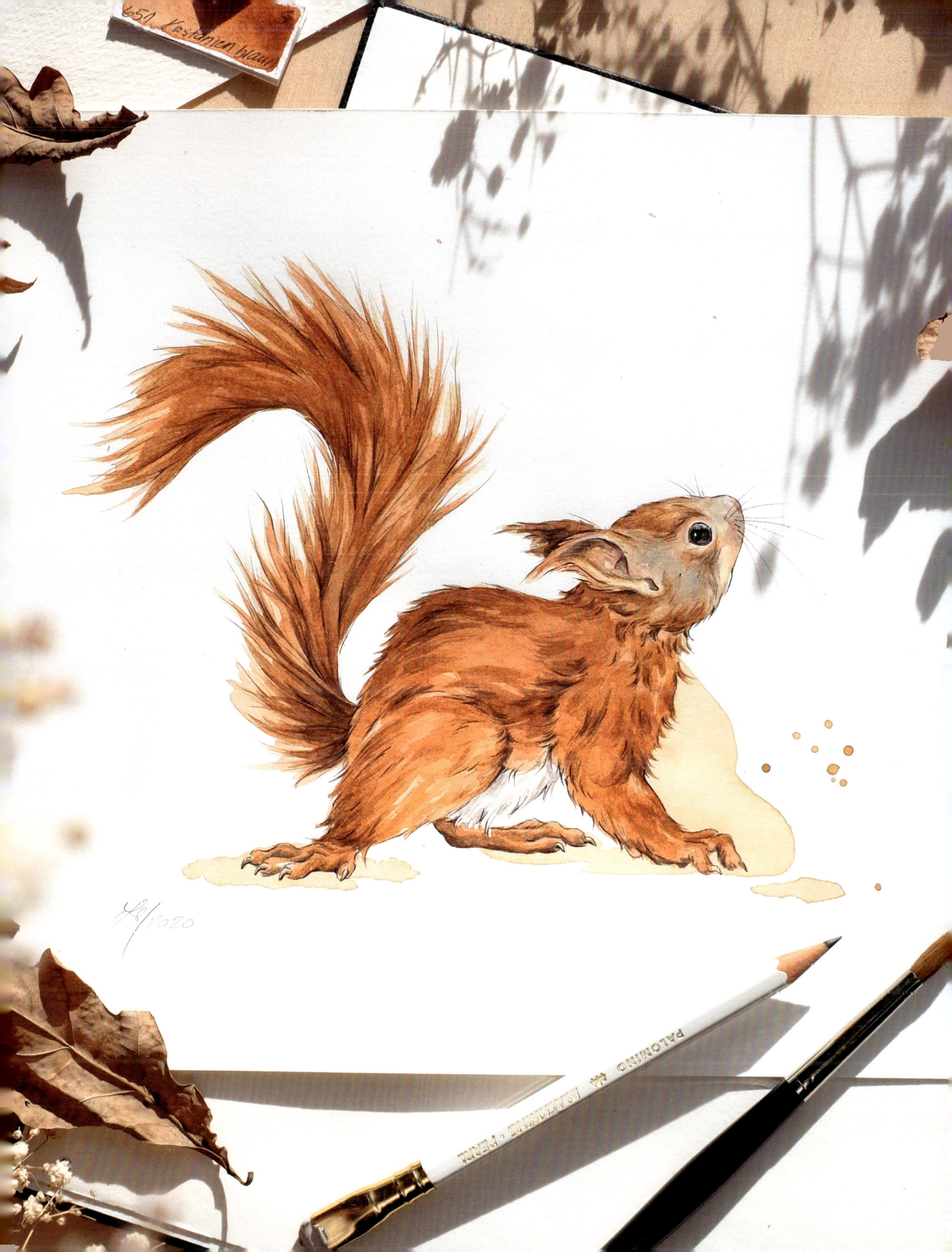
651 Kastanien braun
PALOMINO
BLACKWING · PEARL

Step by Step:

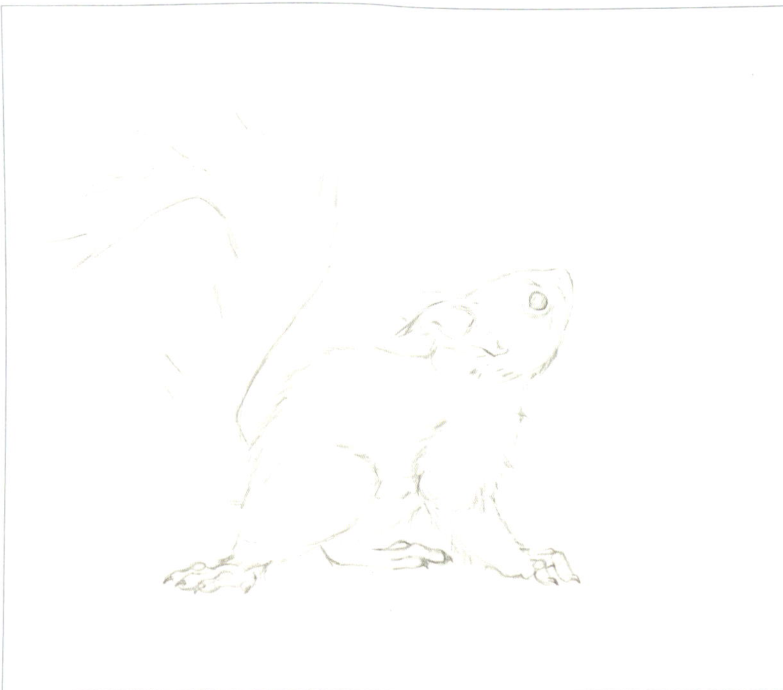

1 Zugegeben: Die Haltung dieses Hörnchens ist nicht die einfachste. Nimm dir dafür Zeit und arbeite dich Schritt für Schritt heran: Kopf – Tropfen; Körper – Oval; Hinterbein – umgekehrter Tropfen; Schwanz – Fragezeichen.

Tipp

Eine interessante Körperhaltung ergibt auch ein interessanteres Motiv. Es lohnt sich oft, ein wenig mehr Zeit in die Zeichnung zu investieren. Der Aufwand mit Farbe hingegen bleibt jedoch fast gleich.

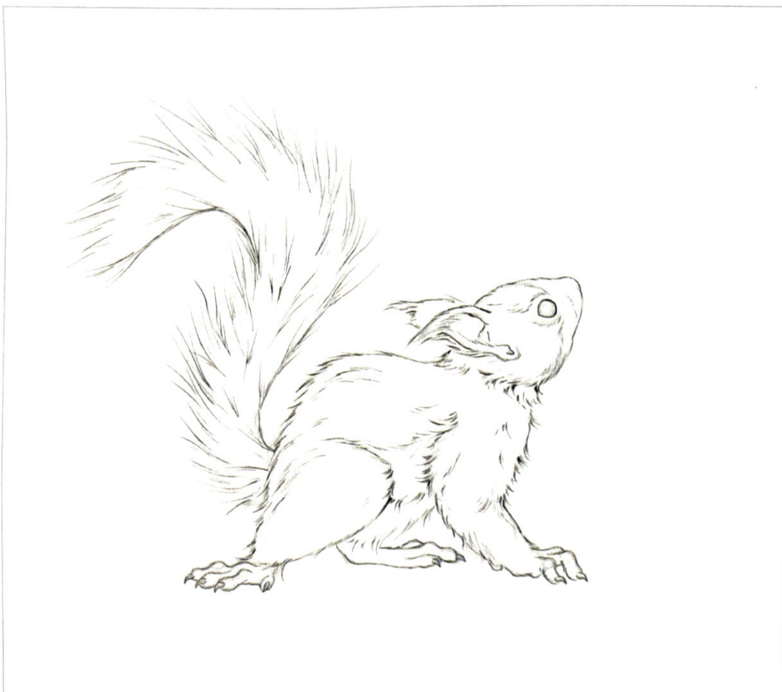

2 Mit dem Fineliner kannst du nun die Skizze nachzeichnen. Am schwierigsten sind dabei wahrscheinlich die langen Schwanzhaare. Etwas einfacher wird es, wenn du das Blatt dabei drehst, sodass du die Striche immer nach unten ziehen kannst (oder in die Richtung, die für Dich am einfachsten ist). Mit der Maskierflüssigkeit die weißen Bauchhaare blockieren.

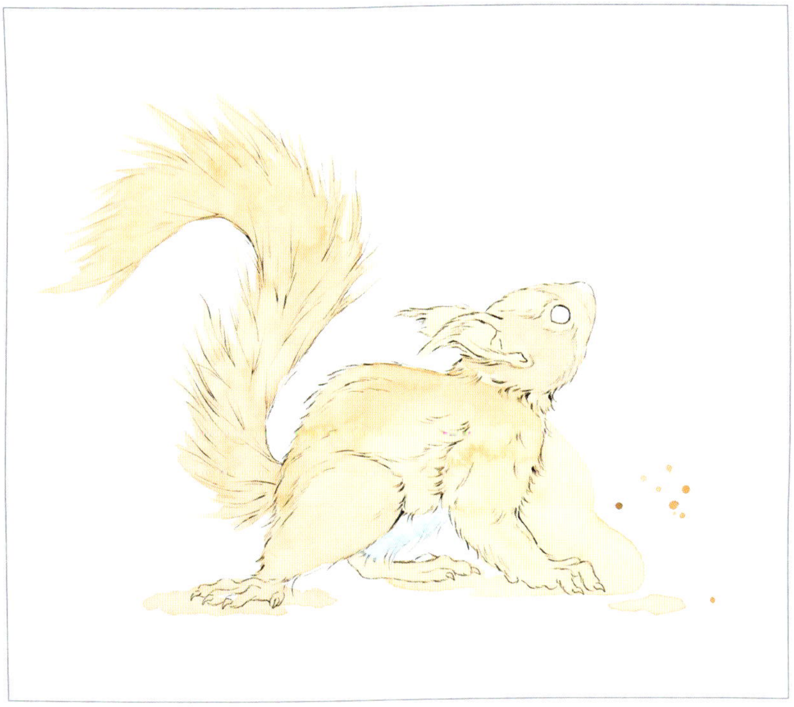

3 Der Hintergrund und die erste Schicht unseres Hörnchens ist eine Mischung aus Siena natur mit ein wenig Siena gebrannt und Paynesgrau. Du kannst die Farben dabei ruhig etwas variieren; am Kopf z. B. habe ich deutlich mehr Grau benutzt. Am Schwanz kannst du bereits einzelne Haare herausarbeiten.

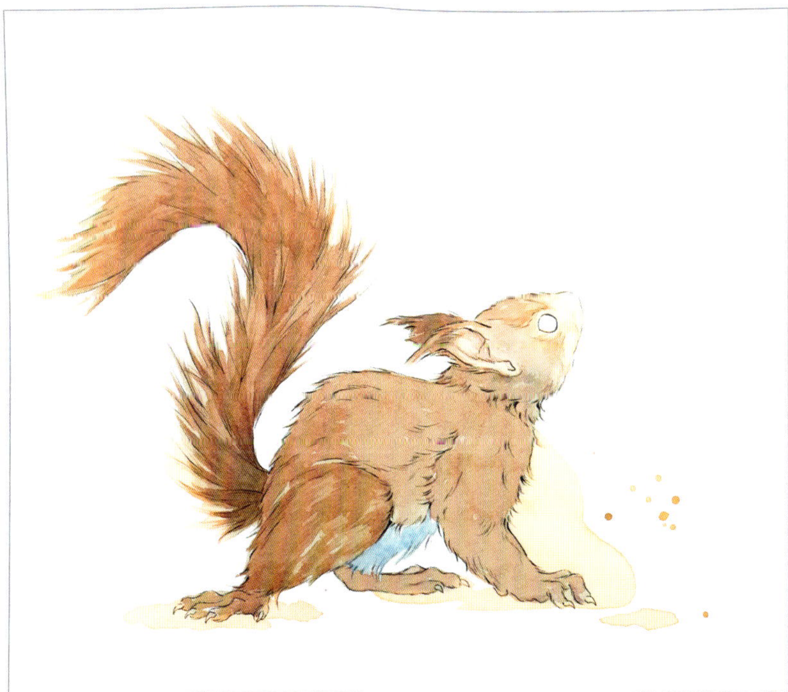

4 Im nächsten Schritt bekommt das Eichhörnchen seine typische rote Färbung. Benutze dafür Siena gebrannt und Kastanienbraun. Das Kastanienbraun ist etwas dunkler und sollte daher für die dunkleren Stellen oder als zweite Schicht verwendet werden. Am Hinterlauf ist etwas Siena natur hilfreich, am Kopf weiter mit Paynesgrau arbeiten. Die Schnauze und das Innere des Ohres können mit sehr wenig Caput Mortuum oder einem anderen rötlichen Ton gefärbt werden.

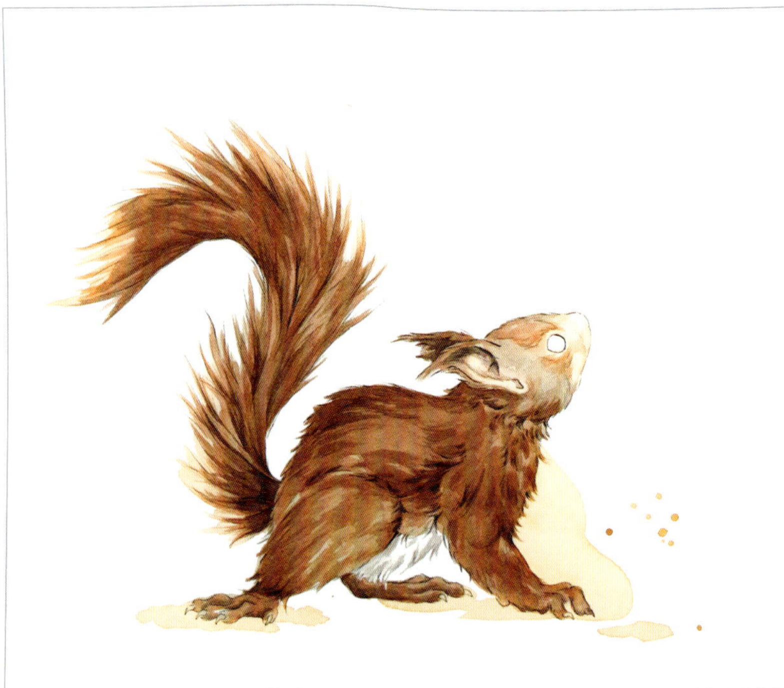

5 Wiederhole nun Schritt 4 und ergänze nach und nach weitere Schichten Farbe. Du solltest mit der Farbe dabei mit jeder Schicht dunkler werden und auch feinere Pinselstriche machen. Um die Rottöne abzudunkeln, kannst du Umbra gebrannt oder Neutraltinte benutzen, und für sehr dunkle Bereiche diese Farben pur verwenden.

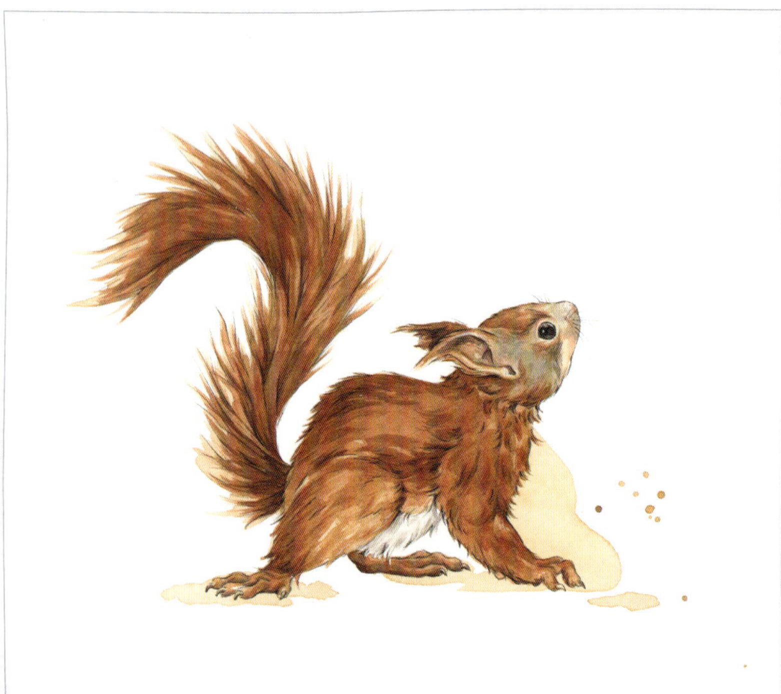

6 Nun kommen wir zu den Details: Das Auge malen wir in mehreren Schichten, damit es nicht platt wirkt, in Paynesgrau. Ebenfalls mit Paynesgrau und ggf. etwas Caput mortuum die Schnauze und Nasenspitze fertig modellieren. Ergänze dann noch nach Belieben kleine Striche mit Fineliner oder braunen Buntstiften. Nun nur noch ein paar Schnurrhaare und das Bild ist fertig!

Inspiration

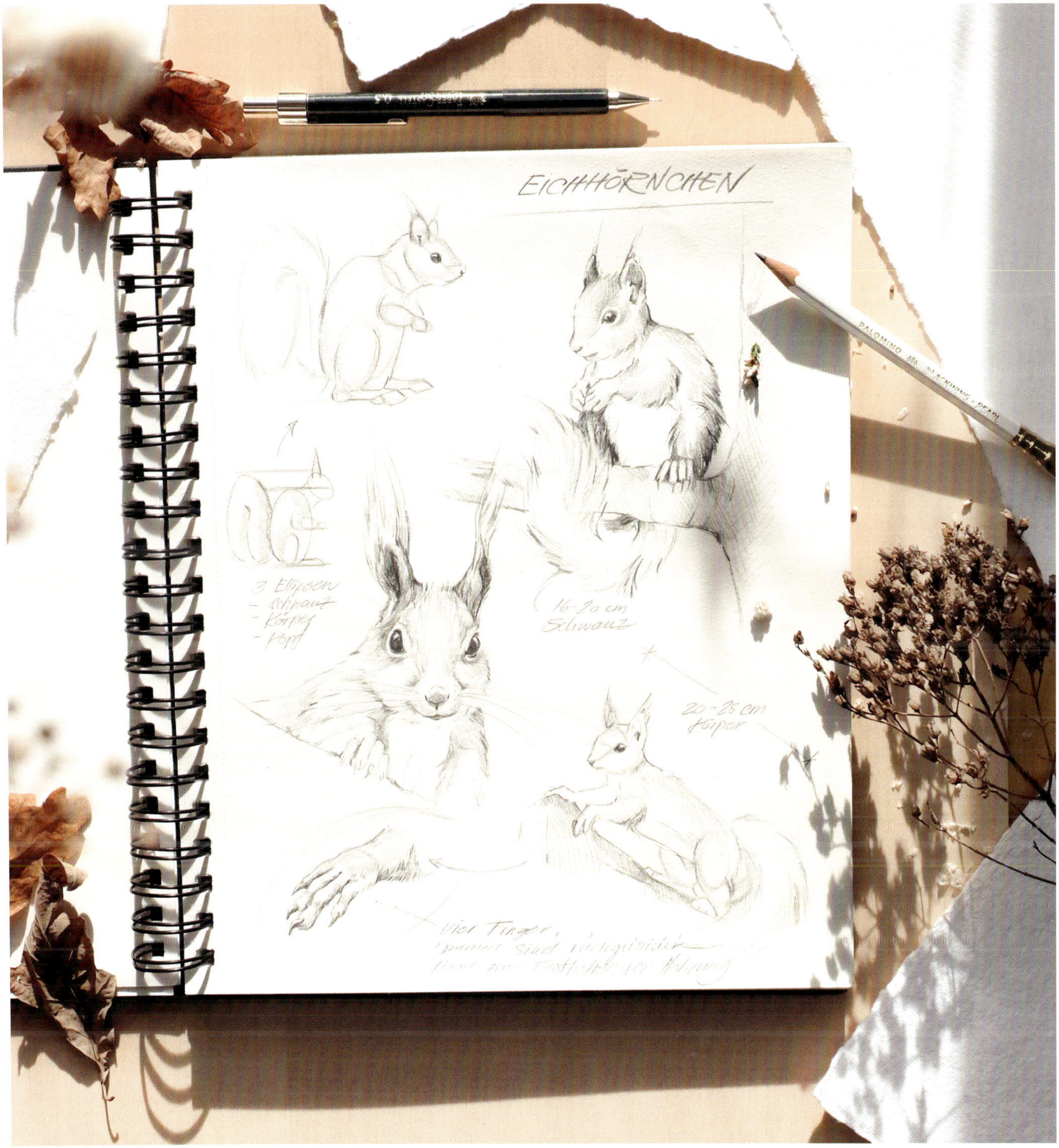

Rehkitz

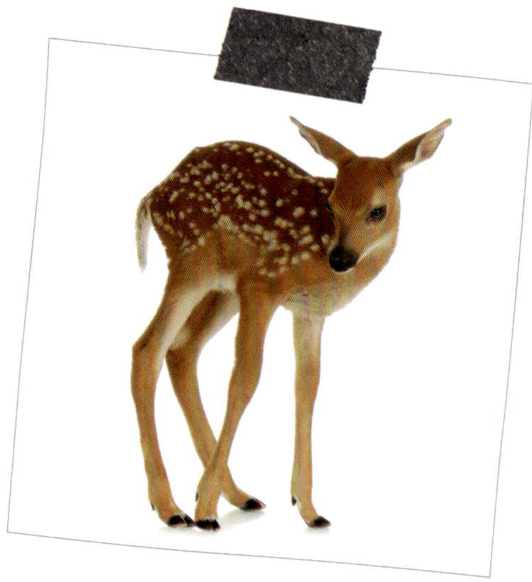

Spätestens mit dem Erscheinen eines berühmten Zeichentrickfilms im Jahr 1942 war wohl jedem klar: Das Rehkitz ist ein absoluter Klassiker der Niedlichkeit.

Und genau deshalb darf das kleine Bambi natürlich in diesem Buch auch nicht fehlen! Ob Rotwild, Damwild oder Rehwild, alle sind hübsch und definitiv ein Bild wert.

Auf den ersten Blick mag das Rehlein etwas schwierig aussehen. Und ich möchte dir nichts vormachen – die vielen langen Beinchen, der gedrehte Kopf und der Körperbau im Allgemeinen sind vielleicht nicht geeignet, um das allererste Aquarell zu versuchen. Aber mit ein wenig Übung ist auch das kein Problem. Es ist hilfreich, sich mit dem Motiv vertraut zu machen, indem man vorher ein wenig skizziert; dadurch bekommst du ein Gefühl für die Proportionen.

Farben

Siena natur

Siena gebrannt

Kastanienbraun

Umbra gebrannt

Paynesgrau

- **Maskierflüssigkeit**
- **Schwarzer wasserfester Fineliner (z. B. 005 oder 01)**
- **Weißer Gelstift oder Acrylmarker**
- **Nach Bedarf Buntstifte in Weiß, Grau oder Braun**

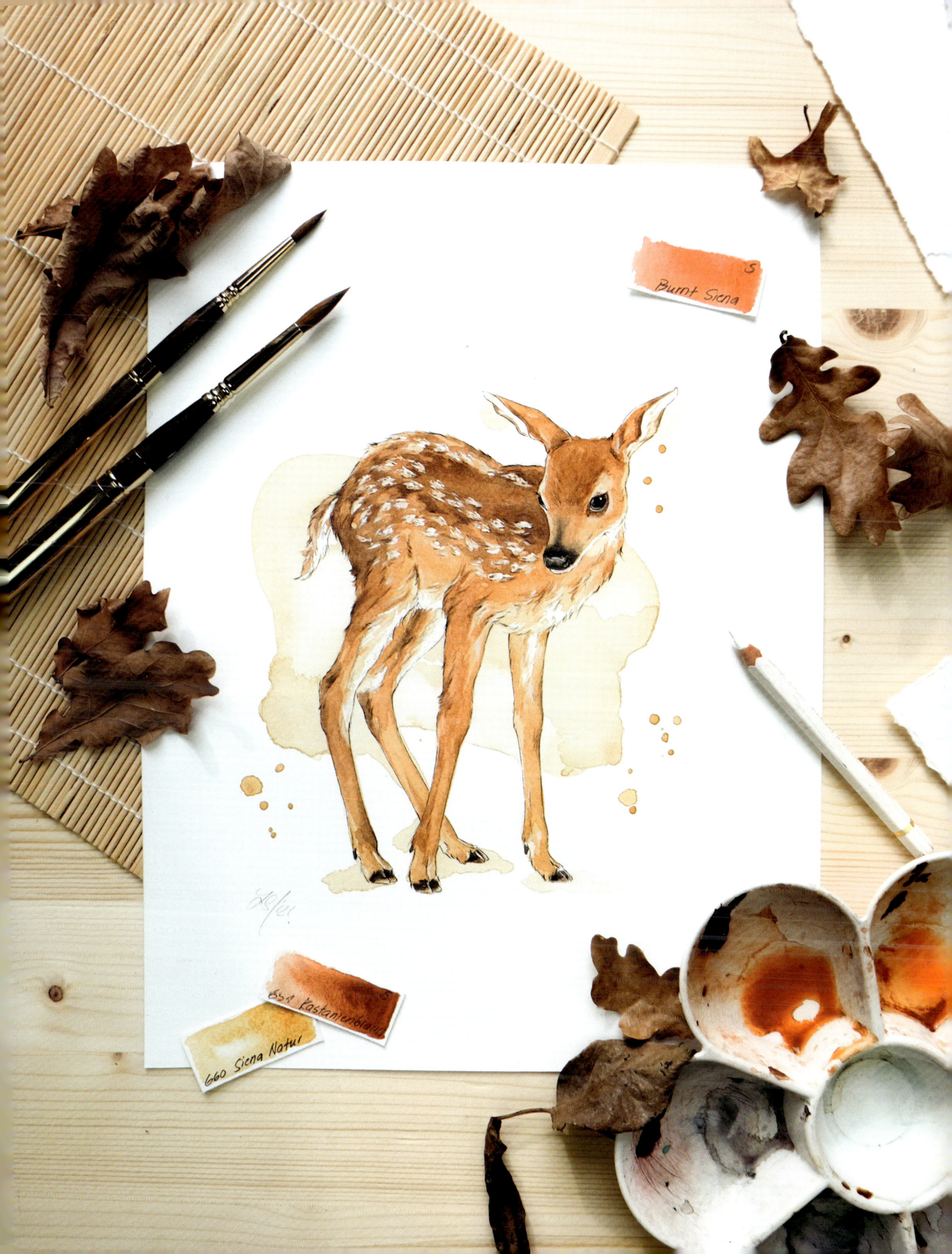
Burnt Siena
S
S
Kastanienbraun
660 Siena Natur

Step by Step:

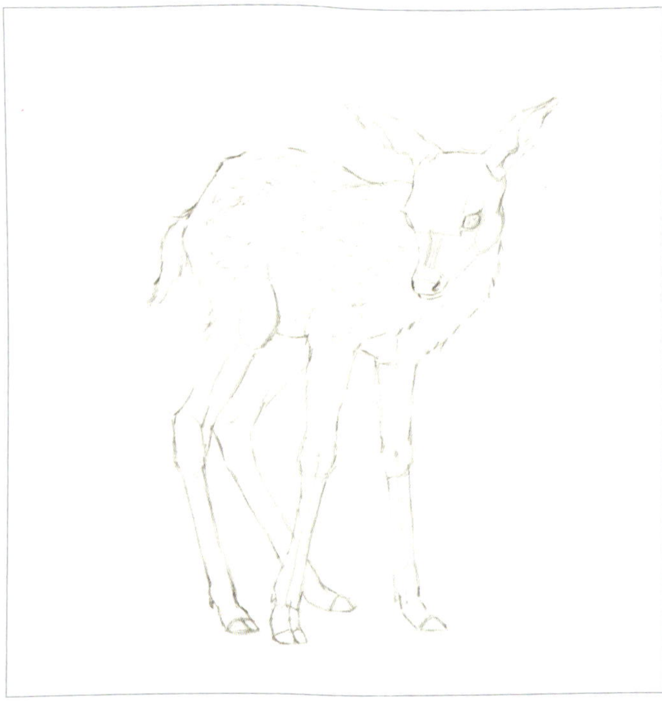

1 Mit einem Bleistift fertigen wir die Skizze an. Ich versuche, sehr dünn vorzuzeichnen, um später nicht zu viel radieren zu müssen. Für den Körper kannst du eine leicht geneigte Bohnenform zeichnen, die Haltung und Richtung der Beine können erst einmal durch Striche und Kugeln (wo die Gelenke sitzen) vereinfacht werden.

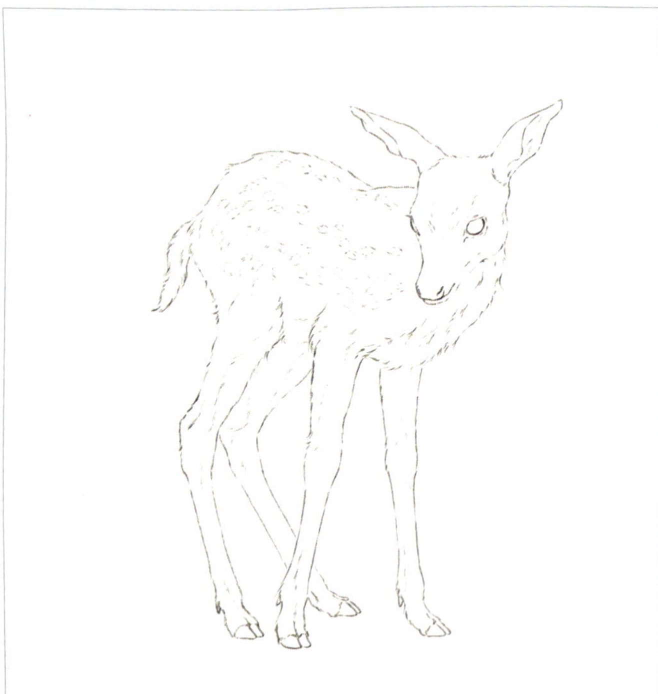

2 Mit einem Fineliner in Größe 005 oder 01 zeichnen wir die Kontur vor. Arbeite dabei eher mit vielen kleinen Strichen, als eine Linie durchzuziehen. Mit Maskierflüssigkeit werden die hellsten Bereiche – die weißen Stellen im Fell – „blockiert“. Die Punkte auf dem Rücken des Rehs blockieren wir in zwei Schichten, trag daher erst einmal sehr wenig Maskierflüssigkeit auf.

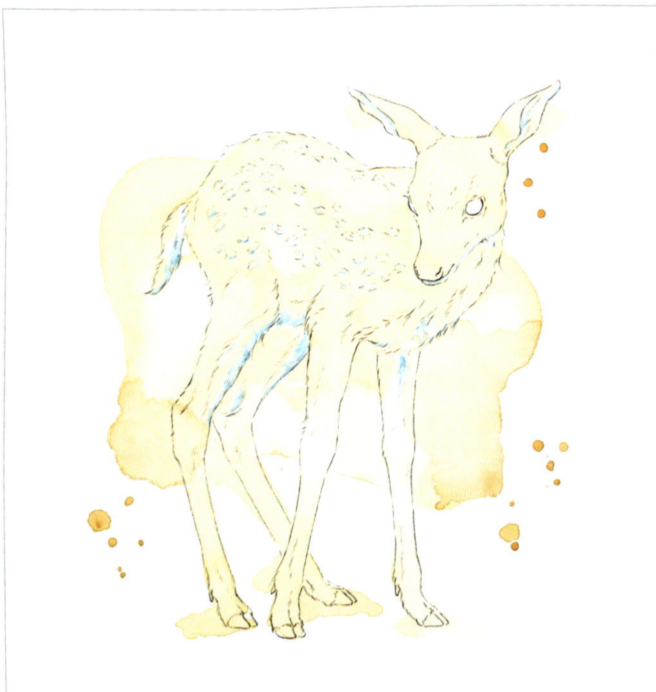

3 Die erste Schicht Farbe ist in diesem Bild eine helle Mischung aus Siena natur mit ein wenig Sepia abgetönt. Ich mache mir nicht zu viele Gedanken über diese Schicht, sondern male bewusst grob über die Ränder. Dies ist unser Hintergrund. Erst wenn die Farbe vollständig getrocknet ist, wird noch ein wenig Maskierflüssigkeit auf die verbliebenen Punkte aufgetragen. So sind unsere Punkte später nicht nur rein weiß, sondern auch etwas hellbeige.

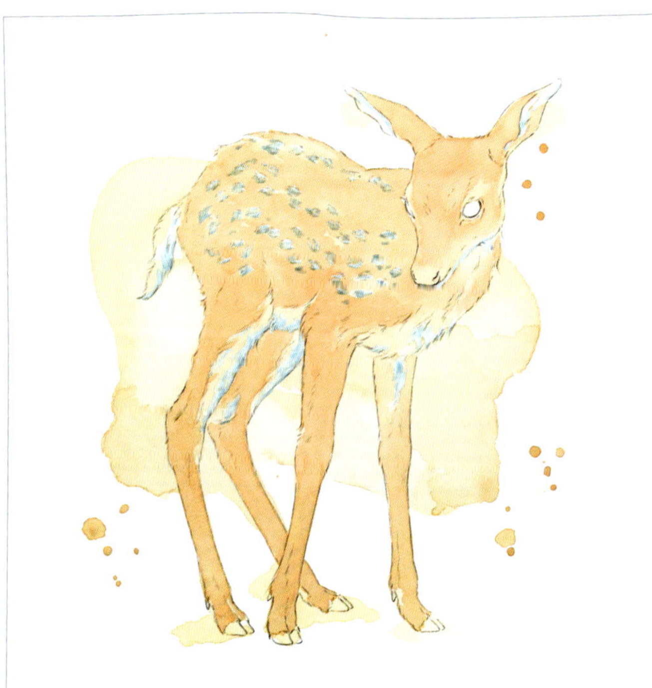

4 In der nächsten Schicht mixen wir Siena natur mit Siena gebrannt und geben dem Fell damit seine typische rötliche Färbung. Lass dabei aber unbedingt einige Stellen hell – an der Brust, unter dem Kopf und an den Beinen. Diesen Schritt kannst du ruhig noch einmal wiederholen, falls die Farbe noch nicht kräftig genug ist.

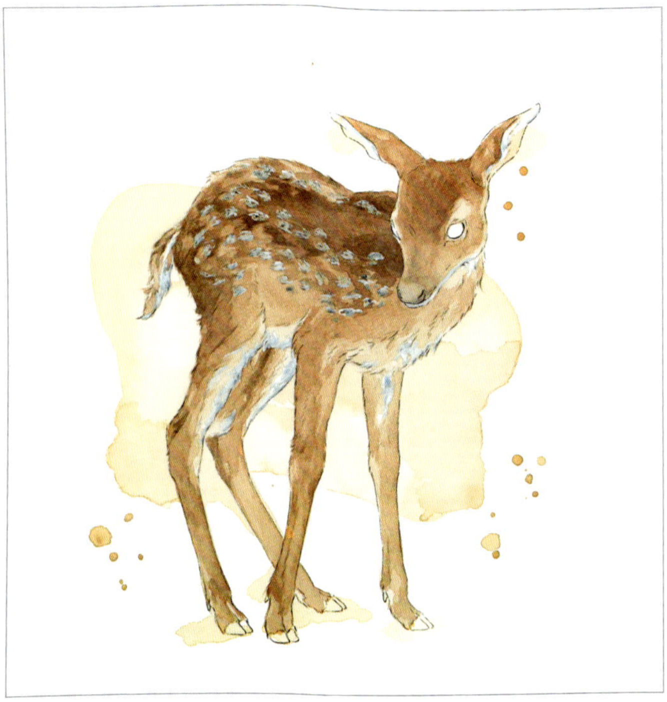

5 Auch in der nächsten Schicht benutzen wir Siena natur und Siena gebrannt. Diesmal wird aber stellenweise noch Kastanienbraun und Umbra gebrannt dazugegeben. Das Fell auf dem Rücken und im oberen Bereich der Hinterläufe sollte etwas dunkler sein als der Rest. Du kannst die Farbe gern Nass-in-Nass ineinanderlaufen lassen.

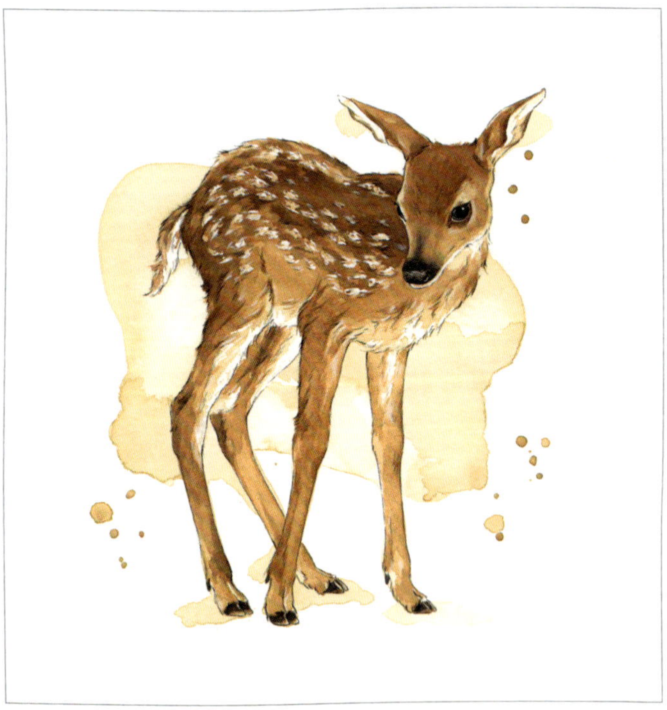

6 Im letzten Schritt wird die Maskierflüssigkeit vorsichtig entfernt. Achte aber unbedingt darauf, dass das Bild vorher vollständig getrocknet ist! Die Augen, Nase und Hufe (bzw. Schalen) werden mit Paynesgrau in mehreren Schichten gemalt. Im Bereich der Schnauze kannst du das Papier vorher vorsichtig anfeuchten, damit keine harten Kanten entstehen, wo das Schwarz in das Braun übergeht. Zuletzt setzt du mit einem weißen Stift Highlights oder letzte Punkte auf dem Rücken und zeichnest mit schwarzem Fineliner mehr Härchen ins Fell.

Tipp

Wenn du Lust hast, kannst du auch mit braunen Buntstiften noch hier und da Akzente setzen!

Inspiration

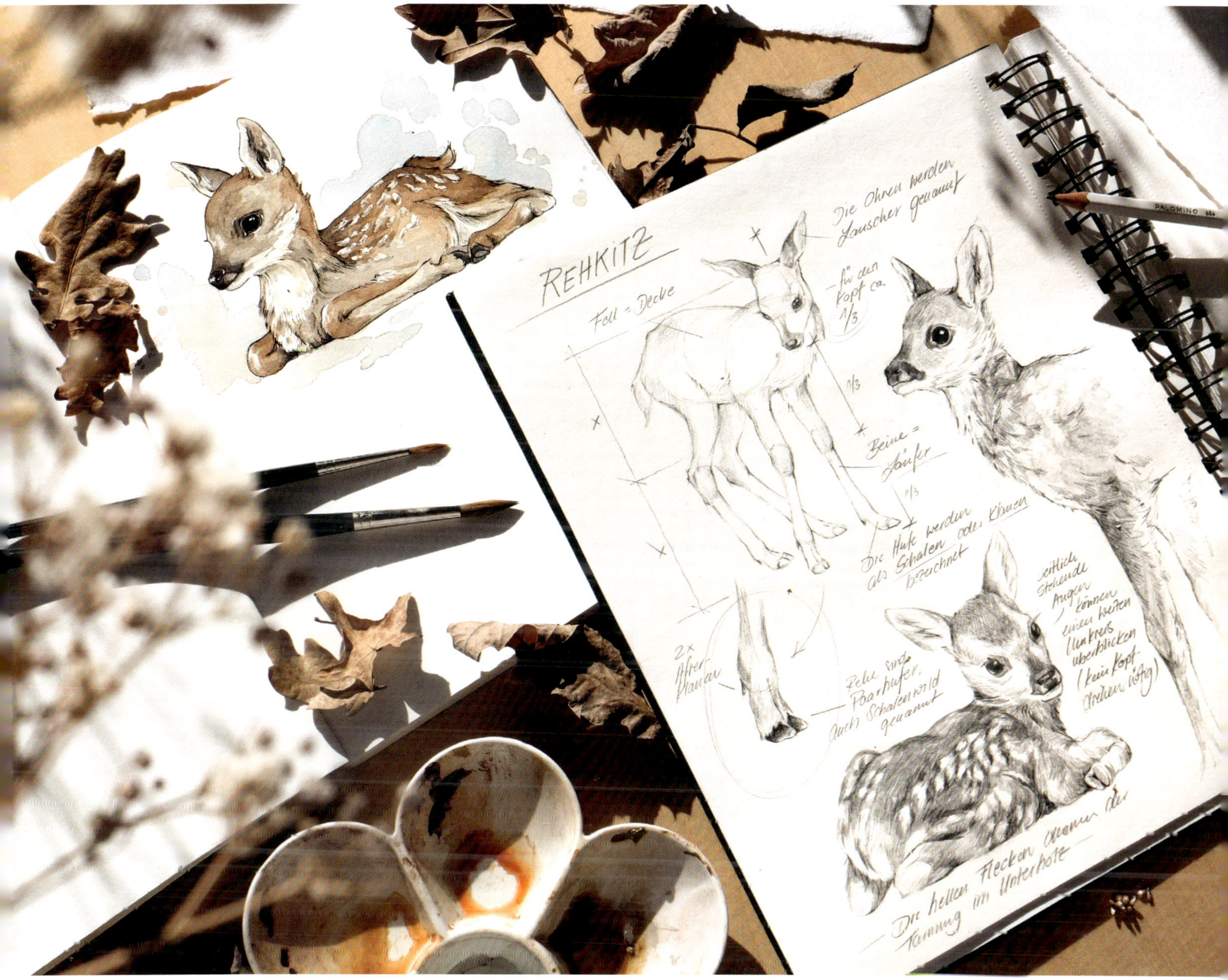

Waschbär

Dieser kleine maskierte Ganove führt doch offensichtlich etwas im Schilde. ... Aber er sieht so süß dabei aus!

Memes und YouTube-Videos über Waschbären findet man im Internet zuhauf. Und das aus gutem Grund. Sie sind schlau und flink und doch gleichzeitig knuffig und tollpatschig. Und durch ihre schwarze Maske sehen sie noch dazu aus wie kleine flauschige Gangster.

Beide Bären in dem Foto sehen süß aus, doch ich habe mich für den Rechten entschieden. Den großen grauen Baum hingegen finde ich etwas übertrieben, wenn nur ein Bär daran hochklettert; er würde in dem Bild sehr viel Gewicht bekommen. Daher habe ich einfach einen dünneren, etwas brauneren Stamm gemalt, damit das Bild nicht nur schwarzweiß wird. Hier hast du natürlich freie Wahl; dein Waschbär könnte genauso gut an einem Schuppen oder Gartenzaun hochkrabbeln. ...ich sag es dir – er führt etwas im Schilde.

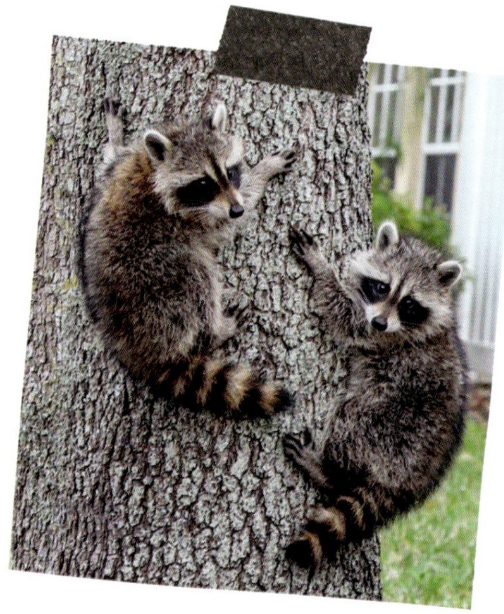

Farben

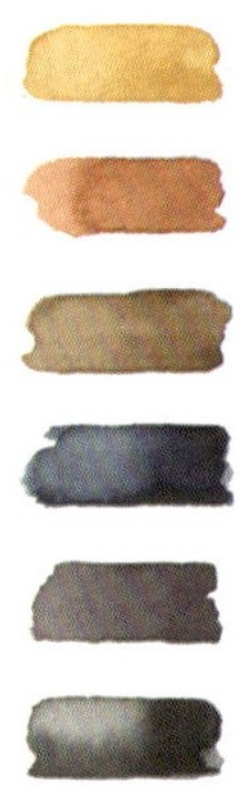

- **Siena natur**
- **Siena gebrannt**
- **Umbra gebrannt**
- **Indigo**
- **Neutraltinte**
- **Paynesgrau**

- **Schwarzer wasserfester Fineliner (z. B. 005 oder 01)**
- **Weißer Gelstift oder Acrylmarker**

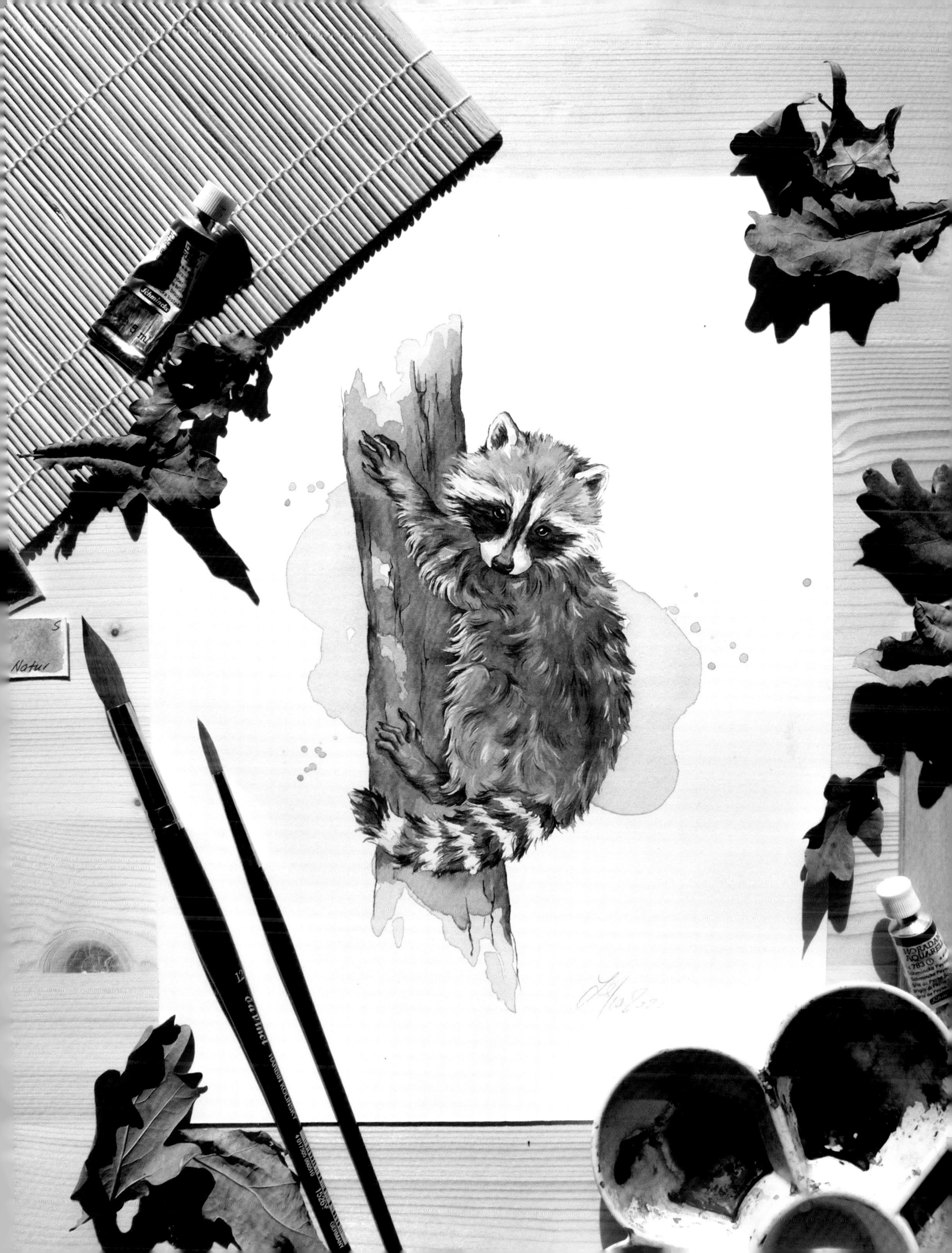
Natur

Step by Step:

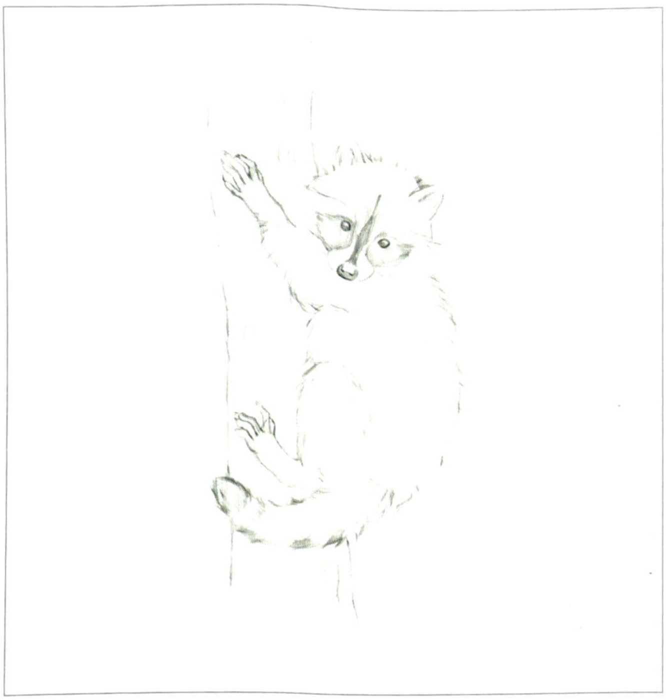

1 Die Haltung dieses Waschbären ist relativ einfach. Den Körper können wir mit einer Bohnenform vorzeichnen. Das Gesicht lässt sich durch einen horizontalen Strich in einen unteren und einen oberen Teil teilen (zwei Halbkreise). Fast genau auf dieser Mittellinie sitzen die Augen.

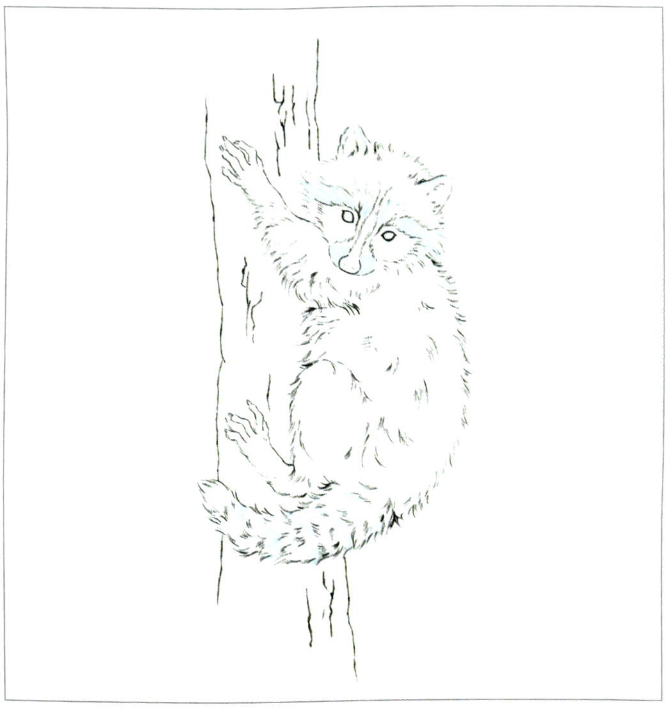

2 Mit einem dünnen Fineliner zeichnen wir nun die Skizze nach. Die kleinen Fellstriche im Gesicht erfordern ein wenig Konzentration. Versuche, sehr wenig mit dem Stift aufzudrücken und feine, kurze Härchen zu zeichnen. Dickere Striche können wir hinterher immer noch ergänzen. Anschließend blockieren wir mit Maskierflüssigkeit die Stellen, die weiß bleiben sollen.

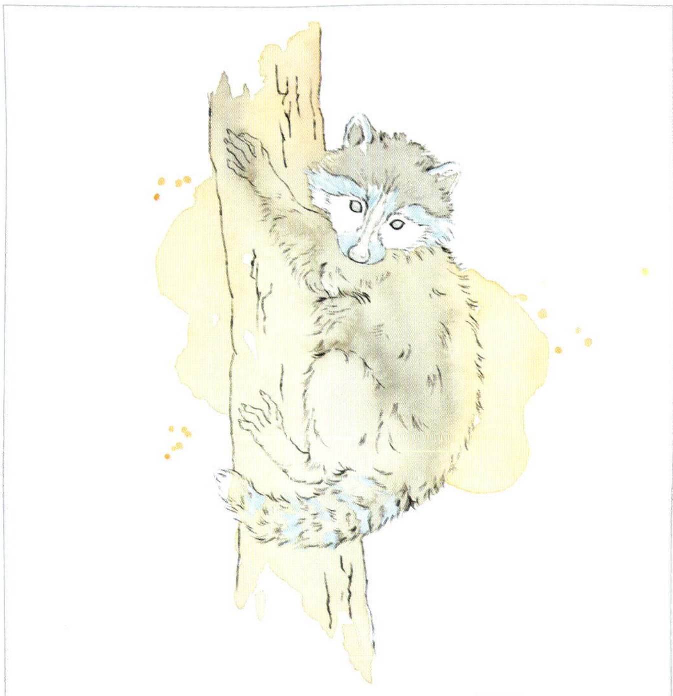

3 Die erste Schicht Farbe ist gleichzeitig der Hintergrund und die erste Schicht für Baum und Fell. Für den hellbraunen Ton habe ich Siena natur mit wenig Paynesgrau und Siena gebrannt gemischt. Im Bereich des Körpers habe ich mehr Paynesgrau dazugenommen. Diese Farben habe ich alle Nass-in-Nass frei ineinanderlaufen lassen, damit es keine harten Kanten gibt.

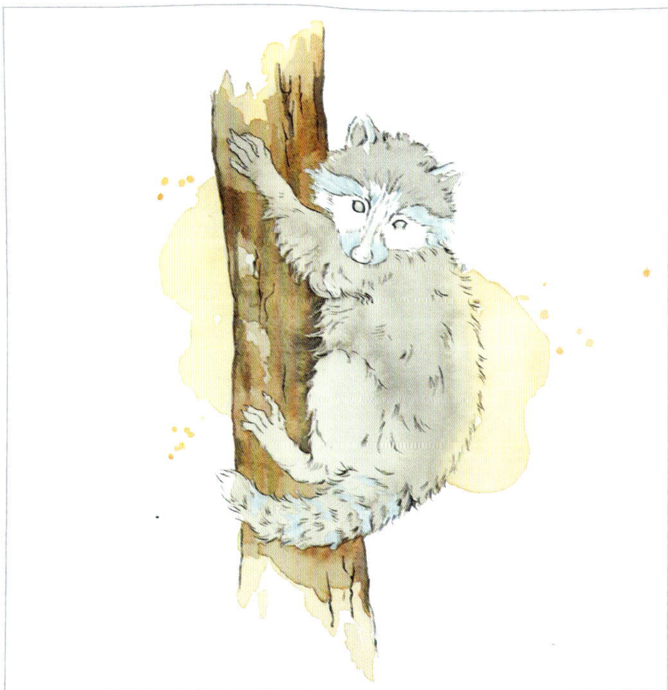

4 Im nächsten Schritt habe ich den Baum gemalt. Dabei lässt du einfach verschiedene Brauntöne ineinanderlaufen, wie die beiden Sienatöne und Umbra gebrannt sowie Paynesgrau. Im Bereich des Bauches sollten Kontaktschatten auf den Stamm fallen: Benutze hier viel Paynesgrau

Tipps

Ich habe am Bauch und Arm nicht mit Maskierflüssigkeit gearbeitet, sondern um die feinen Härchen herumgearbeitet. Du kannst diese Haarkante aber auch mit Maskierflüssigkeit blockieren, wenn das einfacher für Dich ist. Warte dafür aber unbedingt, bis die erste Schicht vollständig durchgetrocknet ist!

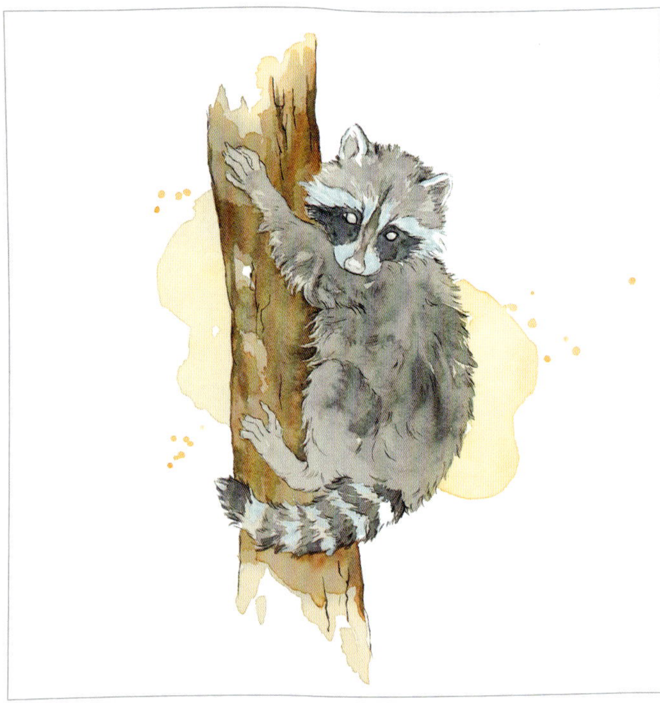

5 Mit Paynesgrau und Indigo malen wir nun das Fell. Auch ein wenig Neutraltinte ist nicht verkehrt. Die erste Schicht kann ruhig noch hässlich aussehen, wir malen sowieso mehrere. Während die erste graue Schicht noch flächig aufgetragen wird, sollten die zweite und dritte detaillierter und dunkler werden, bis die Pinselstriche fein und dunkel sind. Das Gesicht soll am dunkelsten werden.

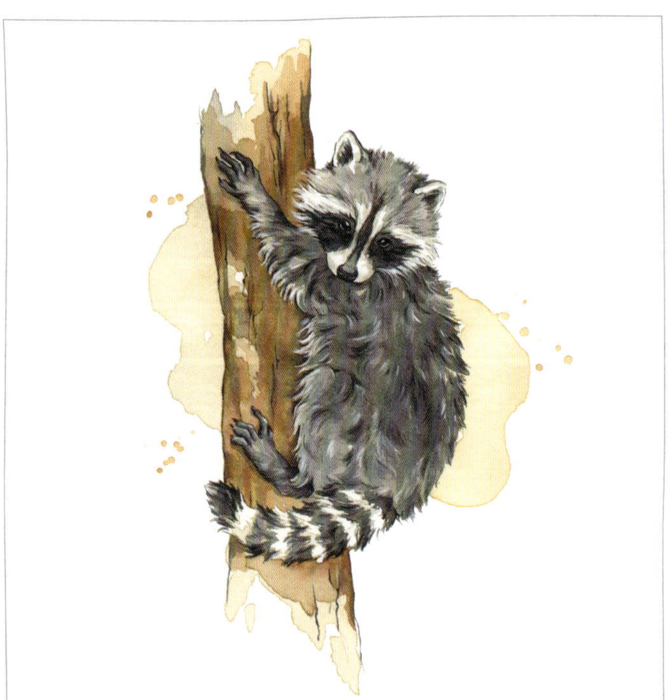

6 Die Details sind in diesem Bild besonders wichtig! Augen und Nase mit Paynesgrau malen und mit sehr dunkler Farbe die letzten Fellstriche addieren. Anschließend mit Fineliner, weißem Gelmarker oder Acrylstift noch viele kleine Striche ergänzen, bis das Fell schön flauschig ist! Vor allem weiße Härchen am Bauch, dem Arm und im Gesicht ergänzen.

Inspiration

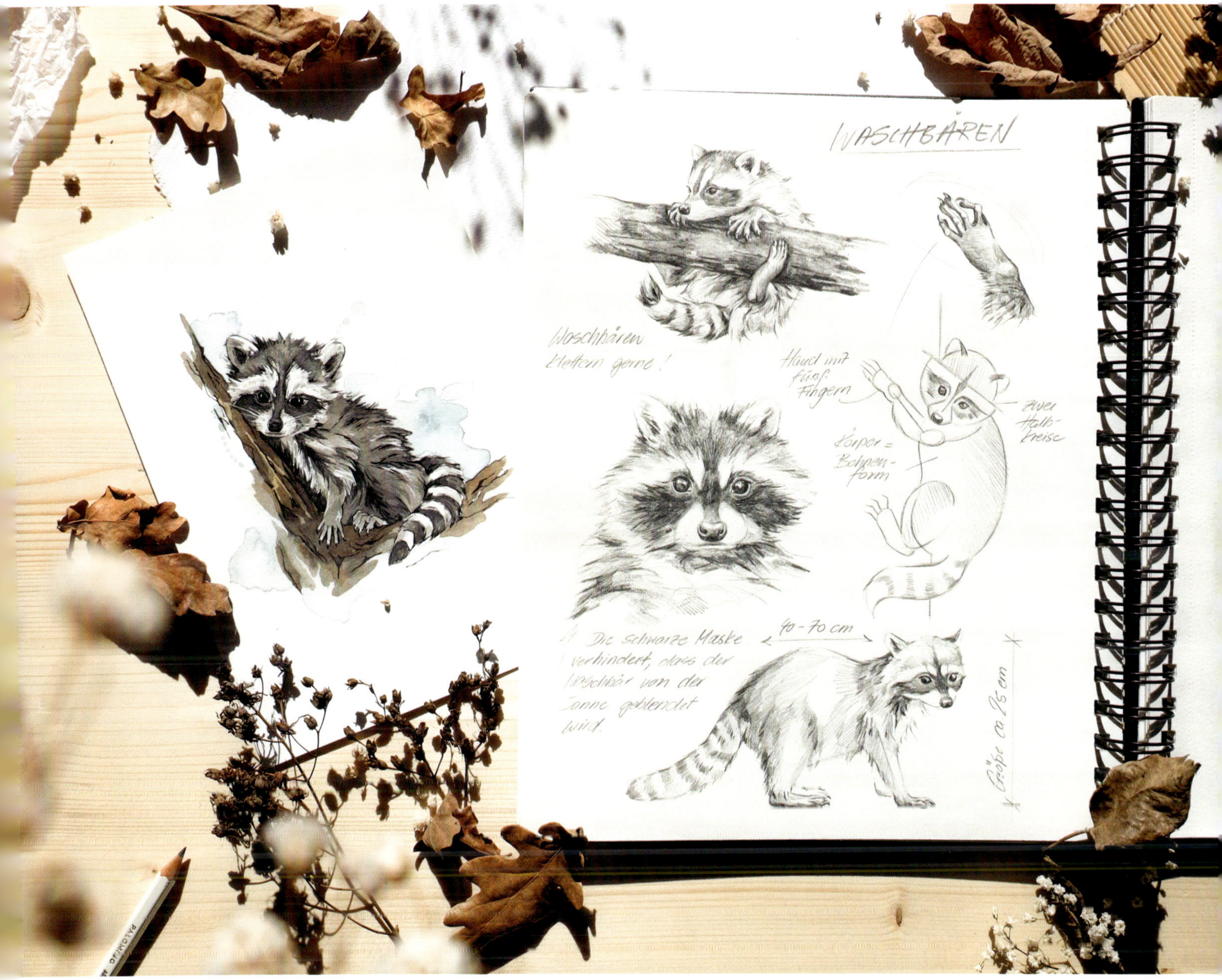

Wolf

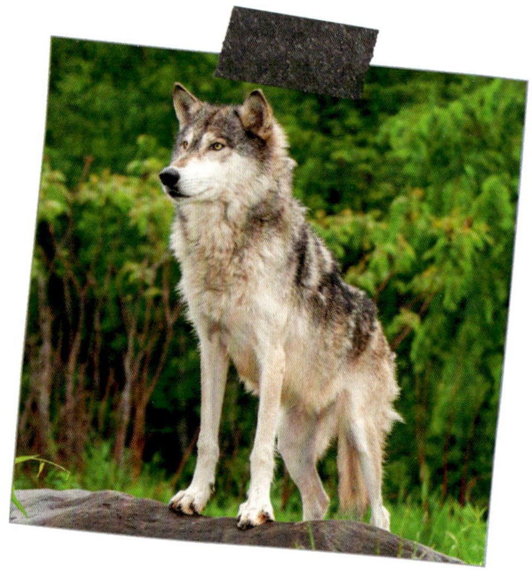

Die Mutigen unter euch heben sich dieses Kapitel für eine Vollmondnacht auf …

Dieser Absatz ist um einiges zu kurz, um auch nur ansatzweise die vielen Bedeutungen, Sagen, Geschichten und Verkörperungen dieses majestätischen Tieres aufzulisten. Von den Ägyptern zu den Römern, bis hin zu den Gebrüdern Grimm – eines ist klar: Der Wolf fasziniert den Menschen seit Tausenden von Jahren.

Leider wird er oft als bösartig, teuflisch oder dämonisch dargestellt, nicht zuletzt sogar in Form eines blutrünstigen Gestaltwandlers, der sich bei Vollmond verwandelt: der Werwolf.

Lasst uns doch stattdessen versuchen, ihn als das darzustellen, was er ist. Ein wunderschönes wildes Tier, das uns mit einem Hauch von Mystik und Geheimnis verzaubert. Achtung, Nebenwirkung: gelegentliches Mondanheulen beim Malen nicht ausgeschlossen.

Farben

Siena natur

Umbra gebrannt

Indigo

Neutraltinte

Paynesgrau

- **Maskierflüssigkeit**
- **Schwarzer wasserfester Fineliner (z. B. 005 oder 01)**
- **Weißer Gelstift oder Acrylmarker**
- **Nach Bedarf Buntstifte in Weiß, Grau oder Braun**

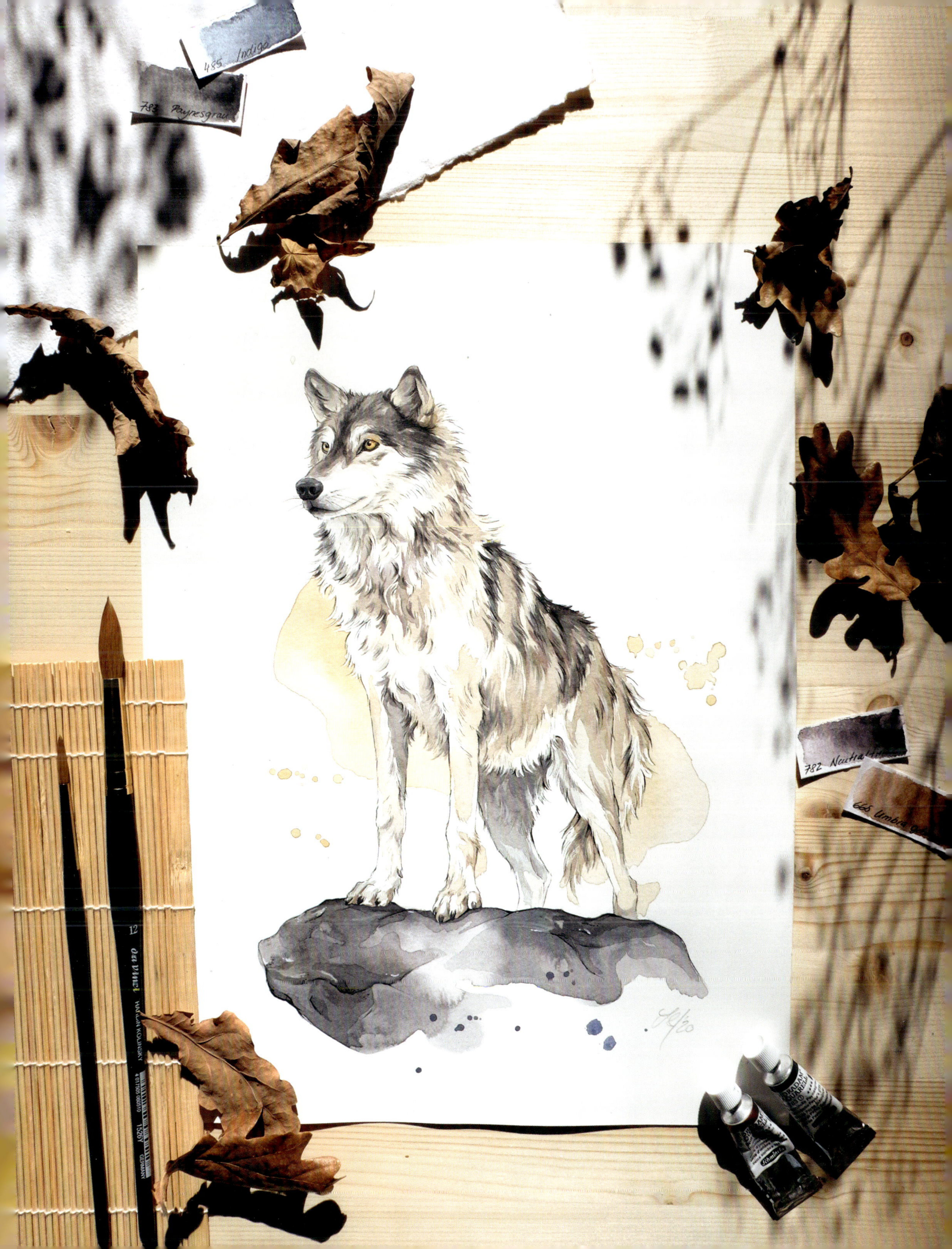

485 Indigo
783 Paynesgrau

Step By Step:

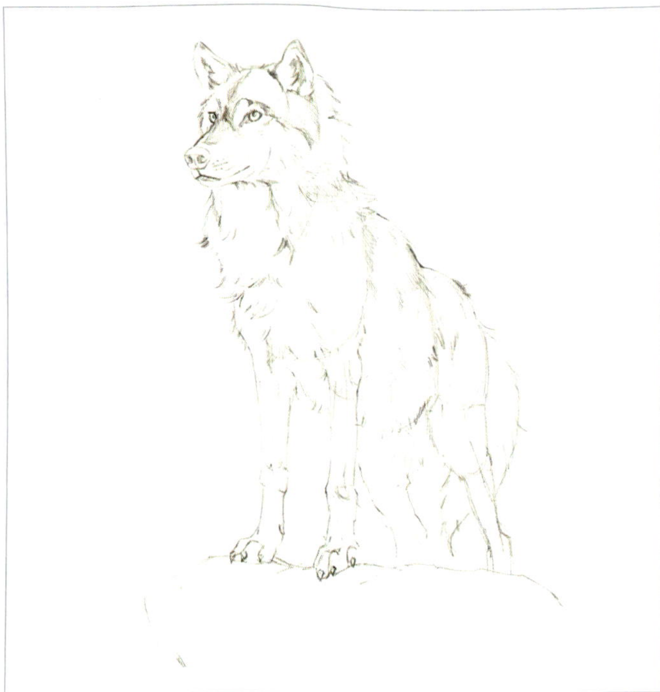

1 Eine stolze Pose war mir bei dieser Vorlage wichtig, leider sehen wir jedoch die Hinterpfoten nicht, da sie hinter dem Stein verschwinden. Du kannst sie entweder mithilfe anderer Bilder dazu malen oder Dich ebenfalls für den Stein entscheiden. Zeichne dir eine Hilfestellung, wenn du unsicher im Freihandzeichnen bist.

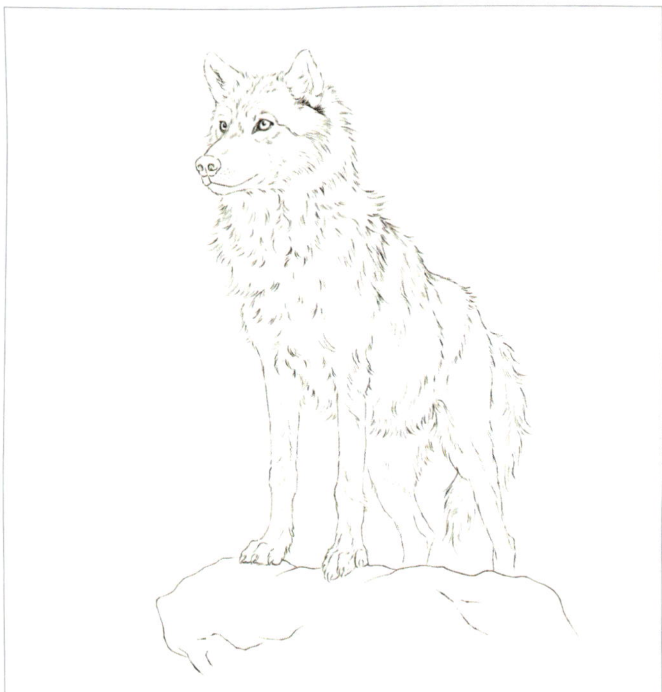

2 Mit dem Fineliner geben wir uns hier besonders viel Mühe. Die Haare stehen überall am Körper in unterschiedliche Richtungen ab; teils sind sie länger, teils sehr kurz. Versuch, bei den sehr kurzen Haaren so wenig wie möglich mit dem Stift aufzudrücken, damit die Haare fein bleiben und nicht zu sehr herausstechen. Später kannst du diese noch stärker betonen, falls du möchtest.

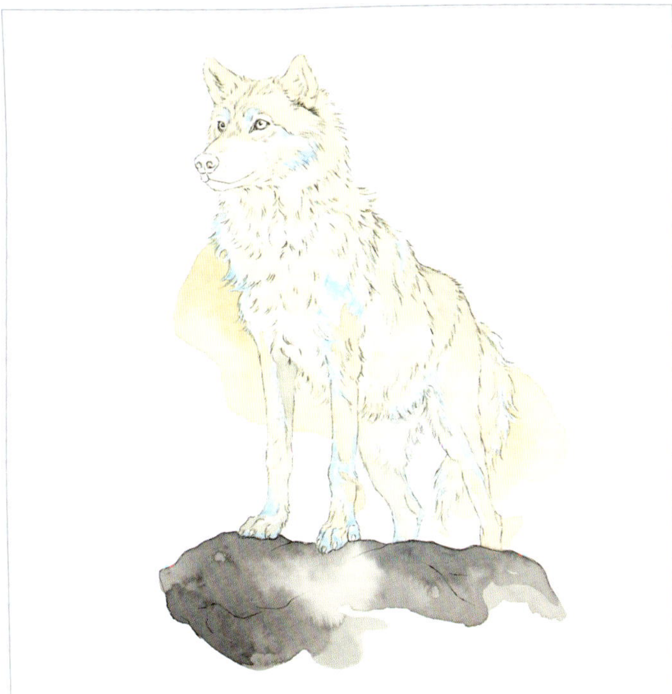

3 Mit der Maskierflüssigkeit blockieren wir die hellsten Stellen im Fell. Anschließend folgt die erste Schicht Farbe: Die helle Fellfärbung malen wir mit einer wässrigen Mischung aus Siena natur, Umbra gebrannt und Paynes Grau. An den schattigen Stellen der Beine etwas Indigo benutzen. Den Stein mit Indigo, Neutraltinte und Paynes Grau grundieren.

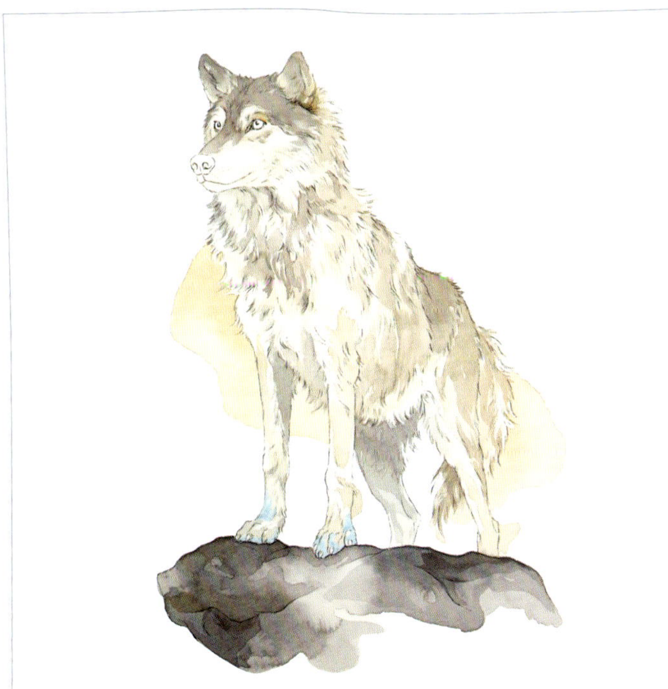

4 Die Maskierflüssigkeit kann nun entfernt werden. Für die Mitteltöne des Fells nutzen wir drei Farben: Siena natur, Neutraltinte und Indigo. Siena natur und Neutraltinte ergeben ein schönes Braun, das wir an Rücken, Schwanz und Hals verteilen. Am Kopf benutzen wir mehr Neutraltinte. Einzelne Stellen können mit Indigo abgedunkelt werden. Auch der Stein kann weiter abgedunkelt werden.

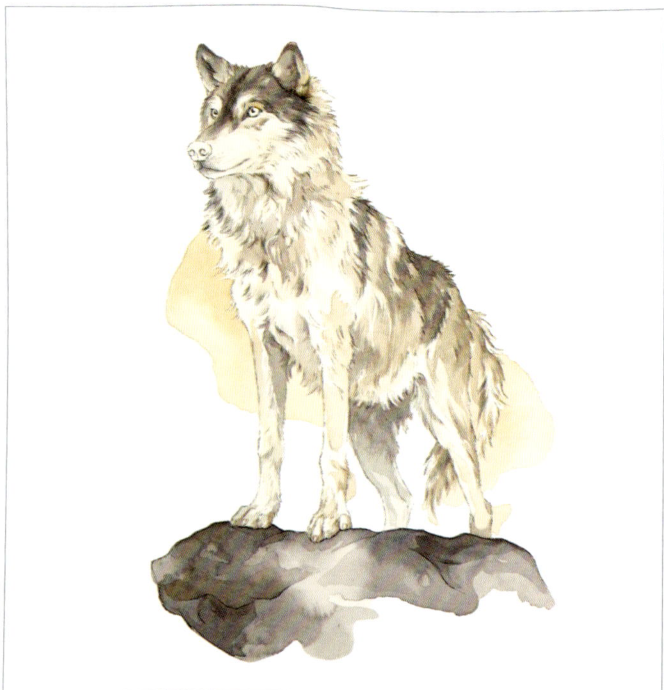

5 Mit Neutraltinte und Indigo malen wir nun die dunklen Stellen des Fells. Die Farben können gemischt oder pur verwendet werden, variiere dabei mit den Mischverhältnissen. Auch Umbra gebrannt mit Neutraltinte ergibt einen schönen wölfischen Braunton. Benutze dabei einen kleinen Pinsel, um die Stellen detailliert herauszuarbeiten.

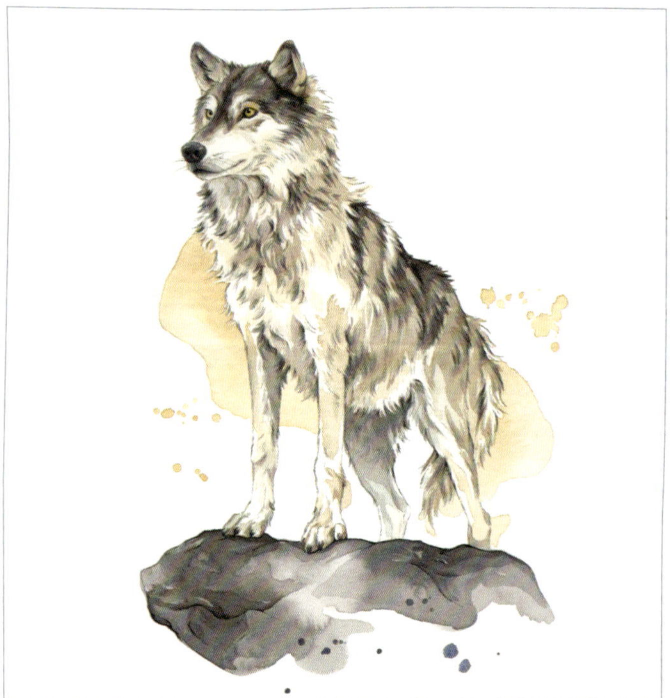

6 Die Feinheiten: Die Augen werden mit Siena natur in einem kräftigen Gelb gemalt und anschließend mit Paynes Grau umrandet. Die Nase und Schnauze wird mit Indigo und Paynes Grau dunkel gefärbt. Anschließend kannst du mit einem sehr kleinen Pinsel weitere dunkle Akzente im Fell setzen. Den letzten Schliff geben feine Striche mit Fineliner, weißem Buntstift oder weißem Gelstift.

Tipp

Die typischen Kleckse habe ich bei diesem Bild erst ganz zum Schluss gemacht – das ist natürlich auch eine Möglichkeit!

Inspiration

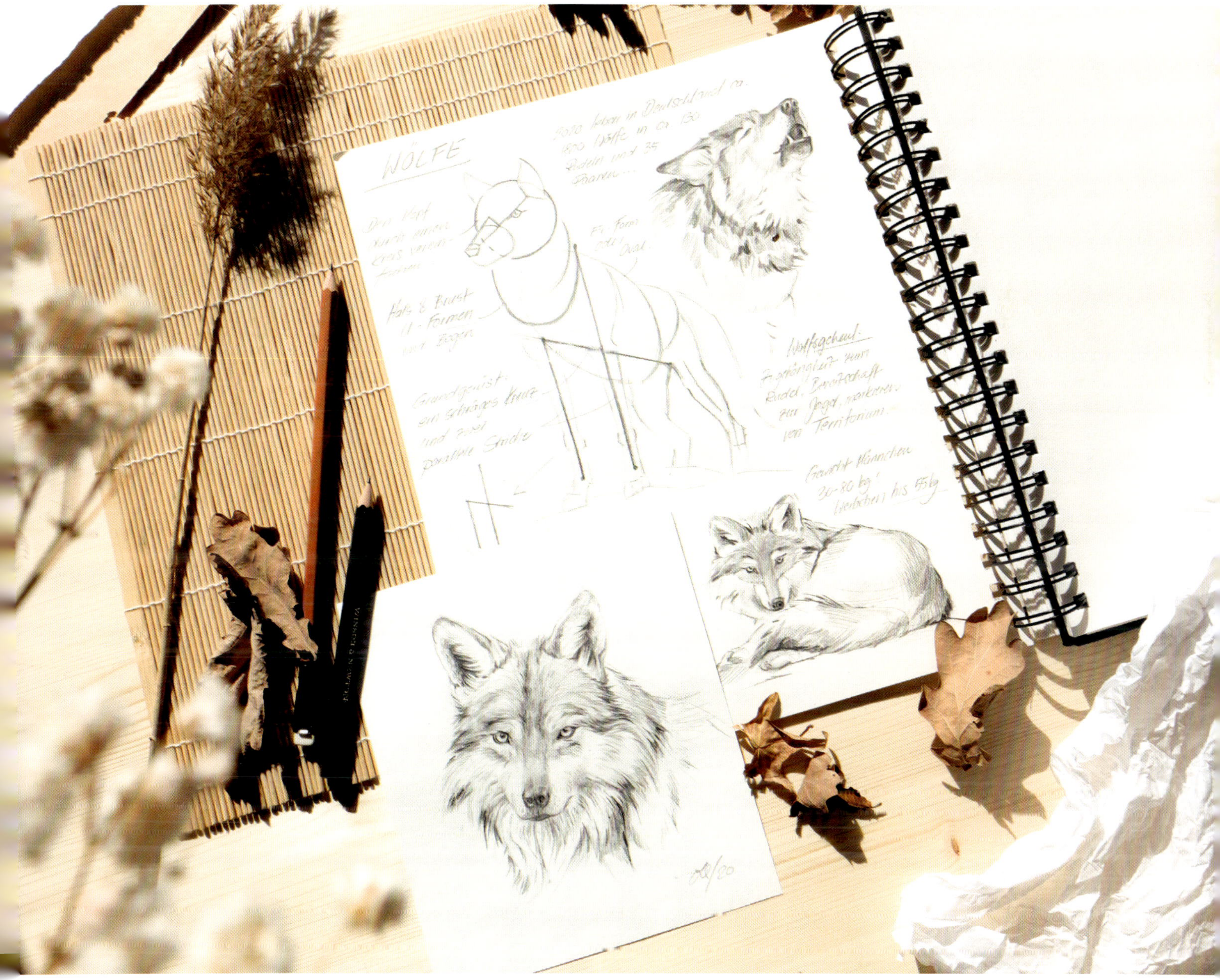

ÜBER DIE *Autorin*

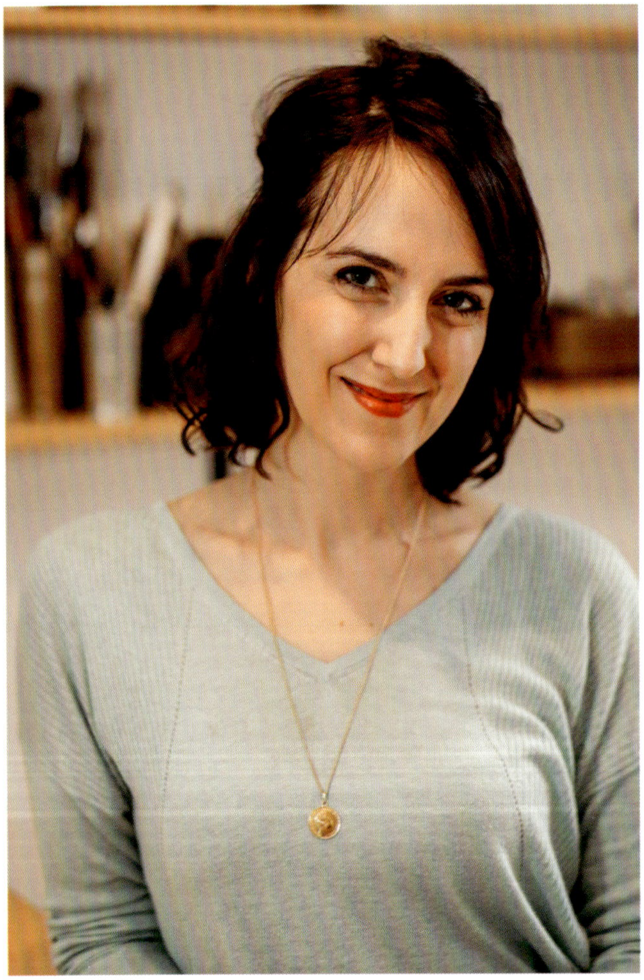

Laura Stahlmann, aufgewachsen in Berlin, ist Architektin und Illustratorin mit Schwerpunkt Aquarellmalerei. Nach Abschluss ihres Studiums arbeitete sie zunächst ausschließlich als Architektin, bevor sie 2017 ihr Label „laurasita" gründete. Ihre Leidenschaft für die Kunst spiegelt sich in ihren liebevollen Tierillustrationen wider, die sie über verschiedene Wege verkauft und auf Instagram unter dem Namen @_laurasita_ veröffentlicht. Beiden Berufen geht Laura heute in ihrer Wahlheimat Hamburg nach. Weitere Informationen erhalten Sie unter www.laurasita.de

laurasita ILLUSTRATION

www.laurasita.de
@_laurasita_
www.facebook.com/laurasita.design/

Danksagung

Ich möchte mich beim EMF-Verlag bedanken, allen voran Franziska, für die Chance, dieses Buch zu schreiben und mir damit einen kleinen Traum erfüllen zu können.

Danke auch an die Firma Schmincke, die mich für dieses Buch mit ihren wunderschönen Aquarellfarben unterstützt hat.

Einen ganz lieben Dank an meine Follower und Kunden – eure wahnsinnig lieben Kommentare, Nachrichten und Komplimente zaubern mir immer wieder ein Lächeln ins Gesicht!

Der größte Dank gebührt jedoch meiner Familie – meinen Eltern und meiner Schwester – sowie meinem Partner. Liebe Familie, eure konstante Unterstützung, Ratschläge und Mutzusprechungen – vom ersten Kinder-Aquarellkasten bis zum fertigen Buch – sind mir der größte Anker und wahnsinnige Hilfe! Lieber Malte, vielen Dank auch speziell an Dich, dass du den geballten Flausch wie ein Mann erträgst, immer wieder begeisterungsfähig bist und mit mir die schönsten Pläne schmiedest!

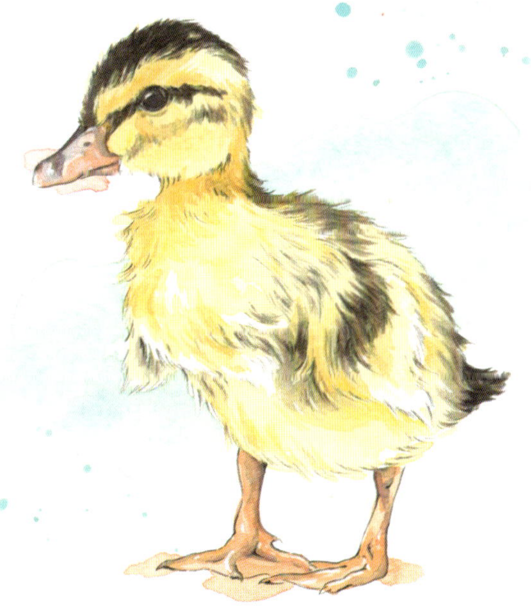

Impressum

Bibliografische Information der Deutschen Bibliothek.

Die Deutsche Bibliothek verzeichnet diese Publikation in der Deutschen Nationalbibliografie.

Detaillierte bibliografische Daten sind im Internet über http://www.dnb.de/ abrufbar.

EIN BUCH DER EDITION MICHAEL FISCHER

2. Auflage 2021

Covergestaltung: Luca Feigs

Produktmanagement und Lektorat: Dr. Franziska Klorer

Layout und Satz: Carolin Mayer

Bildnachweis: S. 4 © Kevin Kurek – „a love above" Fotografie, S. 20 © Kevin Kurek – „a love above" Fotografie, S. 26/27 © Kevin Kurek – „a love above" Fotografie, S. 30 © Eric Isselee/shutterstock, S. 36 © DenisNata/shutterstock, S. 42 © Vitaly Korovin/shutterstock, S. 47 © Kevin Kurek – „a love above" Fotografie, S. 48 © Lana Langlois/shutterstock, S. 54 © Eric Isselee /shutterstock, S. 60 © Oleksandr Lytvynenko/shutterstock, S. 68 © VOXAVX/shutterstock, S. 74 © Eric Isselee/shutterstock, S. 80 © Philip Ellard/shutterstock, S. 86 © John Navajo/shutterstock, S. 92 © Philip Ellard/shutterstock, S. 98 © CezaryKorkosz/shutterstock, S. 106 © GobyOneKenobi/shutterstock, S. 112 © Curtis Patterson/pixels, S. 118 © Tsekhmister/shutterstock, S. 124 © WilleeCole Photography/shutterstock, S. 130 © Gerald McCobb/shutterstock, S. 136 © Holly Kuchera/shutterstock, S. 142 © Artseen/shutterstock, S. 142 © Kevin Kurek – „a love above" Fotografie

ISBN 978-3-7459-0415-4

Gedruckt bei Polygraf Print, Čapajevova 44, 08001 Prešov, Slowakei

www.emf-verlag.de